经济类学术前沿研究文库

中国人均基本公共服务均等化水平的时空演化与机制提升

王俊霞　王　静　李雨丹　王少华　著

西安交通大学出版社
XI'AN JIAOTONG UNIVERSITY PRESS

图书在版编目(CIP)数据

中国人均基本公共服务均等化水平的时空演化与机制提升 / 王俊霞等著. — 西安 ：西安交通大学出版社，2022.10
ISBN 978 - 7 - 5693 - 2834 - 9

Ⅰ.①中… Ⅱ.①王… Ⅲ.①公共服务-研究-中国
Ⅳ.①D669.3

中国版本图书馆 CIP 数据核字(2022)第 195151 号

书　　名 中国人均基本公共服务均等化水平的时空演化与机制提升
ZHONGGUO RENJUN JIBEN GONGGONG FUWU JUNDENGHUA SHUIPING DE SHIKONG YANHUA YU JIZHI TISHENG
著　　者 王俊霞　王　静　李雨丹　王少华
责任编辑 魏照民
责任校对 郭　剑
封面设计 任加盟

出版发行 西安交通大学出版社
(西安市兴庆南路 1 号　邮政编码 710048)
网　　址 http://www.xjtupress.com
电　　话 (029)82668357　82667874(市场营销中心)
(029)82668315(总编办)
传　　真 (029)82668280
印　　刷 西安五星印刷有限公司

开　　本 710mm×1000mm　1/16　**印张** 16.5　**字数** 319 千字
版次印次 2022 年 10 月第 1 版　2023 年 4 月第 1 次印刷
书　　号 ISBN 978 - 7 - 5693 - 2834 - 9
定　　价 98.80 元

如发现印装质量问题，请与本社市场营销中心联系。
订购热线：(029)82665248　(029)82667874
投稿热线：(029)82668133
读者信箱：897899804@qq.com

前　言

基本公共服务事关社会公众切身利益，涉及教育、医疗、住房、就业、社会保障、基础设施、环境保护等方面。基本公共服务均等化是社会公平正义制度建设的重要内容之一，实现基本公共服务均等化，就是要使全体公民在基本公共服务方面的权利得到基本实现和维护，这是转变政府职能、调整财政支出结构、衡量政府绩效、促进社会和谐的重要政策措施。目前我国基本公共服务还存在不均等、不平衡现象。看病难、看病贵，上学难、上学贵，农村义务教育发展滞后，社会保障体系不够完善，城乡发展差距和收入差距仍在拉大，这些问题大都与基本公共服务供给不足、缺失和失衡有关，亟须通过逐步实现基本公共服务均等化来加以解决。从现实情况看，我国已具备逐步实现基本公共服务均等化的条件。近年来，我国政府提供基本公共服务的职能在不断强化，财政预算和支出逐渐向公共服务领域倾斜，公共财政体制建设不断推进。2021 年发布的我国《“十四五”公共服务规划》要求：“十四五”时期，推动公共服务发展，健全完善公共服务体系，持续推进基本公共服务均等化，着力扩大普惠性非基本公共服务供给，丰富多层次多样化生活服务供给。在此背景下，如何科学评价中国人均基本公共服务供给水平和均等化程度，动态识别中国人均基本公共服务均等化水平的时空演变，构建提升中国人均基本公共服务均等化的路径和制度安排，就成为迫切需要研究的重大理论和现实问题。

本书立足于新时代背景下基本公共服务的内涵，在总结梳理国内外相关文献的基础上，基于公共产品理论、福利经济学理论、经济发展阶段论、空间经济理论等理论基础，归纳出影响中国基本公共服务均等化水平空间格局分布的主要因素。继而利用熵权 TOPSIS 法合成了覆盖 8 大领域的基本公共服务综合评价指数，从不同时点、不同周期刻画中国基本公共服务均等化水平空间格局的时空演化；利用探索性空间数据分析方法从时间和空间、过程和结果双维度分析中国基本公共服务均等化水平空间集聚程度与集聚结构。研究发现中国基本公共服务均等化水平呈现明显的沿经济热点区域带状分布、从东往西的条带状分布，在空间上呈现出显著“东高西低”的空间集聚分布态势，经济发展水平、财政收入、城市化水平及技术进步的差异进一步加剧了中国基本公共服务均等化水平的空间集聚性的态势。

在此基础上，通过建立面板数据模型，分析纳入空间效应后影响中国基本公共服务均等化水平空间格局的核心因素，厘清各变量对中国基本公共服务均等化水平空间格局的直接影响与间接影响。基于上述研究，提出优化基本公共服务均等化空间格局、综合提升中国人均基本公共服务水平的相关政策建议。毋庸讳言，在优化财政税收政策的同时，壮大经济实力、完善基本公共服务保障机制、加强区域交流与合作将有利于优化中国基本公共服务均等化水平空间格局。研究成果丰富和发展了现有的关于中国基本公共服务均等化水平测度、空间格局优化的研究内容和研究方法，为进一步提高中国人均基本公共服务均等化水平、缩小区域差距、优化空间格局、实现共同富裕，提供了可资参考的战略取向。

全书共分为 10 章。

第 1 章，绪论。本章介绍了本书的研究背景、研究意义、研究目的、国内外研究现状、研究方法、研究思路与技术线路以及本书的主要内容与基本结构。

第 2 章，中国人均基本公共服务均等化的内涵与理论基础。本章在明晰基本公共服务均等化的内涵及相关概念的基础上，分析公共财政理论、公共选择理论、福利经济学理论、经济发展阶段论、空间经济理论、人口经济学理论等对中国基本公共服务均等化空间格局具有影响的影响机理，为本书的研究奠定了理论基础。

第 3 章，中国人均基本公共服务均等化水平测度。本章首先构建了包括基础教育服务、公共医疗卫生服务、社会保障服务、公共文化服务、环境保护服务、信息化服务以及公共基础设施服务等的基本公共服务综合评价指标体系，用以从不同角度反映基本公共服务水平。其次，利用熵权 TOPSIS 法计算合成 31 个省份的基本公共服务综合评价指数，展示中国 10 年间基本公共服务水平的发展变化及其特征。

第 4 章，中国基本公共服务均等化水平的时空演化。首先，本章研究不同时点与周期内中国基本公共服务均等化水平空间格局的变化轨迹和分布特征。其次，利用探索性空间数据分析方法测度中国基本公共服务均等化水平空间分布的全局 Moran 指数与局部 Moran 指数，分析中国基本公共服务均等化水平空间分布集聚程度。在此基础上得出中国基本公共服务空间分布特征。

第 5 章，中国人均基本公共服务均等化水平空间格局影响因素的实证分析。本章结合第 2 章和第 4 章基本公共服务空间格局的理论分析及中国基本公共服务均等化水平空间分布特征，运用空间计量面板模型识别出影响中国基本公共服务均等化水平空间格局的主要因素，分析各影响因素对基本公共服务空间格局的直接效应与间接效应，并在实证分析的基础上提出优化中国基本公共服务均等化水平空间格局的政策建议。

第 6 章，城乡经济协调对基本公共服务均等化的影响机制分析。首先，本章对城乡经济协调发展与基本公共服务均等化之间的关系进行了定性分析，指出城乡经济协调发展是实现基本公共服务均等化的经济基础，基本公共服务均等化的实现有利于促进城乡经济协调发展。其次，对城乡经济协调发展与基本公共服务均等化的现状、存在的问题进行了分析，在此基础上，对陕西省各地市基本公共服务水平进行测度。再次，构建了城乡经济协调发展与基本公共服务均等化两大系统的耦合与协调模型，建立了衡量两大系统的指标体系，并对 2010—2018 年中国两大子系统之间的关系进行了空间、区域和时间维度的实证分析。最后，根据实证分析结论，提出了加快城乡经济协调发展、促进基本公共服务均等化的政策建议。

第 7 章，现行财政制度对基本公共服务均等化的影响机制分析。本章分别从财政投入制度和转移支付制度两个角度分析现行财政制度对基本公共服务均等化的影响。首先，在财政投入制度对基本公共服务均等化的影响机制部分：第一，探讨了现行财政投入机制对基本公共服务均等化影响的机理。第二，分析了中国基本公共服务现状、存在的问题以及导致问题的原因。第三，在提出问题的基础上，本章采用熵值法对中国 31 个省份的基本公共服务指数进行了测量。第四，运用固定效应模型构建模型，实证分析了影响中国基本公共服务均等化的因素。第五，通过实验的数据结果最后得出影响中国基本公共服务均等化的因素有财政投入与财政收入、转移支付以及人口密度，其中财政投入以及转移支付的影响作用最为显著。这一结论正好论证了中国基本公共服务水平之间存在明显差异的一个主要原因在于不完善的财政投入机制。其次，在转移支付制度对基本公共服务均等化的影响机制部分：第一，简单分析了财政转移支付促进公共服务均等化的内在逻辑。第二，根据现实情况对转移支付和公共服务的成效及存在问题进行了多角度、多层次的描述性分析，为实证部分做背景铺垫。第三，从环境保护、基础设施建设、社会保障、文化传媒、医疗卫生、义务教育的基本公共服务提供水平测度指标体系，进行无量纲与赋权处理，获得分类评价分数和基尼系数。第四，利用中国 2010—2019 年 31 个省、直辖市、自治区的统计面板数据，通过 Hausman 检验，构建固定效应模型，实证分析转移支付对公共服务提供水平的影响，同时考察转移支付在降低公共服务评价分数基尼系数上的作用。最后，本章从财政角度提出提升中国基本公共服务均等化的政策建议。

第 8 章，现行税收制度对基本公共服务均等化的影响机制分析。本章分别从现行税收政策、增值税共享制度和税源背离三个角度分析现行税收制度对基本公共服务均等化的影响。首先，在现行税收政策对基本公共服务均等化的影响机制部分：第一，分析了税收收入影响财力水平进而影响基本公共服务水平的机理。第二，利用熵权法合成了覆盖多领域的基本公共服务综合评价指数，客观测度了中国基本公共服务的综合水平，并结合探索性空间数据分析法研究了中国基本公共服务空间相关程度，运用 2011—2020 年省级面板数据，利用中介效应模型对中国现行税收政策对基本公共服务水平影响进行了实证分析。研究发现，增值税、个人所得税、资源税、房产税、其他地方税种、印花税通过影响财力水平进而影响基本公共服务水平的中介效应显著，现行税收制度下，增值税、个人所得税等中央地方共享税对基本公共服务水平起到负向作用，并不利于基本公共服务均等化，而资源税、房产税、消费税以及印花税等地方税种对基本公共服务水平的正向促进作用更明显。其次，在增值税共享制度对基本公共服务均等化影响机制部分：第一，在对增值税共享制度与基本公共服务均等化二者关系的机理分析中，发现现行增值税共享制度存在两个主要问题，一是增值税纵向分配制度导致财力两极分化的现象，另一个是增值税横向分配制度会产生税收背离效应，这均会加剧地区间财力的不均衡，从而影响中国实现基本公共服务均等化目标的财力保障和进程。第二，以 2010—2019 年中国 31 个省份税收以及公共服务支出等方面的数据为基础，考虑时间效应后，利用双向固定效应模型对二者的关系进行了实证研究，认为中国可以通过优化增值税共享制度实现增值税收入在地区间的合理分配，从而缩小地方政府在财力上的差距，以推动中国基本公共服务均等化目标的实现。再次，在税源背离对基本公共服务均等化影响机制部分：第一，分析了税收与税源背离对基本公共服务均等化的影响机理。第二，采用“经济平均含税量法”，以 2009—2018 年陕西省 10 个地市的税收数据为基础进行分析，计算得出 10 个地市 10 年间的税收与税源背离额与背离度，同时采用“熵值加权 TOPSIS 综合评价法”并选取包含基本医疗卫生、社会保障与就业、基本公共教育、公共文化体育、市政基础建设在内的多项指标对各地市这 10 年的基本公共服务综合水平以及各项基本公共服务水平进行了测度。第三，通过构建回归模型，对税源背离度和基本公共服务的综合水平及各项基本公共服务水平分别进行回归，具体分析税源背离对基本公共服务的影响，并得出相关的实证结论。最后，本章从税收角度提出提升中国基本公共服务均等化的政策建议。

第 9 章，中国城乡基本公共服务均等化对共同富裕的影响机制分析。本章按照机理分析、实证分析、政策建议的研究路径，对城乡基本公共服务均等化水平和共同富裕程度及城乡基本公共服务均等化对共同富裕的影响进行分析。

首先，剖析了城乡基本公共服务均等化影响共同富裕的作用机理。其次，对中国城乡基本公共服务均等化水平和共同富裕指数进行了测度和分析。在明确城乡基本公共服务均等化概念边界的基础上，科学选取相关指标以构建衡量城乡基本公共服务水平的指标体系，通过主观赋权和熵值法算出城乡基本公共服务均等化水平，分析中国城乡基本公共服务均等化水平现状。对中国共同富裕程度进行量化及分析时，考虑到选取过多指标可能会模糊指标间的关系，且遵循变量间单调性、一致性、可加性等公理化性质，本章仅从共同度和富裕度两大维度分别选取一个指标，借助两指标相乘的算数平均函数对共同富裕程度进行量化，以求从结果导向出发关键性地反映中国共同富裕的发展现状。再次，进行中国城乡基本公共服务均等化对共同富裕影响的实证分析研究。结合前文对城乡基本公共服务均等化和共同富裕的测算结果，对所选取的变量进行描述性分析，为接下来的影响研究做好前提条件；然后借助基准回归模型和面板门槛模型分析城乡基本公共服务均等化对共同富裕的影响，并进行稳健性检验。最后，针对如何促进城乡基本公共服务均等化对实现共同富裕的目标发挥更大的作用提出切实可行的政策建议。

第 10 章，结论和展望。本章从研究的主要结论、研究不足及需要进一步研究与解决的问题等方面，对全书进行了概括性总结。

作　者

二〇二二年六月

目　录

1 绪论

1.1 研究背景及意义

1.1.1 研究背景

基本公共服务事关社会公众的切身利益，直接影响社会公众对于改革开放成果的获得感和心理幸福指数的感知，对于国民经济和社会发展具有重要意义。改革开放以来，随着中国经济的高速发展和国力的日益增强，政府提供基本公共服务的范围逐步扩大，力度不断加强，但城乡和地区发展不平衡、财力分配不均以及社会公众需求不同，造成了基本公共服务均等化水平在空间范围内差异显著。特别是进入新时代以来，中国社会主要矛盾已经转化为人民日益增长的美好生活需要和不平衡不充分的发展之间的矛盾。如何通过供给侧结构性改革，在增加转移支付和激励地方政府投资的基础上，扩大基本公共服务的供给范围，提高基本公共服务的供给力度，缩小基本公共服务的城乡和区域差距，以期实现人均基本公共服务均等化的目标，对于中国未来的发展显得尤为重要。

党的十七大报告把“实现基本公共服务均等化”作为统筹城乡、促进区域协调发展的重要手段；十八大报告认为“基本公共服务均等化总体实现”是全面建成小康社会和全面深化改革开放的目标；十九大报告提出“到2035年基本公共服务均等化基本实现”；2019年2月19日，国家发改委等18个部门联合印发了《加大力度推动社会领域公共服务补短板强弱项提质量 促进形成强大国内市场的行动方案》；2020年党的十九届五中全会提出了2035年“全体人民共同富裕迈出坚实步伐”“基本公共服务均等化基本实现”的远景目标，并将基本公共服务均等化作为实现共同富裕的重要内容；2021年3月，十三届全国人大四次会议通过的《中华人民共和国国民经济和社会发展第十四个五年规划和2035年远景目标纲要》强调要加快补齐基本公共服务短板，努力提升公共服务质量和水平。这些政策文件的出台既表明党和政府对实现基本公共服务均等化的高度重视，基本公共服务均等化成为中央和地方政府迫切需要解决的一个重点和难点问题，同时也明确了基本公共服务均等化与实现共同富裕的关系，反映出实现基本公共服务均等化的艰巨性、紧迫性。2022 年 4 月 26 日，习近平总书记主持召开了中央财经委员会第十一次会议，就全面加强基础设施建设做出重要指示，明确要加强城市、农村、能源、交通、水利、产业升级等六大方面的基础设施建设，为全面建设社会主义现代化国家打下坚实基础。因此实现到 2035 年基本公共服务均等化，推动实现共同富裕这一宏伟目标，既是摆在学者面前的机遇与挑战，也是践行供给侧改革的重要内容。

在此背景下，本书基于公共财政理论、公共选择理论、福利经济学理论、经济发展阶段理论、空间经济学理论以及人口经济学理论，在实现人均基本公共服务均等化的诉求下，研究如何科学评价中国人均基本公共服务供给水平和均等化程度，动态识别中国人均基本公共服务均等化水平的时空演变，构建提升中国人均基本公共服务均等化的路径和制度安排，检验不同政策工具的作用方式和实施效果，就成为迫切需要研究的理论和现实问题。

1.1.2 研究意义

本书在对中国基本公共服务进行综合评价的基础上，引入空间信息数据，借助探索性空间数据分析方法，从时空结合的维度研究中国基本公共服务空间格局分布特征。首先，依托省际面板数据，构建空间杜宾模型考察影响基本公共服务空间格局的因素，突破了已有研究仅仅从静态角度分析的局限。其次，分别论证了城乡经济协调、现代财政制度和现代税收制度对基本公共服务均等化的影响机制，指出了中国基本公共服务均等化的优化路径。最后，从基本公共服务均等化与共同富裕的关系入手，探讨中国基本公共服务均等化促进共同富裕的政策建议。本书的研究意义具体如下。

1）学术意义

本书构建了新时代人均基本公共服务均等化内涵的动态演化机制，丰富了基本公共服务均等化的研究内容与方法。第一，构建"未来（2035）总体目标—阶段目标—行动方案"逐层递进的研究范式，明晰新时代基本公共服务均等化的新内涵。第二，以常住人口为基数测算人均基本公共服务均等化水平，创新和丰富了人均基本公共服务均等化综合评价指标体系。第三，将地理学的研究方法引入传统的基本公共服务研究这类财政学问题，从时空结合的视角认知中国基本公共服务的空间格局变化规律及其形成机制，是新时代经济地理学研究的新领域。利用探索性空间数据分析方法从时间和空间、过程和效果双维度刻画人均基本公共服务均等化的时空演化，丰富人均基本公共服务均等化的研究内容。第四，从城乡经济协调以及现代财税角度，探索促进基本公共服务均等化的途径，完善基本公共服务均等化的研究内容。第五，从理论上说，基本公共服务均等化对共同富裕存在直接的作用，但缺少对两系统影响关系的定量研究。本书从全国整体及东、中、西部三大区域研究中国基本公共服务均等化对共同富裕的影响，对基本公共服务均等化以及全体人民共同富裕目标的实现具有重要意义。

2）实践意义

现代经济学之父亚当·斯密在《国富论》中提及国家有义务为居民提供保障社会安全、组建公共机关和公共工程等公共服务；萨缪尔森在1954年的《公共支出的纯理论》中指出公共产品应该是所有成员均等消费的产品。这些理论都意味着基本公共服务是所有居民不论何时、何地都可以享受到的服务。新时代中国特色社会主义更是明确提出要协调配置城乡之间、区域之间的基本公共服务。基于此，本书从时空结合角度分析了中国基本公共服务均等化的空间格局，充分了解地区间基本公共服务的具体差距与变化趋势；采用空间杜宾模型分析影响中国基本公共服务均等化空间格局的各类因素，分析各因素对空间格局的直接影响与间接影响。这不仅能够充分了解中国基本公共服务均等化的区域差异以及空间演化格局，而且有利于中央及各级地方政府精准制定、实施分类管理的基本公共服务均等化区域政策。

基本公共服务均等化作为全体人民公平享有基本公共服务权利和机会的实现方式，在实现共同富裕的进程中有着不可替代的推动作用；共同富裕作为基本公共服务均等化的价值目标，是政府提高基本公共服务供给水平的重要目标任务。进入新时代以来，全体人民所享有的包括社会、经济、文化、生态等的全结构福祉得到高度重视，这与基本公共服务均等化及共同富裕有密切联系。脱贫攻坚任务的全面胜利使得中国进入解决相对贫困的新阶段，从而对基本公共服务均等化与共同富裕提出更高的要求。因此，研究两者的水平现状及基本公共服务均等化水平提升对共同富裕的影响程度，检验不同影响的区域异质性和门槛效应，可以为政府制定相关政策提供理论和事实依据。

1.2 国内外文献综述

本书主要从国内研究、国外研究两个角度梳理总结基本公共服务均等化的内涵、基本公共服务均等化水平的测度、基本公共服务均等化与时空关系及基本公共服务均等化提升机制与优化路径的研究这四个方面的文献，进而找到本书研究的切入点和写作思路。

1.2.1　国外文献综述

1)基本公共服务内涵的研究

国外学者虽没有明确提出基本公共服务的概念，却将公共服务作为研究对象。19世纪德国经济学家瓦格纳(Wagner)最早提及公共服务，他认为公共服务是国家财政支出的重要组成部分[1]。经过近一个世纪的发展，萨缪尔森(Samuelson)明确指出了公共物品的概念，指出“每个人对某产品的消费，不会影响他人对该产品的消费，则该产品即为公共物品”[2]。在后续的研究过程中，各国学者不断拓展对公共服务的认知，基米纳米(Kiminami)认为公共服务与公共服务设施覆盖范围存在一定的重合，都是由政府部门主导的，用于满足全体国民基本需求的服务或设施[3]。弗涅尔(Furceri)认为公共服务是公民在生产生活中不可或缺的一部分，近乎公平的享受基本一致的公共服务是每个公民的权利[4]。此外，哈姆尼特(Hamnett)通过对英国不同地区的教育、医疗、养老等公共服务与经济发展间的关系展开研究，发现地方性的公共财政支出在一定程度上刺激了地方经济的发展[5]。加里宁娜(Kalinina)等研究发现，不断增加公共服务领域的财政支出对经济增长有正向的促进作用[6]。总体而言，关于公共服务的内涵国外研究基本上形成了这样的共识，即公共服务是由政府提供的，保障公民最基本的权利的一项财政支出活动，对经济的发展具有一定的促进作用。

关于公共服务均等化的研究最早可以追溯到庇古(Pigou)的研究，他指出居民的收入总量与社会经济福利同方向变动，即收入总量越高，社会福利越高，进而收入分配更趋均等化[7]。布坎南(Buchanan)提出财政平衡的思想，认为各地居民享受的财政提供的公共服务质量受制于各地区的经济发展水平，因此，通过政府间的横向转移支付能很好地促进地区间的财力均衡，进而能够实现公共服务的均等化提供[8]。萨缪尔森提出的纯公共产品概念也体现了公共服务均等化的思想，即将纯公共产品定义为所有成员能够均等消费的商品[9]。托宾(Tobin)指出，基本公共服务应当平均地分配给所有公民[10]。格特(Geert)和布卡莱特(Bouckaert)等在研究之后提出了公共服务不均等的普遍性和严重性[11]。朱利安尼(Juliani)和奥利维拉(Oliveira)等对基本公共服务评价体系应包括的范围进行了界定，认为其应当包括基础医疗卫生、基础教育、基本社会保障等方面[12]。可以发现，国外学者致力于社会资源的合理分配从而引出了对于基本公共服务均等化的研究，其包含的范围和内容非常充实，为之后学者们的研究建立了坚实、丰富的理论基础。

2)基本公共服务均等化水平测度的研究

对基本公共服务均等化水平的测度主要分为两个方面：客观评价和主观评价。客观评价主要通过不同的指标体系进行分析测度，而主观评价主要考虑居民的满意程度。主观评价往往因评价主体的认知不同而容易出现偏差，相比较而言，客观评价更加准确、真实，是目前常用的评价方法。但不乏学者将两者综合起来以反映基本公共服务的最真实水平。

在基本公共服务均等化水平的主观评价研究方面，国外的研究主要集中于公共感知的公共服务质量和居民的满意度。其中，鲍威尔(Powell)认为公共服务质量是实际水平与预期水平的比较，能够较好地反映居民对公共服务的真实使用感受，因此将公共服务质量作为综合评价研究的主要对象[13]。奥科拉夫(Okorafor)等在分析南非的基本医疗卫生服务时，将居民满意度引入基本医疗卫生服务评价体系以衡量南非的基本医疗卫生水平，并提出医疗卫生资源的合理分配有利于推进南非的基本医疗卫生服务均等化[14]。詹姆斯(James)认为基本公共服务与城镇化以及工业化有着密不可分的联系[15]。

在基本公共服务均等化水平的客观评价研究方面，现有学者通过层次分析法、灰色关联度分析法、TOPSIS分析法等方法克服了主观评价的非客观性。里斯·安德鲁斯(Rhys Andrews)和史蒂夫·马丁(Steve Martin)从紧急性、基础性医疗服务、社会服务、福利、教育、废物管理和社会安全7大维度进行区域比较以分析英格兰、苏格兰和威尔士的不同政策对其公共服务的影响，研究表明，政策分歧一定程度上导致了公共服务的区域差异[16]。达斯汀(Dustin)以美国为研究对象，建立了关于公共服务7个领域的综合评价指标体系，运用灰色关联度分析法展开了具体的研究[17]。基姆(Kim)等创新性地研究出一个普适性极高的公共服务测算标准和方法，用以分析和测度公共服务质量[18]。巴克(Bakker)将基本公共服务质量分为高、中、低三个等级，针对每个等级设计不同的指标以求准确反映基本公共服务水平[19]。安德鲁(Andrew)通过灰色关联度分析法对西班牙基本医疗卫生服务水平展开研究，研究发现医疗卫生服务供给权力的下放是导致地区医疗卫生服务差异的原因[20]。玛丽亚(Maria)以意大利为研究对象，在用熵权法测度公共服务水平的基础上，发现财政分权会减少教育和社会管理方面的财政投入，进而降低基本公共服务水平[21]。华纳(Wamer)选取人均基本公共服务量、人均地方支出、人均预算分配等指标对基本公共服务空间上的均等性和公正性进行了测度[22]。

3)基本公共服务均等化与时间空间关系的研究

对基本公共服务的研究因引入了新经济地理学的研究方法而获得了迅猛的发展，现有的研究成果多集中于要素流动与经济增长关系、公共服务的空间溢出效应研究。在要素空间流动与经济增长的关系方面，安德森(Anderson)等研究了公共服务与要素空间流动的关系，认为公共服务具有一种凝聚力，可以加剧要素在空间上的流动。此外，这种凝聚力的大小跟消费者偏好有关，与交易成本无关[23]。鲍德温(Baldwin)在已有的研究基础之上，通过引入交易成本中间变量研究基础设施对区域经济发展的影响。随着基础设施投入的增加，交易成本随之降低，进而引起区域间要素流向经济发展较快的地区，促进地区经济增长[24]。奥西普(Ossip)研究发现，环境保护服务、基础设施水平的差异会加剧区域间劳动和资本的流动，加剧地区经济差异[25]。

空间距离对基本公共服务的影响主要表现为以下两个方面，部分学者发现地理距离会加剧基本公共服务的扩散，而另一些学者发现地理距离会加剧基本公共服务的集聚。伯莱特(Berliant)等利用现行均衡模型发现，就业率、技术进步虽然会加剧基本公共服务的扩散，但是对城市的均衡发展起着决定性的作用，基本公共服务扩算速率越快，区域城市发展越均衡[26]。夸默(Kwame)等以13个欧洲国家为研究对象，发现当政府支出减少时会导致基本公共服务水平急剧下降，会进一步拉大区域差距[27]。

4)基本公共服务均等化提升机制与优化路径的研究

近年来，国外一部分学者专注于基本公共服务提升机制和优化路径研究。麦克卢尔(Mclure)和查尔斯(Charles)研究认为俄罗斯各地区自然资源分布不均是其地区间财力存在差距的主要原因[28]。鲍威尔和博伊恩(Boyne)通过研究得出了英国政府出台相关政策使得各地区间财力差异变小，从而使得各地区间基本公共服务水平差距缩小的结论[29]。博特(Bert)和苏珊娜(Susana)对东南亚的几个国家进行研究，通过数据的收集和处理，发现其地区间基本公共服务差异较大的现状，并认为这主要是由各地区间经济状况的较大差距导致的[30]。鲍德威(Boadway)等研究出财政均衡理论，强调州政府通过联邦政府的转移支付达到财力均衡等横向均衡，从而使得居民平等地享受财政待遇，并根据人均实际税收和人均平均税收额间的差距确定转移支付额，实现人均财力均衡[31]。丹哈特(Denhardt)夫妇认为以基本公共服务的供给机制和方式来评价均等化水平，并且应努力促进政府、公民、社会及市场主体多维供给新局面的形成[32]。沙(Shah)等通过研究发现财力均等是保障公共服务支出均等的前提[33]。艾格(Egger)研究后发现，在缩小地区间财力差距这一问题上，转移支付可以发挥较大作用，当地方政府财力更加均衡时，基本公共服务均等化水平便会得到提高，这有利于维持长期政治稳定[34]。阿尔布伊(Albouy)通过研究指出，各国可以通过完善转移支付制度缩小地区间基本公共服务水平的差异[35]。在对均等化的提升机制方面，国外近年来的研究更多地探讨如何从公共服务动机出发，注重提升对公共部门工作人员的激励，如巴克(Bakker)[36]、朱利安尼(Juliani)和奥利维拉(Oliveira)[37]等，可以采用绩效管理的方式来管理公共服务，如朱利安尼和奥利维拉[37]等，建立多元供给机制，如罗伯特·丹哈特(Robert Denhart)和珍妮特·V.丹哈特(Janet V. Denhart)[38]、弗纳德·吉特瑞(Fernandez-Guiterrez)、詹姆斯(James)和吉尔克(Jilke)[39]等。卡里姆(Karim)、伊斯梅拉·里米·阿布巴卡尔(Ismaila Rimi Abubakar)通过关注沙特阿拉伯13个省级行政区的电力、饮用水和卫生设施公共服务情况，指出改善基础设施提供情况的关键在于下放资金和发展权给地方政府[40]。

1.2.2 国内文献综述

1)基本公共服务内涵的研究

2006年基本公共服务均等化被正式确定为中国经济社会的发展目标，关于基本公共服务均等化的相关讨论也主要集中在2006年前后。贾康认为基本公共服务均等化是保证对全体社会成员最低限度的基本公共服务供给，重点提供义务教育、社会救济和社会保障等服务[41]。常修泽重点从三个方面把握基本公共服务均等化的内涵：一是全体公民享有的基本公共服务的机会和选择应该均等；二是全体公民享有基本公共服务的结果应该大体相等；三是社会在提供大体均等的基本公共服务过程中，尊重某些社会成员的自由选择权[42]。丁元竹提出政府应针对基本公共服务的各服务类型制定一系列基本公共服务均等化国家标准，让不同地区居民和城乡居民均能享受到基本公共服务项目[43]。徐小平认为基本公共服务均等化即是在承认各地区公共服务差异化提供的前提下，追求基本层次公共服务的全国统一提供标准[44]。白晨从“包容性发展”的视角，结合基本公共服务均等化政策演进趋势展开理论研究，认为应该从社会公平观、财政权责观和协同治理观三个层面理解基本公共服务均等化的理论内涵[45]。国家也在相关文件中进一步明确了基本公共服务均等化的概念，《"十三五"推进基本公共服务均等化规划》指出："基本公共服务均等化是指全体公民都能公平可及地获得大致均等的基本公共服务，其核心是促进机会均等，重点是保障人民群众得到基本公共服务的机会，而不是简单的平均化。"

虽然学术界对基本公共服务的概念基本达成了一致，但是对于基本公共服务所覆盖的领域尚未达成共识。常修泽将其划分为民生性服务、事业性服务、基础性服务和安全性服务四个方面[46]；陈海威和田侃将其分为底线生存服务、发展服务、环保服务和安全服务四个领域[47]；廖文剑认为至少包含基本生存需要、基本能力需要和基本健康需要三个方面[48]；但总体而言，基本公共服务是公共服务范围中最应该优先保证的部分，包括基础教育、医疗卫生、社会保障等与居民切身利益直接相关的领域（缪小林等）[49]。与此同时，政府层面也在不断深化对基本公共服务内涵的认识，"十三五"规划对基本公共服务内涵做出了明确规定，并进一步阐明了基本公共服务包含的8个领域的81项子项目的具体内容。

2）基本公共服务均等化水平测度的研究

科学合理的评价有利于推进基本公共服务均等化进程。已有研究关于基本公共服务均等化水平的评价涵盖了省际、城乡和区域等多个层面，涉及基础教育、基础医疗卫生、公共就业服务、基本社会保障、基础设施、公共安全等多个基本公共服务领域。周素萍等基于政府职能，将基础教育、公益性基础设施及环境保护等作为衡量指标[50]。刘成奎、王朝才基于数据的可得性，只选取了社会保障、公共卫生、基础设施和基础教育四个方面的数据，城乡基本公共服务均等化指数由各地区农村基本公共服务均等化人均指标与各地区基本公共服务均等化人均指标之比得到，然后采用综合评价法计算出城乡基本公共服务均等化水平[51]。杨叶构建了包括公共教育、社会保障、医疗卫生等在内的综合评价指标体系，运用灰色关联综合评价法分析了2013年全国六大地区以及31个省区基本公共服务供给均等化程度及其影响因素[52]。韩增林、李彬等选取2013年全国31个省份包含教育、文化、医疗卫生、基础设施、社会保障和信息化服务六大方面的数据，并考虑到城市与农村公共服务内容的差异性，分别构建了城市和农村的指标体系，测度了各省份城乡基本公共服务均等化水平[53]。魏福成、胡洪曙对我国七大类基本公共服务2005—2012年省际的均等化情况进行了测度，研究发现：省际医疗卫生、公共安全均等化程度较高，而社会保障与就业、文化体育与传媒、教育及交通运输服务均等化程度低[54]。张建清和严妮飒采用主成分分析法对长江中游城市群2005—2013年的基本公共服务水平展开了测度[55]。杨志安和邱国庆利用2006—2012年的统计数据运用泰尔指数分析了各个领域的基本公共服务水平，并提出应该将财政政策重点从发展性转向民主性[56]。熊兴等运用熵权TOPSIS法评价287个地市基本公共服务水平，并采用基尼系数测定各年份基本公共服务均等化水平，结果表明从2011—2014年我国基本公共服务水平呈现不断提升趋势，基尼系数呈现先下降后上升的趋势[57]。玥洪曙和武锶芪利用耦合协调度模型分析了我国基本公共服务均等化水平，并提出要因地制宜、因时制宜地增加不同领域的财政支出[58]。李华、董艳玲在运用熵权法测度出2006—2017年我国各省市基本公共服务供给指数的基础上，使用Dagum基尼系数对我国基本公共服务均等化水平进行了测度，研究发现基本公共服务均等化趋势加强，区域间差异呈下降态势[59]。康健、姜晓萍基于罗尔斯正义三要素，独创性地提出应该从政策环境公平、供给水平发展和人民群众满意三个维度构建基本公共服务均等化实现程度评价体系，以求评价的系统性、全面性[60]。杨晓军、陈浩在使用熵值法测度2003—2018年中国270个地级市基本公共服务水平的基础上，借助信息熵原理计算出了城乡基本公共服务均等化指数[61]。

3）基本公共服务均等化时空演化的研究

改革开放以来，随着中国经济的高速发展和国力的日益增强，政府提供基本公共服务的范围逐步扩大，力度不断加强。但由于地区发展不平衡、财力分配不均以及社会公众需求的不同，造成基本公共服务均等化水平在空间范围内差异显著。马慧强等用熵值法对我国286个地市的基本公共服务空间格局差异展开分析，发现空间差异明显[62]。韩增林等运用探索性空间数据分析方法对城乡基本公共服务均等化的空间格局进行研究，发现城乡基本公共服务均等化水平均呈现"东—中—西"阶梯状递减的空间格局[53]。许莉等在主成分分析法的基础上运用空间误差与空间滞后模型对我国小城镇公共服务供给的空间分布模式和空间效应展开研究，发现公共服务的供给存在显著的空间集聚性[63]。朱楠、任保平运用层次分析法对我国31个省份的基本公共服务质量展开测评，发现经济因素是制约公共服务质量提升的关键因素[64]。杨晓军和陈浩采用Dagum基尼系数测度了2003—2018年我国270个地级市城乡基本公共服务均等化的区域差异，发现总体差异呈波动上升趋势，除东部地区外，其他地区的区域内差异有扩大之势[61]。

在对基本公共服务进行整体研究的基础上，部分学者将研究触角进行了更进一步的细化，从更微观的角度，对基本公共服务的单要素和具体区域的基本公共服务水平展开研究。曹莎、刘邵权利用投影寻踪模型测度了四川省基本公共服务水平，发现四川省基本公共服务具有明显的“马太效应”[65]。何丹和金凤君借助GIS空间分析和三维模拟技术，研究了北京市公共文化设施服务水平的空间格局与特征[66]。刘娟、文学虎等创新性地利用地理国情普查及监测数据，对长江经济带城市的基本公共服务空间格局进行分析，结果表明：各城市间以及城市内部的基本公共服务水平存在显著差异，且基本公共服务的水平对其发展速度具有正向促进作用[67]。汪凡、白永平基于教育设施数据，利用核密度分析和ESDA等方法对我国基础教育均等化的空间格局进行了研究，发现常住人口、第三产业比例以及建成区面积对我国基础教育公共服务均等化的空间格局分异有显著影响[68]。常飞、王录仓等以互联网地图API为依托，对兰州市的公共服务设施与人口的匹配关系进行了测度，提出应从普及养老类设施和增加城市边缘区各类公共设施两方面做好公共服务设施的规划工作[69]。

4)基本公共服务均等化提升机制与优化路径的研究

国内已有研究多从供给主体、运行机制、供给方式等方面入手。吴昊和陈娟[70]、张启春、山雪艳[71]等学者尝试提出构建以提高基本公共服务均等化水平为导向的高效政府管理制度和科学合理的公共财政体系，刘佳萍[72]还提出了发展“互联网+”益民服务，唐晓阳和代凯[73]、余梦秋和陈悦之[74]主张健全“政府主导、社会参与、公办民办并举”的供给机制，王玉龙和王佃利[75]主张要同时辅之以数据治理方式与基本公共服务需求表达机制(唐晓阳)[73]等一些有利于提高基本公共服务资源配置公平与效率的实施方案。

关于国内基本公共服务的提升机制方面的研究，涉及财政机制、财税制度等方面。陈颂东研究认为可以对转移支付制度进行一定程度的优化来促进区域间财力均衡，从而使得转移支付制度能够更好地服务于中西部地区，如对转移支付的规模进行扩大、对转移支付结构进行优化等[76]。谢芬等充分考虑了中国式分权的背景，对于财政和政治双重激励下的政府行为进行具体分析，提出了要继续完善地方政府官员的晋升考核机制，要制定涵盖经济增长和民生服务在内的全面综合的考核指标，另外针对转移支付对政府行为的影响，提出了转移支付要兼顾激励和均等[77]。陈建东等在研究中对各省间的财力差距进行了详细计量，指出转移支付制度可以使得地区间财力差距变小，从而起到推动地区间基本公共服务水平差距变小的作用[78]。张启春等认为转移支付制度可以促进地区间的横向财力均衡，如果地区间财力均衡程度越高，我国基本公共服务均等化水平就会越高[79]。陈莹和孙荣指出，地方政府间财力的均衡是实现基本公共服务均等化的基础，同时其结合实证的方法发现，当地区政府间财力差距越小时，各地区基本公共服务水平的差距也越小[80]。袁昭颖指出，科学合理的转移支付制度可以通过均衡地区间财力使得各地方政府提供更加均衡的基本公共服务[81]。胡晓东、艾梦雅认为增值税横向分享方法导致财政背离效应，即当地消费者承担税负但政府未收到相应税收，这就导致地区间财力不均衡，进一步影响基本公共服务的均等化[82]。李霞经实证研究提出，中央转移支付确有助于提升地区基本公共服务均等化程度，但效果往往呈现先高后低，即“倒 U”形关系，且绝大部分地区财政无法自给，不能达到基本公共服务均等化的最佳水平[83]。李国新指出，为创新和完善基本文化公共服务运行管理机制，需要全面落实政府监管制度，并进一步丰富实施指导和细则[84]。

1.2.3 文献述评

纵观国内外学者对基本公共服务的研究，众学者对于基本公共服务的内涵、覆盖领域、水平测度等相关问题进行了深入系统的探讨，取得了丰富的成果，为本书的研究奠定了雄厚的基础，为我们探讨促进基本公共服务均等化提供了重要思路。总体来说，对于基本公共服务的内涵学者们一致认为，基本公共服务是与一国的经济发展水平相适应，全体居民都应公平、普遍享有的服务。学者们在明晰基本公共服务内涵的基础上，采用多种方法、构建多类指标体系对基本公共服务的不同领域展开了广泛的研究。在空间经济研究方面，现有的文献注重基本公共服务某一时刻在地理位置上的空间分布，对于基本公共服务在连续时间段上的空间格局变化研究相对较少，并未充分考虑不同地区的基本公共服务在不同时间范围内存在的序列依赖性和相关时间点上不同地区的空间依赖性。但是基本公共服务均等化空间格局的研究应该是基于一个连续时间段上的分析，涉及基本公共服务水平、时间以及空间因素，要注重某一时刻基本公共服务均等化在区域空间上的分布格局，同时也应关注基本公共服务均等化空间格局在过去、现在以及将来的演化过程。

基于此，本书将空间概念引入基本公共服务均等化研究，在研究方法上，利用空间计量经济学的方法对中国基本公共服务均等化空间格局进行分析，判断其是否存在空间集聚性；并建立空间杜宾模型，深入探讨驱动中国基本公共服务均等化空间格局变化的影响因素。在研究内容上，本书提出人均基本公共服务的概念，并以“常住人口”为基数计算中国人均基本公共服务均等化水平，不同于现有研究多以“户籍人口”为基数展开测度。同时，本书运用探索性空间统计分析(ESDA)，将传统计量和时空视角相结合，采用 Theil 指数、Moran's I 指数等对中国基本公共服务均等化的水平及时空差异程度进行测度，有别于现有多采用层次分析法的研究，并对不同政策工具的实施效果和作用方式进行检验，从更深入的层面解析中国基本公共服务均等化水平差异的成因。

1.3 研究框架与内容

1.3.1 研究框架

本书研究内容包括 4 个模块，总体框架见图 1-1。

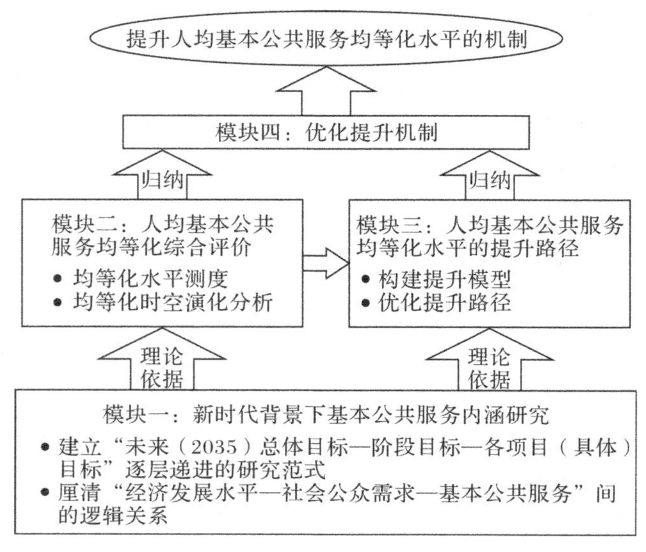

图 1-1 研究内容框架

1.3.2 研究内容

1)模块一:新时代背景下基本公共服务内涵研究

随着经济水平不断提高,公众的基本公共服务需求日益多元化,以满足社会公众需求为目标的基本公共服务应该表现出何种特性?本书将通过构建"经济发展水平—社会公众需求—基本公共服务"的逻辑关系,以未来倒逼现在的研究思路,形成"未来(2035)总体目标—阶段目标—各项目(具体)目标"逐层递进的研究范式,以明晰新时代背景下基本公共服务的新内涵。

2)模块二:人均基本公共服务均等化综合评价

这一模块包括以下两个方面的内容。

(1)基本公共服务均等化水平测度

本书首先构建了包括基础教育服务、公共医疗卫生服务、社会保障服务、公共文化服务、环境保护服务、信息化服务以及公共基础设施服务等7个方面,32个指标的基本公共服务综合评价指标体系,用以从不同角度反映基本公共服务水平。然后,利用熵权TOPSIS法计算合成31个省区的基本公共服务综合评价指数,展示中国基本公共服务水平的发展变化及其特征。

(2)人均基本公共服务均等化的时空演化

本书以"常住人口"为基数计算中国人均基本公共服务均等化水平,弥补了现有研究多以"户籍人口"为基数展开测度,而忽略人口流动对基本公共服务绝对量影响的弊端,以期解决现实中人口流入地基本公共服务拥挤不堪、流出地则浪费严重的局面,不但可以比较准确地反映出人均基本公共服务均等化的真实水平,而且可以为中国打破城乡二元户籍制度,促进城市化发展做预判性和前瞻性的研究。同时,将运用探索性空间统计分析(ESDA),将传统计量和时空视角相结合,采用Theil指数、Moran's I指数等对中国基本公共服务均等化的水平及时空差异程度进行测度,从更深入的层面解析中国基本公共服务均等化水平差异的成因,如图1-2所示。

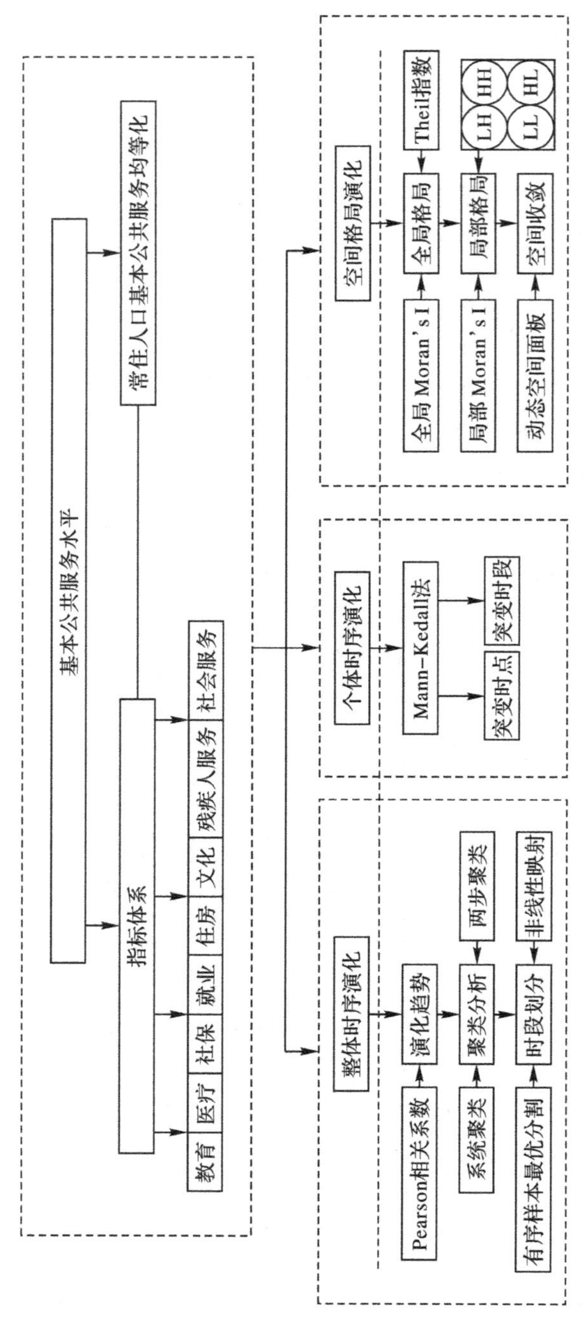

图 1－2 人均基本公共服务水平及其均等化的时空演化

3)模块三:人均基本公共服务均等化水平的提升路径

本书将构建多元主体供给机制、财力保障机制、需求表达机制和监督考评机制等的提升路径模型,将从公共服务供给侧和需求侧两个维度,明确基本公共服务均等化的衡量标准和应达水平。并引入面板平滑转换模型(PSTR)和夏普利值(Shapley value)分析工具,厘清中国人均基本公共服务均等化水平提升中"政府—企业—公众""经济发展水平—社会公众需求—基本公共服务"之间相互联系、相互作用、相互制约的内在机能;通过计量模型,检验不同政策工具和规划手段在中国城乡和不同区域的触发条件、作用方式和实施效果,为构建人均基本公共服务均等化提升机制提供理论与实证支持,如图 1-3 所示。

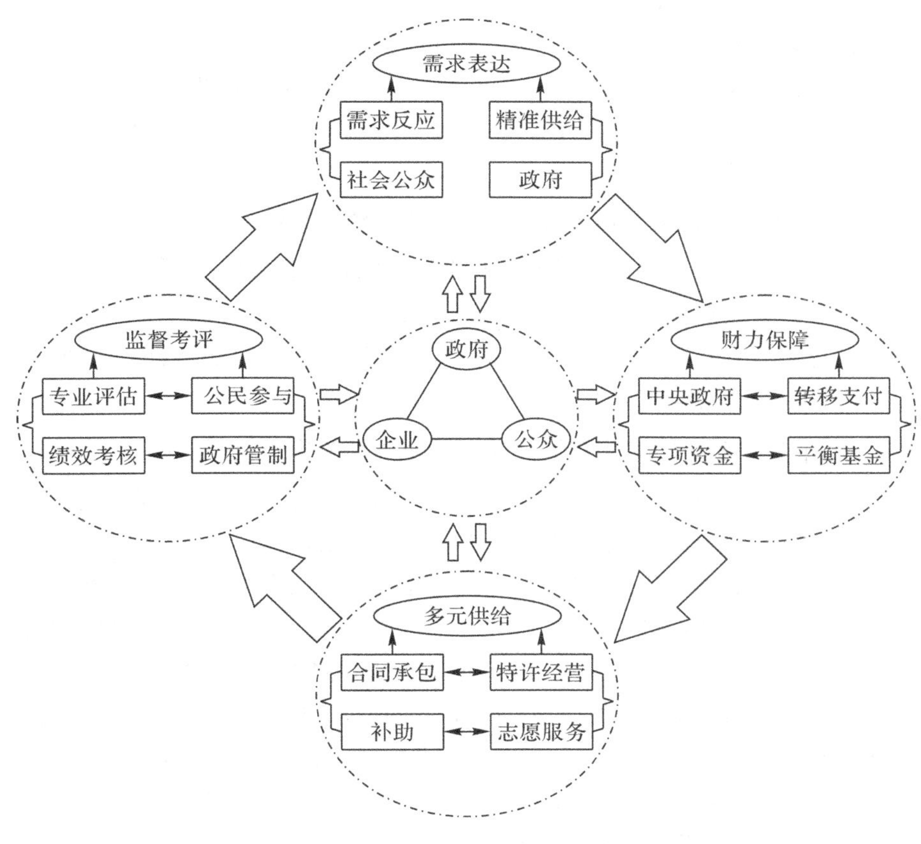

图 1-3 提升路径模型

4)模块四:提升中国人均基本公共服务均等化水平的机制研究

根据理论研究和实证研究结果,立足习近平总书记提出新时代的现实要求,展望到2035年实现基本公共服务均等化,研究如何提高人均基本公共服务均等化水平以及如何缩小城乡和区域差距,基于时空异质性,从"国家—区域"两个层面、从"供给—需求"两个维度制定提升方案,系统化地设计提升中国人均基本公共服务均等化水平的优化方案,丰富执行机制,建立国家和区域、供给和需求决策支撑体系。具体实现路径涉及以下三个方面。

(1)城乡经济协调对促进基本公共服务均等化的作用机制

经济实力是实现城乡基本公共服务均等化的坚实基础,且城乡经济的协调发展是实现城镇化的经济基础。因此,本书选取城镇化过程中最重要的城乡经济协调作为切入点,重点研究其与基本公共服务均等化之间的关系,揭示两者在当前存在的问题及原因、对策,分析两者间的相互影响,并试图给出城镇化过程中两者应实现协同发展的定量分析过程,提出加快城乡经济协调发展、促进基本公共服务均等化的政策建议。

(2)现代财政税收制度对促进基本公共服务均等化的作用机制

基本公共服务是政府的一项重要职责,财政税收制度对其供给的影响是显而易见的。本书从现代财政制度和现代税收制度两个方面五个层面,论证现代财税制度对基本公共服务均等化的影响机制,试图通过财税制度的完善,推动基本公共服务均等化的实现。

(3)基本公共服务均等化对促进共同富裕实现的作用机制

基本公共服务均等化作为全体人民公平享有基本公共服务权利和机会的实现方式,在实现共同富裕的进程中有着不可替代的推动作用;共同富裕作为基本公共服务均等化的价值目标,是政府提高基本公共服务供给水平的重要目标任务。进入新时代以来,全体人民所享有的包括社会、经济、文化、生态等的全结构福祉得到高度重视,这与基本公共服务均等化及共同富裕有密切联系。脱贫攻坚任务的全面胜利使得中国进入解决相对贫困的新阶段,从而对基本公共服务均等化与共同富裕提出更高的要求。研究两者的水平现状及基本公共服务均等化水平提升对共同富裕的影响程度,检验不同影响的区域异质性和门槛效应,对基本公共服务均等化以及全体人民共同富裕目标的实现具有重要意义。

1.4　研究思路与方法

1.4.1　研究思路

本书基于多学科、多理论、多方法的综合研究策略，运用经济学、管理学、社会学、统计学等学科的理论知识，按照“寻找理论依据→刻画现实条件→剖析深层原因→构建提升模型→厘清提升脉络→检验政策工具→提出解决方案”的范式展开研究，具体研究思路见图1-4。

1.4.2　研究方法

1)历史分析法

梳理基本公共服务理论的研究脉络，查阅相关文献，在前人研究基础上，总结、抽象历史演进过程，运用经济学、管理学等工具和方法，构建人均基本公共服务均等化的研究框架。

2)计量分析法

借助STATA等软件，在人均基本公共服务均等化水平测度、时空演化、政策工具检验等研究中，构建数据分析模型，开展模拟检验和实证分析。在人均基本公共服务均等化政策的实证研究中，采用双重差分模型等拟实验经济学方法，以及向量自回归模型和多元回归模型等计量经济学方法，实证检验中国人均基本公共服务均等化政策的实施效果。

3)系统分析法

采用建模、决策、检验、评价、优化等系统工程方法研究人均基本公共服务均等化的发展水平、厘清提升脉络，系统化地提出提升中国人均基本公共服务均等化的路径依据和制度安排。

4)演绎归纳法

运用演绎法和归纳法，从多重联系中抽象出典型化事实加以经验分析，演绎区域性规律，把实证结果加以归纳，与中国实际相结合，构建提升中国人均基本公共服务均等化的政策支撑体系。

5)比较分析法

在分析总结中国基本公共服务空间分布特征时，从时间维度对2009—2020

问题提出
基本公共服务均等化水平的不平衡、不协调
理论缺失
机制缺失
区域失衡
立足新时代、展望2035，如何提高基本公共服务均等化水平
理论基础
基本公共服务新内涵体系构建
基本公共服务均等化测度
历史分析
基本公共服务均等化时空演化
建立基本公共服务综合评价指标体系
基本公共服务内部协调性分析
中国基本公共服务均等化
探索性空间数据分析方法
泰尔指数
基本公共服务均等化的区域差异
计量分析
优化提升机制
多元主体供给机制
政府
经济发展水平
财力保障机制
公众
社会需求
需求表达机制
企业
基本公共服务
监督考核机制
系统分析
路径选择
提升人均基本公共服务均等化水平的优化方案设计
完善基本公共服务内涵建设
缩小区域差异政策建议
政策工具优化建议
提高中国人均基本公共服务均等化水平
演绎归纳
图 1-4 研究思路

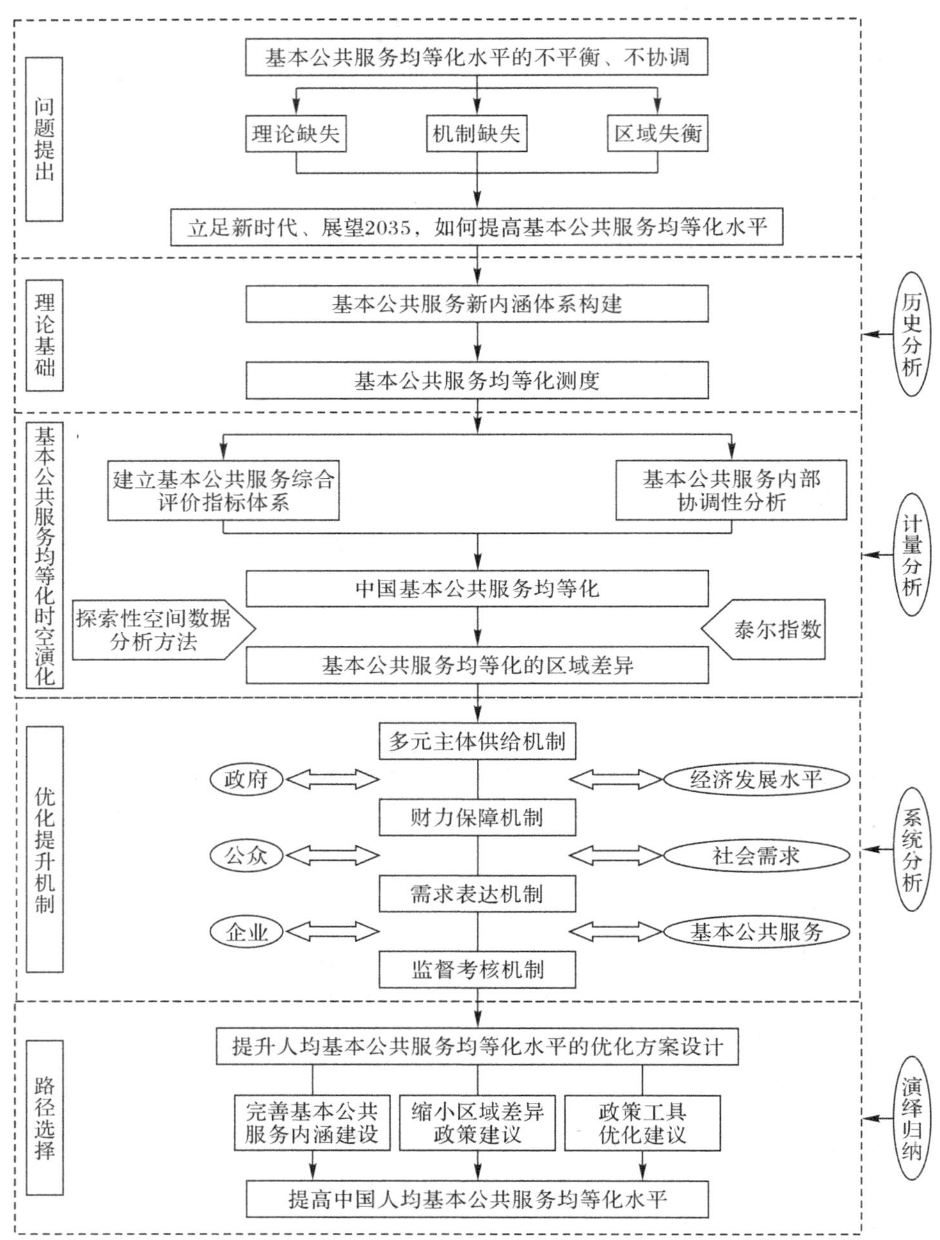

年的中国基本公共服务空间集聚指数进行纵向比较,从空间维度对中国及其东部、中部、西部三大区域基本公共服务水平进行横向比较,以充分了解中国基本公共服务空间格局的分布特征。

6)空间经济计量方法

本书利用空间计量经济学中的全局自相关与局部自相关分析法对中国基本公共服务进行空间依赖性检验,实现以精确的数值反映中国基本公共服务在不同区域的空间分布集聚关系;依托面板数据,对中国基本公共服务空间分布的影响因素进行实证检验,分析中国基本公共服务格局与经济发展水平、财政收入、城市化水平、技术进步和人力资本的关系。

2 中国人均基本公共服务均等化的内涵与理论基础

2.1 人均基本公共服务均等化的内涵

2.1.1 基本公共服务的内涵

在经济学中,商品常常被称作产品和服务。因此,大多数情况下公共产品和公共服务并不加以明确区分,而是被同时使用。但是需要特别说明的是,公共产品与公共服务虽然内涵基本一致,具有密不可分的关联性,但是两者的侧重点略有不同。

美国经济学家萨缪尔森最早对公共产品进行了界定,他认为"每个人对某产品的消费,对他人消费该产品无影响,则该产品即为公共物品",据此确定了公共产品的两个明显的特征:非竞争性与非排他性。非竞争性是额外增加一个消费者的边际成本为零,即任何消费者在既定的产品数量上自行消费。非排他性是指每个人在消费公共产品时,都不能排除他人对公共产品的消费。与公共产品相对应的是私人产品,私人产品同时具有竞争性与排他性的特征。布坎南在萨缪尔森对公共产品定义的基础上提出:如果只具有非排他性与非竞争性的一种特征时,该产品是混合公共产品。其中仅具有非排他性,不具有非竞争性的产品被称为公共资源,比如海洋渔业资源;仅具有非竞争性的产品被称为俱乐部产品,比如收费的高速公路。

虽然公共服务的内涵与公共产品基本一致,但是对公共服务的概念和理解上存在多种形式。一般认为公共服务是指由政府及某些非政府社会机构,在公共产品的生产、供给过程中需要承担的责任和践诺的职能,政府是当仁不让的主导者。由此可见,公共服务更倾向于是一种政府职能理论的实践。目前国内学者关于公共服务的概念主要有以下三种观点:一是认为公共服务是公共产品的一个子类别,公共产品不仅仅包括看得见的公共设施与资源,还包括无形的公共服务。二是认为公共服务与公共产品完全等同,没有区分的必要。三是认为公共服务的范围比公共产品的范围更加宽泛，比如陈昌盛、蔡跃洲认为，公共服务是指建立在一定社会共识基础上，任何一个公民不论其种族、收入和地位如何，都应公平、普遍享有的服务。本书采用第三种定义展开后文的论述。

此外，从空间角度来看公共服务除了具备非竞争性与非排他性，还具有空间距离效应与空间容量效应。就空间距离效应而言，Leonardi G 方法将公共服务分为出行设施（公众为了享受公共服务需要移动，比如教育、医疗）、保险设施（公众不需要移动就可以享受公共服务，比如国防、城市安全）以及传送设施（公众在其居住地就可以接收到的服务，比如广播）三类。公众必须到达指定地点才能享受出行设施类的服务，所以其距离衰减效应明显，剩余两类不存在该效应。空间容量效应是指由于大多数公共服务具有拥挤效应，政府提供的公共服务需要有一个大致规模。

公共服务按程度分为基本公共服务与非基本公共服务，两者在维持国家经济社会稳定、增强国家凝聚力、提高人民生活水平方面均具有重要作用。

在分析基本公共服务的概念时，需要重点把握三个方面。首先，基本公共服务与非基本公共服务的核心区别在于“基本”二字，基本公共服务以满足人民群众最低层次的需求为根本。根据马斯洛的需求层次理论，低层次的需求被满足后，需求会自发地向高层次转移。首先基本公共服务要满足群众的生理需要、安全需要，继而随着经济社会的不断发展而满足更高层次的需求。因此，基本公共服务的覆盖范围是根据社会经济发展水平不断变化的。其次，正是因为基本公共服务满足的是广大人民群众的最低层次的需求，所以应该具有同质性，不管任何人、身处何地、从事何种职业、拥有何种地位，都应该享受同质的服务，这就要求要保障人民群众享有享受同质的基本公共服务的机会，而不是简单的平均化。第三，基本公共服务的范围是动态发展的，随着经济发展水平的提高、财力物质保障的充盈以及人民群众的需求变化而不断发展。

《“十三五”推进基本公共服务均等化规划》和《国家基本公共服务标准（2021年版）》文件都指出了基本公共服务贯穿公民从出生到死亡的全生命周期，并涵盖教育、住房、养老、文化等各个方面，具体来说，狭义上包含公共教育、医疗卫生、社会保障、文化体育、就业创业、社会服务、住房保障、残疾人服务等领域，广义上还包括基础设施和环境保护等方面。

2.1.2 人均基本公共服务的内涵

基本公共服务是每位公民都有机会享有的大致相等的服务，关于人均基本公共服务的概念，基于研究我们认为人均基本公共服务是指一个国家或一个地区在一定时期内（通常是一年）主要由政府向全体公民提供的大致均等的保障公民基本生存和生活的各项公共服务，它是由政府支出中用于基本公共服务支出的数额与该国或地区常住人口数相比进行计算，得到人均基本公共服务水平。人均基本公共服务水平的高低是衡量一个国家或一个地区人民生活水平的一个重要指标。其内容包含了基本公共教育、基本医疗卫生、劳动就业创业、基本社会保障、公共文化体育、社会服务、住房保障等公民生活的各个领域。

如上文所述基本公共服务以满足人民群众最低层次的需求为根本，贯穿公民从出生到死亡的全生命周期，并涵盖教育、医疗、就业、住房、养老、文化等各个方面。在这些需求中，如义务教育、基本养老和基本医疗这些项目，仅仅给予公民均等享受的机会是不够的，必须保障人均享有份额。

第一，人均义务教育。首先，义务教育对于提升国民的文化素质，提高“人力资源”内在价值，并且对于社会发展发挥着先导性、基础性促进作用。义务教育的覆盖程度越广泛，国民整体文化素质越高，越有利于社会经济的发展。其次，教育能够提高受教育者的收益，使他们在未来的发展中相比未接受教育者更具有比较优势，那么这种投资的结果实际上就加剧了两者在这之前的收入分配差距。一般来说，能接受教育的人在初始状态可能就比不能享受教育的人在收入方面具有优势。如果不能保证低收入者在新一轮的竞争中具有均等的机会，那么这种恶性循环将重复下去，社会分配不公的格局将逐渐被强化，直到社会不能承受的程度。但是，除了均等的受教育机会，还应为低收入者提供接受教育的基本条件。具体来说，义务教育虽然免除了受教育者的学杂费用，但是，这些都是最基本的学习需求，受教育者还需要相应的学习用具开支，与此同时受教育者接受教育而损失的可能为家庭带来收益的机会成本，都有可能造成有学习机会但是仍然无法就学的现实情况。

第二，人均基本医疗。医疗同教育相类似，有可以私人化的部分，如临床的诊断治疗、特许医疗产品和服务，这些内容私人需要自掏腰包，还有一些初级的医疗保健卫生产品是准公共产品，如急救、健康教育、基础医疗等，它们具有较强的正外部性，其价格不能反映全部的成本和收益，政府可以给予全体公民均等的机会，并对其适当予以补偿。但是对于不具有非竞争性和非排他性的最低医疗产品，由于其有着极大的正外部效应，例如传染病的预防和控制、基础性的医疗研究，政府需要配置人均医疗费用，且要分配到人。

第三，人均基本养老。目前中国已经步入老龄社会，老龄人口激增。但是由于年轻时从事不同行业，导致公民丧失劳动能力后，境遇差异巨大。年轻时，与工作单位签订劳务合同按照规定缴纳养老金的，退休后，可以领取相对较高的退休金颐养天年；没有签订劳务合同或者没有按规定缴纳养老金的，退休后丧失收入来源，生活水平会有不同程度的下降。同时，由于独生子女政策的实施，很多家庭养老负担沉重。这也是中国政府目前对老年人配置基本养老金的缘由。

2.1.3 基本公共服务均等化的内涵

均等化的概念最早被提出于要素价格定理。要素价格均等化理论（the factor price equalization theorem）由赫克歇尔和俄林提出，后由萨缪尔森予以发展并证明，因此又被称作赫克歇尔-俄林-萨缪尔森定理（H-O-S 定理）。该理论认为，在 H-O 理论框架下，随着国际贸易的进行，贸易参加国之间的生产要素价格将实现相对和绝对意义上的均等。

时至今日，现在公认的均等化大致有三方面的含义：①机会均等，旨在让所有公民都有权利享有基本的公共服务，无论所在省份、所属民族、所处社会地位等；②特异均等，要充分考虑不同地区对公共服务的偏好，因地制宜提供不同比例不同种类的服务，以最大限度满足当地居民的公共需求；③结果均等，使得公民享有的基本公共服务在数量和质量上趋于统一，努力解决关于公共服务的供需矛盾，保证全体公民对于经济建设成果的相对公平享有。

基本公共服务均等化就是指由政府主导提供的与一国经济社会发展水平和发展阶段相适应的，保障全体公民公平可及地享有基本生存权和发展权的服务。具体来说即是每一个社会公众都能有平等的机会在其所处的地域内享受到由政府提供的、与本地域或者其他地域的居民大致均等的基本公共服务，其以基本公共服务的概念为基础，不是要做到简单地让人人享有完全平均的公共服务，其核心侧重于保证公民获得基本公共服务的机会均等，重点是要保障每一个社会公众都有均等的机会可以获得既定标准以上的基本公共服务。可以从以下三个方面界定。

首先，从服务内容和范围的角度，使生活在不同地区的居民公平可及地享受到基本公共服务。在服务内容方面，满足处于不同经济发展水平、社会发展状态、生活习惯等方面居民对基本公共服务的差异需求。因此，政府应当因地因需提供基本公共服务。在服务范围方面，中国不同地理区域在自然资源、历史继承、适用政策、经济发展等方面差异性较大，因此造成省级、市级、县级、乡镇级地方政府同级财力收入不平均,从而能够提供的基本公共服务受限。基本公共服务均等化正是各级政府为解决差异化问题,在保证收支平衡的情况下,尽力为本地区的所有居民提供各类基本公共服务,并经过中央政府统筹协调缩小各地区基本公共服务提供差异的过程。

其次,从均等化的角度,基本公共服务均等化的目标是均等化。均等化不同于平均化,不是数量和质量上的绝对平均,也不是上下拉平、追求一律。绝对平均往往意味着损失效率,而均等化在追求公平的同时,也兼顾效率的增进。基本公共服务均等化是指在居民基本生存权、发展权、生命健康权得以保障的基础上允许不同居民之间存在差异,即承认地区间基本公共服务差距客观存在前提下的均等化。其有三方面内涵:一是机会均等,这也是基本公共服务均等化的核心内涵,即居民不受户籍、身份、职业等因素制约,均能平等地享有基本公共服务的机会;二是结果均等,全体居民享有的基本公共服务大体均等;三是居民自由选择基本公共服务的权利能够得到尊重。

第三,从发展的角度,基本公共服务均等化是一个动态发展的过程。均等化中的“化”体现了要实现基本公共服务均等的任务不是一蹴而就的,而是一个渐进趋向的动态过程。在这一过程中,要考虑诸多影响因素和复杂问题。社会矛盾的多样化、经济社会发展的水平和速度、人民群众对基本公共服务数量和质量需求的紧迫性和多样性以及城乡间原有财力、经济差距等因素的存在,都表明实现基本公共服务均等化必然是一个长期的奋斗过程。随着社会经济的全面发展、政府财力的不断增强、人民生活水平的不断提高,基本公共服务所涵盖的范围将不断扩大,服务质量将不断提升,基本公共服务均等化水平也将呈现出阶梯式不断提高的态势,从这个意义上说,基本公共服务均等化的进程有望被无限推进。

促进均等共享,这一议题的关键是要让发达地区与欠发达地区的基本公共服务水平齐头并进,在基本公共服务的覆盖范围可以保证的情况下,填上各地区的短板,着力平衡城乡间、区域间、群体间尤其是贫苦地区和人口的基本公共服务供给水平。

2.1.4 户籍人口与常住人口

户籍人口是指公民依《中华人民共和国户口登记条例》已在其经常居住地的公安户籍管理机关登记了的常住户口。这类人口不管其是否外出,也不管外出时间长短,只要在某地注册有常住户口,则为该地区的户籍人口。户籍人口数一般是通过公安部门的经常性统计月报或年报取得的。在观察某地人口的历史沿革及变动过程时,通常采用这类数据。

常住人口是指实际经常居住在某地区一定时间(指半年以上)的人口。按人口普查和抽样调查规定,主要包括:第一类,除离开本地半年以上(不包括在国外工作或学习的人)的全部常住本地的户籍人口;第二类,户口在外地,但在本地居住半年以上者,或离开户口地半年以上而调查时在本地居住的人口;第三类,调查时居住在本地,但在任何地方都没有登记常住户口,如手持户口迁移证、出生证、退伍证、劳改释放证、解除劳教证等尚未办理常住户口的人,即所谓"口袋户口"的人。依据《中华人民共和国户口登记条例》第六条规定公民应当在经常居住的地方登记为常住人口,一个公民只能在一个地方登记为常住人口。

2.1.5 空间格局

空间格局原是地理学的一个基本概念,指在一定时期内,某一地区各种力量相互作用、相互斗争形成的一种区域范围内的结构与表现形态。具体而言,空间格局指的是不同的地理单元的空间联系,它可以从大小、形状数量和空间组合等多方面展开论述。以空间视角为切入点来分析地理单元的格局可以反映出它们的空间结构特征、地带性与非地带性的规律。基本公共服务是一种典型的公共产品,具有明显的外部性特征,即私人受益与社会受益的不一致性。将这种外部性扩展到空间视角下,本地区的基本公共服务供给与本地区的服务水平存在不一致性,也就是说本地区的基本公共服务可能受到周围地区供给数量和质量的影响,表现出一定的空间集聚性。

2.1.6 共同富裕

"治国之道,富民为始。"共同富裕是中国人民的基本理想,是中国共产党的重要奋斗目标,也是社会主义的本质要求,蕴含着效率与公平的统一。全面建成小康社会、打赢脱贫攻坚战为共同富裕创造了良好条件,扎实推进共同富裕已经进入了历史阶段。共同富裕蕴含着"共同"和"富裕"两层次内涵,"共同"是以"富裕"为前提和基础的,"富裕"意味着发展水平、发展速度、发展效率赶上甚至超越发达国家,这决定了共同富裕是个长期而艰巨的过程。"共同"是对"富裕"的框架定性,是区别于其他社会形态国家的显著特征,中国作为社会主义国家,坚持以人民为中心,这就告诉我们,部分人的富裕不是社会主义,全民的富裕才是我们的追求目标,共同富裕也是党坚持全心全意为人民服务根本宗旨的重要体现。

共同富裕的复杂性、艰巨性决定了实现过程的阶段性、长期性，共同富裕不仅是一个目标，更是一个过程。

党的十九届五中全会提出，到 2035 年共同富裕目标要取得更为明显的实质性进展，“十四五”规划中更是细化明确了实施目标。在新时代的新发展阶段，党中央提出共同富裕目标，表明收入分配对经济社会问题的重要性，推进共同富裕是调整经济结构的主要举措。共享发展是人类社会不断追求的共同目标，具有全球普遍性。促进共同富裕既要从“共同”维度着手，解决经济成果在城乡之间、区域之间的公平性分配问题；又要着眼于“富裕”维度，致力于推动经济增长，提高人民总体生活水平。

2.2 理论基础

2.2.1 公共财政理论

通过梳理可以看出，1992 年党的十四大确立中国经济体制改革的目标是建立社会主义市场经济，与此同时，财政学界开始注重对源于西方的“公共财政论”的认识与辨析，在探讨中国财政改革的目标模式时提出了公共财政，并将其认定为财政改革的方向，这也引起一场关于传统的“国家分配论”和“公共财政论”的理论争论。1998 年末的全国财政工作会议确立了构建公共财政基本框架的奋斗目标，这场论战告一段落。随着公共财政体系建设的稳步推进，对公共财政认识的进一步深化，从根本上讲“国家分配论”主要探讨在财政本质观上的基本理论，而“公共财政论”研究的则是财政运行形态的相关问题，两者不是直接对立的关系，而是兼容的，甚至是相辅相成的关系。我们是从原来的供给型财政、生产建设型财政和转轨过程中探索的财政振兴，转变成相对成熟的、能够跟新时期社会主义市场经济体制和总体社会再生产发展相适应、相匹配的财政形态，这就是提出公共财政的重大意义之所在。

历经 20 余年的财政改革，“公共财政”一词已经深入人心，但“什么是公共财政”这一问题并没有形成一个权威的结论。关于“公共财政”的概念，依旧是各执一词。张馨将“公共财政”定义为：国家或政府为市场提供公共服务的分配活动或经济活动，它是与市场经济相适应的一种财政类型或模式。2008 年张馨在其《公共财政的再认识》一文中进一步指出，公共财政是为市场提供公共服务的财政，是人民群众的财政。其中与市场经济体制相适应的财政制度，是公共财政定义的根本点，由此而派生出“公共服务的财政”和“人民群众的财政”两大基本含义。何振一创建了“社会共同需要论”，陈昌盛通过分析政府调节收入分配的目的，认为公共需要包含弥补市场失灵。高培勇定义“公共财政”是为满足社会公共需要而进行的政府财政收支活动模式。刘溶沧指出：所谓公共财政，就是以满足社会公共需要为主旨而进行的政府收支活动或财政运行机制模式。唐云锋、何运信认为，公共财政的根本目标是最大限度地满足社会公共需要。贾康则认为“公共财政”是指以社会权力中心代表公众利益、为满足社会公共需要而发生的理财活动，属于社会再生产分配环节上的公共分配。社会主义财政，即建立在生产资料社会主义公有制为主导的多种经济成分并存基础上的财政分配。王国清认为“公共财政”是国家为了实现其职能，凭借国家的权力，参与一部分社会产品或国民收入分配所进行的一系列经济活动。

2.2.2　公共选择理论

公共选择理论最早由瑞典经济学家维克塞尔（Wicksell）在论文《财政理论研究》中阐述，其主要包括三个构成要素：方法论上的个人主义、经济人和看作交易的政治。但理论界普遍认同公共选择理论由美国经济学家布坎南于20世纪60年代提出，作为西方经济学的一个分支，是运用应用经济学的理论假定和分析方法来研究非市场决策或公共决策（特别是政府决策）问题的一个新的研究领域。它的主要贡献在于：证明了市场的缺陷并不是把问题转交给政府去处理的充分条件，同时以市场经济条件下政府行为的限度或局限以及“政府失败”问题作为研究重点，分析政府行为的效率并寻求政府有效率工作的规则和制约体系。它是运用经济分析方法来研究政府决策的方式和过程的一种理论。

公共产品或公共服务的选择供给机制是公共选择理论的重要方式之一，因为公共产品或公共服务是由集体作出的选择，因此，政府是代表集体选择的主体。为了促进基本公共服务均等化，政府必须改革和完善现有的制度，合理配置资源，促进资源的有效利用，避免市场失灵现象的形成。中国致力于推进国家治理体系和治理能力的现代化，因此，政府必须转变政府职能，树立现代治理理念，进而有效地避免和克服市场失灵和政府失灵的现象。通过研究发现，政府必须快速调整政策，制定良好的制度和规则，促进基本公共服务的均等化。从理论发展和实践来看，市场经济对资源配置起着决定性的作用，但在基本公共服务领域，市场出现轻微的失灵现象，公共选择理论对本书的研究提供了理论指导。政府可以通过有效的政策制度来调整和干预公共服务，从而实现资源的合理配置和基本公共服务的均等化,也可以通过转变政府职能为基本公共服务均等化提供长效制度保障。所以,公共选择理论对促进中国基本公共服务均等化实现具有重要的指导和借鉴作用,中国必须有效地制定和调整基本公共服务的制度和政策,使得各级政府和人民能够在良好的制度和规则中尽可能地享受到大致公平的基本公共服务。

2.2.3 福利经济学理论

国内外很多关于基本公共服务的研究将其类别归属于福利经济学领域,因此,本书基本公共服务研究的理论基础也离不开福利经济学的相关理论。福利经济理论以探讨社会福利为核心,其整个的形成与发展过程争辩不断,在各方不断探索之下,最终形成了以古典福利经济理论、新福利经济理论等为代表的福利经济理论体系。

创建在基数效用函数上的古典福利经济理论,认为社会经济福利水平可以进行量化加总,国民收入总量及其在社会成员间的分配均衡程度是影响福利水平的两大主要因素。穷人的边际效用高于富人的边际效用,为了提高整个社会的福利水平,必须通过收入的再分配提高均等化程度。基本公共服务支出比如社会保障支出、医疗卫生支出等也属于政府再分配的一种方式,均等化才是其最终目标。

庇古的福利经济学是建立在边际效用理论的基础之上,将福利等同于满足,而满足可以用效用来表示。效用是经济主体对商品满足自己欲望能力的一种主观评价,随着消费数量的增加,每单位商品的边际效用是递减的。据此,庇古分析了经济福利与国民收入的关系,认为经济福利取决于国民收入的数量和国民收入在社会成员之间的分配。国民收入越高,在社会成员之间的分配越公平,整个经济社会的福利水平越高。因此只有通过不断增加国民收入总量,并且把这些国民收入尽可能平均地分给每个社会成员才能增加社会总福利。

基本公共服务领域中的庇古理论是指:基本公共服务供给是国民收入的重要组成部分,基本公共服务供给量的增加将引起国民收入数倍增加,国民收入的增加带动整个社会福利水平的提高。而基本公共服务是为社会所有成员提供基本一致的服务,即将部分国民收入在社会成员之间的近乎平等的分配,因此基本公共服务的均等化可以提高整个社会的福利水平。

新福利经济理论以如何实现帕累托最优为核心,将经济效率作为社会福利水平的重点内容,在一定程度上对公平有所忽略。所谓帕累托最优是指在某种资源配置状态下如果不降低一部分人的福利水平，就不可能提高其他人的福利水平，此时的资源配置状态是有效率的，达到了帕累托最优状态。帕累托最优状态有三个衡量标准，分别是交换的帕累托最优（任何两种产品在任何两个消费者之间的边际替代率相等）、生产的帕累托最优（任何两种要素在任何两个生产者之间的边际技术替代率相等）、生产和交换同时达到帕累托最优（任何两种产品的消费的边际替代率等于生产的边际转换率）。

将帕累托最优定理运用到基本公共服务中可以理解为：当一项政策的实行在不使全体居民所享受到的基本公共服务水平下降的同时，提高了一部分人享受到的基本公共服务水平，则说明当前的基本公共服务资源配置状态没有达到帕累托最优状态。当一项政策的实行在不使全体居民所享受到的基本公共服务水平下降的同时，不可能提高一部分人享受到的基本公共服务水平，即提高一部分人的基本公共服务水平必须以降低另一部分人的基本公共服务水平为代价，则说明当前的基本公共服务资源配置状态已经达到帕累托最优状态，社会福利实现了最大化。

福利经济学还从补偿原则和社会福利函数三个方面论证了基本公共服务均等化的内在动力。霍特林在1938年提出补偿原则，希克斯等人又将其与福利经济学进行结合，以公平正义为基础，为实现均等化指明了实现路径，具体包括中央政府通过转移支付提高财力均等化，提高基本公共服务在财政支出中的比重等，为政府的行为选择提供了评判标准，实现均等化便成了占优策略选择。社会福利函数则主要关注哪些因素影响社会福利和效用水平，从最初仅将每个成员的效用简单加总，忽略了分配问题，到后来逐渐将公平分配的因素加入函数中。总之，无论何种理论都是从社会经济福利最大化的角度来论证均等化的内在动力。

2.2.4 经济发展阶段论

基本公共服务的覆盖范围是随着经济社会的发展不断扩展的，美国经济学家、著名财政学家理查德·A. 马斯格雷夫在20世纪50年代根据美国经济学家罗斯托的经济成长阶段理论提出了“公共支出增长的发展模型”，又称经济发展阶段论，能够很好地解释基本公共服务覆盖范围的动态变化。

在经济发展阶段论中，马斯格雷夫将罗斯托的经济成长五阶段理论——传统的、为起飞准备前提、起飞、向成熟推进、大量消费时代，简化为经济成长三阶段理论——起飞、中期发展、成熟阶段；将公共支出分为投资性支出（政府投资）、社会消费性支出与转移支付支出；社会总投资由政府投资和私人投资两部分构成。

经济发展阶段论认为：在经济发展的早期阶段，政府投资在社会总投资中占有较高的比重，政府部门通过大规模的基础设施建设带动经济发展，此时受制于较低的经济发展水平，社会消费性质支出和转移支出较低，仅仅能满足各经济主体最基本的生活需求，基本公共服务水平相对较低。随着经济不断发展进入中期阶段，政府投资仍然不断增加，但此时仅仅是对私人投资的补充。当经济进入成熟阶段后，马斯格雷夫认为，社会总投资的比重是上升的，但政府投资占 GDP 的比重会趋于下降。但罗斯托认为，一旦经济达到成熟阶段，政府投资将从基础设施支出转向不断增加对教育、保健与福利服务的支出，且这方面的支出增长将大大超过其他方面支出的增长，也会快于 GDP 的增长速度，各方面的基本公共服务发展至较高水平。

2.2.5　空间经济学理论

现代空间经济分析已经成为现代经济学的重要组成部分，其基本主题包括经济活动的空间区位、空间聚集与区域增长收敛的动态变化等方面。

1）空间区位理论

空间区位理论主要研究完全竞争经济主体如何通过选择最优区位实现成本最小化或利润最大化，主要包括杜能的农业区位理论与韦伯的工业区位理论。

杜能阐明了农业生产的区位选择问题，杜能的“孤立国”模式详细论述了农产品生产地到农产品消费地的距离对土地类型所产生的影响。市场周围土地的利用类型以及农业集约化程度都是随着距离带的远近发生变化的。在以城市为中心不同半径的同心圆里，根据产品性质、运输成本等因素生产不同的农产品可以实现利润最大化。

韦伯的工业区位理论详细分析了如何选择最佳的工业区位，劳动力成本、运输成本和集聚因素是影响工业区位选择的重要因素。工业区位理论在一定程度上也论述了区域经济格局问题。工业的集聚降低了企业成本，更容易吸引优质企业布局，从而促进区域经济发展。对于缺乏集聚经济效益的地区，很难进行工业布局，在一定程度上制约了经济的发展。

2）区域经济发展理论

在空间区位理论的研究基础上，区域经济发展也是空间经济学的研究对象。

佩鲁的增长极理论认为，经济的发展是一个由点及面、从局部到整体顺次发展的过程，企业的集聚会为地区经济发展赢得先机，极化效应的存在使得各种要素流向增长极，加速增长极的发展，扩散效应的存在带动增长极周围地区的发展，最后整个区域的社会经济发展水平显著提高。

缪尔达尔的二元经济理论认为在一国的经济发展过程中存在着一种“地理上的二元经济”，即经济发达部门和经济不发达部门，回波效应会加剧区域间的“累积性因果循环的作用”，区域间差距逐渐显著；但是扩散效应倾向于使落后地区的经济得到快速发展，缩小地区经济差距，直至最后的平衡状态。

3）新空间经济理论

新空间经济学将空间因素纳入传统经济学分析框架，研究经济现象的空间集聚与分散特征，解释现实中存在的各种空间集聚机制，并通过这种机制分析区域经济增长的规律与路径，其代表人物是保罗·克鲁格曼。克鲁格曼的核心——边缘模型（2×2×2）——研究了南北两个区域中的制造业与农业两个部门，运用劳动生产要素生产两种产品的过程中形成的企业集聚与扩散现象。该模型的基本作用机制包括“本地市场效应”“价格指数效应”“市场拥挤效应”三种基本效应。本地市场效应是指在其他条件相同的情况下，企业更愿意在市场规模较大的地区组织生产和销售产品以节约运输成本。价格指数效应是指厂商集聚程度越高，产品数量越多、种类越丰富，产品价格越低，进而降低消费者生活成本，导致消费者集中分布。市场拥挤效应是指当企业过于集中时，会导致区域内土地、劳动力等要素价格上升，增加企业经营成本，进而导致企业的区域扩散。本地市场效应和价格指数效应构成空间集聚力，市场拥挤效应构成的空间分散力。空间集聚力与分散力的共同作用加上劳动力要素的流动，共同解释了经济发展过程中的集聚与扩散现象。

根据上述理论可知，基本公共服务作为公共产品的一种，具有非竞争性与非排他性的特征。公共产品的特性决定了基本公共服务水平的高低将直接影响整个社会的福利水平。在现实生活中，基本公共服务的供给与需求是随着经济发展水平的提升而不断变化的，在不同的经济发展阶段具有不同的特点，加之区域间的地理邻接以及经济关联性的日益增强，基本公共服务的空间关联性与区域集聚性也随之进一步增强，具有正外部性的基本公共服务呈现出集聚分布的态势，即本地区的基本公共服务不仅使本地区的居民受益，而且会给周围地区的居民带来收益。假如A地的医疗卫生服务明显高于B地，这不仅为A地居民提供了优质的医疗资源，B地居民在就医时也会自发地前往A地，这种“用脚投票”的行为将会驱使B地提高医疗服务水平，如果将研究视角拓展至更长的时间、更多的领域，最终会实现理论上的帕累托最优状态。

2.2.6 人口经济学理论

人口在经济发展过程中具有双重作用，一方面经济的发展使人类的生存条件得到改善，另一方面它又是重要的生产要素，为经济发展提供人力资源。因此人口过度增长将影响人们生活水平的提高，而人力资源的缺乏也会抑制经济的发展。在发达国家，随着经济的发展和人均收入水平的提高，人口增长速度不断下降，人口出生率不到12%，自然增长率低于1%。在发展中国家，虽然人均收入很低，但人口增长迅速，一些低收入国家出生率超过40%，自然增长率为2%～8%。传统的马尔萨斯理论认为收入增长将导致人口按比例扩大，这显然与发达国家的人口现状不符。为什么收入水平提高，人口增长速度下降？工业化与人口增长是什么关系？不同的国家应具有怎样的人口规模？应采取什么措施？这些问题集中到一点就是人口与经济发展的关系。西方现代经济学和人口学都企图回答这些问题。本书就一些主要理论作一简要述评。

1)人口转变阶段的理论

这一理论试图从世界人口和经济发展的历史分析中，说明人口增长与经济发展的关系。它把世界人口的历史划分为4个阶段：①前农业阶段。这一阶段人类以打猎，采集为生，人口密度低，出生率高，死亡率也高，人口增长十分缓慢。②从定居农业生产开始到19世纪早期的工业革命，大约1.2万年。这一时期由于农业和畜牧业的发展，食物供给增加，人口死亡率下降，预期寿命增长，人口加速增长逐渐开始，疾病、灾害、战争是阻止增长的主要障碍。③从工业革命到第二次世界大战，大约100年。工业革命使劳动生产率大大提高，现代医学的发展降低了死亡率，人口加速增长。工业革命的发源地欧洲人口增长最为迅速。欧洲血统的人口占世界人口的比例从1846年的22%增长到1930年的35%，同期五千多万欧洲人移居世界其他地方。④第二次世界大战以后的时期，大约60多年历史。这一阶段人口预期寿命大大增加，死亡率直线下降，人口自然增长率上升到2%，甚至8%。

从整个世界看，人口发展的历史有两个特点：人口显著加速增长和人口转变阶段的逐渐缩短。但并不是所有国家的人口都是以同样速度增长的。工业化国家都经历了自己的人口转变。所谓人口转变就是从高出生率和高死亡率的稳定人口转向低出生率和低死亡率的稳定人口。这一过程可以分为三阶段：①高出生率和高死亡率，人口缓慢增长阶段；②死亡率下降引起人口自然增长率上升，人口加速增长阶段；③出生率下降使人口自然增长率下降，并保持在1%左右。

发达的工业化国家正处于人口转变的第三阶段。而大多数发展中国家处于这种转变的第二阶段，即人口死亡率大幅度下降后，并没有发生出生率的滞后下降，因而引起人口自然增长率不断上升。由于世界人口的四分之三在发展中国家，所以控制发展中国家的人口意义重大。一些人口增长率下降较快的发展中国家，往往也是经济发展取得成功的国家。因此结论是：从整个历史看，经济的发展将降低人口的自然增长率。

2)降低出生率机制的理论

这一理论认为，随着经济的发展，死亡率必然下降，如果出生率不随之下降，那么人口自然增长率必然上升。因此降低出生率是实行人口转变的关键。出生率受三种因素的影响：第一，以年龄和性别组成的人口结构变化。处于生育年龄人口占总人口比例的增加，将使出生率上升；人口老化将使出生率下降。性别比例不平衡也会降低出生率。第二，已婚成年人口占总人口的比例变化。当这种比例增大时，出生率上升。第三，婚生率(marital fertility rate)的变化。从历史上看，出生率下降主要是由已婚妇女生育率下降引起的。婚生率下降有三个先决条件：首先，婚生率必须受自觉选择的支配，即每对夫妻所需要的小孩数，必须是社会接受和认可的。其次，降低婚生率必须能带来明显的好处，即每对夫妻可以得到明显的经济利益。再次，降低婚生率的技术必须是有效的、可行的，即人们懂得并愿意使用它。该理论认为第一、三条只对降低婚生率起促进作用，而第二条则具有决定作用。因此降低婚生率的机制实际上是一种经济机制。

3)理性经济选择的现代理论

这一理论把西方经济学的基本原则和原理运用于人口研究，试图用纯经济的观点来说明经济发展和人口出生率的关系。传统的马尔萨斯人口学说是从纯生物学的角度来说明人口的出生率和经济发展关系的。它认为人们一般不会把生育限制在生理的最大可能以下，只要食物供给允许，“两性间的情欲”将引起人口扩大。虽然工资和食物的供给在短期内可能上升，但这只能引起人口迅速增长，迫使工资重新下降到维持人口生存的水平。从长期看，食物供给的增长将落后于人口的增长。西方学者认为马尔萨斯的理论只适应于西方 14 世纪初和 18 世纪初的历史，工业革命以后，特别是二战以来，发达国家人均收入水平迅速提高，出生率不但没有上升，而且下降了。发展中国家出生率却远远高于发达国家。面对现实，传统理论不攻自破，所谓理性经济选择理论也就应运而生。

4)适度人口理论及其发展

适度人口理论主要说明人口增长和平均收入水平的关系,即一国在一定历史时期应具有什么人口规模才能保证平均收入水平达到最高。传统而简单的回答是,每一张口都有一双手,多一张口就会多一双手,因此人口的增长不会影响人们的生活水平。现代西方学者认为这种观点忽视了非人力资源在经济发展中的作用。因为一个国家在一定时期所拥有的非人力资源是不变的,如果人口增长过快,劳动的边际报酬递减,平均收入水平将下降。因而他们提出适度人口的理论。这种理论认为,任何一个国家在某一特定时期与它拥有的非人力资源相适应,存在一个唯一的人口规模,只有在此人口规模上,平均收入水平才能获得最高。当人口规模低于这个适度水平时,因为没有足够的劳动力来有效使用全部非人力资源,出现资源闲置,平均收入水平没有达到最高。当人口规模高于这个适度水平时,相对于现有资源,劳动力投入过多,劳动边际报酬递减,使平均收入水平下降。随着资本积累,技术进步和自然资源的发现,可以在人口增长的同时提高平均收入水平,到达新的适度人口规模。但这只是一种比较静态的分析方法,不能说明人口增长对平均收入水平的动态影响。科尔和胡佛通过对印度人口和经济的分析,提出了人口增长对人均收入影响的动态模型,他们认为在印度降低出生率将迅速提高人均收入水平。其一,从单个家庭看,降低出生率将减少对孩子的支出,从而降低消费函数,增加储蓄函数。储蓄增加,导致投资增加,社会总产出增加,人均收入上升。其二,从全社会看,降低出生率将使政府减少新增人口所需要的各种社会支出,增加投资,从而提高人均生活水平。可见他们是从供给出发,强调资本积累的作用得出的结论。另一些人从需求出发认为人口增长可以增加社会的有效需求,刺激经济发展。美国著名凯恩斯主义者汉森曾认为,美国人口的低增长可能导致经济长期停滞。但是大多数人认为在发展中国家降低人口增长率,将使人均收入水平迅速提高。因为一方面,许多发展中国家相对于它们拥有的土地和其他资源而言,人口密度太大,因而必然降低人均收入水平;另一方面,发展中国家资本稀缺,迅速增长的人口将降低资本的生产效率和人均社会福利和投资水平。

2.3 中国基本公共服务均等化空间格局的机理分析

2.3.1 中国基本公共服务均等化空间格局形成的基础

1)区域经济发展的空间依赖性

空间依赖性是指一个地理区域的某种经济地理现象与相邻区域的同种特性是相关的,具有相互制约、相互依存的特性,在空间上呈现出集聚的特征。空间依赖性要求在分析某种现象时不仅要分析本地区的各类影响因素,也要考虑周围地区的各因素对本地区的影响。具体到区域经济发展而言,增长极理论认为经济发展是一个由点及面、从局部到整体顺次发展的过程,本地区的经济发展水平会受到周边区域的影响。本地区的经济发展水平较高,就业机会相对较多、要素收益相对较高时,将吸引周边地区的资本、劳动等要素远离原来所属区域,纷纷进入该区域组织生产。近年来,随着"一带一路"倡议和"长江经济带"战略的推行,区域经济发展的空间依赖性更加强劲。相对落后的西部地区的人力、物力、财力通过长江水道、亚欧大陆桥等转移至东部地区,同时东部地区的先进的技术、管理经验传输至西部地区,为西部经济发展注入新鲜活力,以实现区域经济共同发展。基本公共服务很大程度上受制于当地的经济发展水平,随着区域经济的联通,基本公共服务也表现出相应的空间依赖性。早期经济发达的地区由于拥有雄厚的物质基础,可以提供更多类型的基本公共服务,经济欠发达地区能力有限,基本公共服务水平相对较低,这便形成了基本公共服务的最初格局。在宏观政策的调控以及落后地区促进经济发展政策的带动下,欠发达地区的基本公共服务不断改善,这便形成了基本公共服务空间格局变化的过程。

2)基本公共服务的外部性

基本公共服务的外部性是指基本公共服务并非完全的封闭系统,不是由单一经济主体拥有或者使用,即本地区的基本公共服务不仅服务于本地区的居民,同时也可以服务于附近地区的居民,或者说本地区居民可以同时享受本地区及周边地区的基本公共服务。对个人而言,高水平的基本公共服务不仅可以提高个人的生活质量,而且可以降低生活成本;对企业而言,基础设施等基本公共服务水平的高低在一定程度上通过影响企业的运营成本、研发支出等影响企业竞争力的高低,这些都体现了基本公共服务的外部性。扩展到区域层面,基本公共服务存在着区域外部性，基本公共服务水平较高的区域凭借其已有服务，吸引其他地区的各类要素涌入，通过强大的虹吸效应得到进一步的发展，进而利用更加雄厚的财力进一步提升现有基本公共服务水平。与此同时，由于“学习效应”“示范效应”的存在和为了减少要素的进一步外流，周围地区将不断提高基本公共服务的质与量，在此过程中基本公共服务的空间格局将不断演化变迁。

2.3.2 影响中国基本公共服务均等化空间格局的因素

1)经济与社会发展水平是中国基本公共服务空间格局变化的基本动力

经济发展水平主要决定了基本公共服务的供给，社会发展水平则主要影响基本公共服务的需求。经济发展水平不仅为本地区基本公共服务供给提供物质积淀，而且影响政府的财政收入与支出。在当前以政府为主导的基本公共服务供给模式下，这直接决定了基本公共服务供给的数量与质量。一般而言，经济发达地区的各类基本公共服务设施较为完备，经济欠发达地区的基本公共服务设施相对匮乏。随着社会发展水平的提高，公众对基本公共服务的需求由最初的温饱型需求逐渐转向享受型需求，比如改革开放初期的流行语“楼上楼下，电灯电话”“要想富先修路”等描述了当时人们对基础设施的强烈需求；随着社会发展水平的提高，当义务教育、公路、铁路等需求得到满足后，公众的基本公共服务需求聚焦于文化、社会保障等领域，当前的各类“农家书屋”等正是农村居民文化需求正在被得到满足的产物。

2)自然地理条件是中国基本公共服务空间格局变化的内生动力

良好的自然环境和优越的地理区位是地区经济社会发展的原始动力之一。一般而言，地形平坦的沿边、沿海、沿河地区会凭借着优越的地理位置率先获得经济发展，在促进经济进一步发展和人们对基本公共服务高涨的需求两方面的共同作用下，该地区不断增加基本公共服务数量，提高基本公共服务质量。对于海拔相对较高、环境相对恶劣的贫困山区而言，恶劣的自然环境使得本地区工业发展较弱，劳动力以及人才的不断外流进一步加剧当地经济发展的压力，财政实力薄弱难以提供高质量的基本公共服务；同时深居内陆对外交流不便，很难得到高水平地区的辐射，造成其基本公共服务水平一直处于低位，这便形成了中国基本公共服务的最初格局。随着宏观战略的调整与倾斜以及技术进步，自然地理环境对基本公共服务空间格局的影响逐渐降低。

3)政府决策与行为是基本公共服务空间格局变化的导引力

由于不同类别的基本公共服务辐射受益范围不同，基本公共服务的主要供给主体也出现了差异，比如国防、国道这类受益范围广、影响大的基本公共服务主要由国家提供，但是城市绿化、图书馆等受益范围仅限于本地居民的基本公共服务主要由地方政府提供。因此，政府的宏观决策是影响基本公共服务空间格局的重要因素。首先，中央政府的政策、方针对地方基本公共服务的供给起到宏观引领导向作用，比如2008年全球金融危机后的4万亿投资计划在中央政府的带动下主要投向了公路、铁路等基础设施领域；新冠肺炎疫情猖獗的当下，5G、人工智能、工业互联网、物联网为代表的“新基建”再次被中央政府纳入未来发展的重点关注领域，可以预见未来几年各地政府将不断增加各类信息化基本公共服务投入。其次，经济发展战略的实施将培育区域发展增长极，带动周边区域经济发展，最终达到提高区域基本公共水平、优化基本公共服务空间格局的目的。比如关中-天水经济区、成渝城市群等区域发展战略旨在培育西部地区经济增长极，通过区域先富以带动周边地区发展，最终提高西部经济发展水平及基本公共服务水平。

2.4　经济发展水平与基本公共服务水平的内在逻辑关系

经济发展水平是提高基本公共服务水平的基础，而且从多维度影响着基本公共服务水平的高低；基本公共服务水平的提高不仅有利于增强公民的幸福感获得感，而且有利于改善地区投资环境、刺激消费，这些又极大地促进了经济的快速发展。基于经济发展水平与基本公共服务水平之间的这种内在逻辑关系，同时结合本书的研究视角，我们认为可得出以下结论。

2.4.1　经济发展水平对基本公共服务水平具有显著正向促进作用

基本公共服务水平的提高要建立在一定的经济发展水平上，即不论地方政府的支出偏好如何，不管财政激励和政治激励如何，一定的经济发展水平都是提高基本公共服务水平的充分条件。这是由于当经济发展水平较低时，政府的财力是十分有限的，提供公共服务的能力必然会受到一定的限制，难以满足社会成员对公共服务的需求，此时不能达到帕累托最优状态，社会福利尚有较大的提升空间。随着经济的进一步发展，政府有能力将更多的财政支出用于提供公共服务，使社会成员享受的公共服务总量增加，结构优化，质量改善，进而提升社会福利，增进国民的幸福指数。但同时也要认识到政府执政理念、技术进步、产业结构、城镇化水平等因素的影响作用。由于各国社会政治制度的不同，执政理念也大不相同，从而在公共服务投入方面也存在很大的差异。瑞典、芬兰等一些高福利国家通过高税收的方式为国民提供从摇篮到坟墓全生命过程的公共服务，虽然极大地解决了人民生活的后顾之忧，但同时产生了民众工作积极性低、财政压力大、经济增长不可持续等问题。以美国为代表的一些发达资本主义国家，虽然经济发展水平较高，但对公共服务的投入并未真正使得低收入群体的基本权利得到保障。中国始终坚持以人民为中心的发展理念，中国共产党把满足人民对美好生活的向往和追求作为党的执政目标，因此，在经济发展过程中将财政收入更多用于教育、医疗、就业、社会保障、基础设施等基本公共服务领域，保障人民群众最基本的生存和发展权利。科技是第一生产力，技术进步一方面是推动经济发展的不竭动力，另一方面能够以更先进的方式为人民群众提供更高质量的基本公共服务，减少基本公共服务供给中不必要的资源浪费；产业结构的优化升级不仅能够推动中国社会主义市场经济的现代化发展，而且对于解决就业压力、鼓励社会力量参与基本公共服务供给具有积极作用；城镇化水平高低对基本公共服务水平有重要影响，世界其他国家的经验证实，当一国的城镇化发展水平较高时，其城乡基本公共服务水平往往也处于较高层次，城镇化发展水平较低时，城乡经济存在较大差距，公共服务的供给则存在显著的不均衡。

2.4.2 准确测度有利于经济发展水平与基本公共服务水平相匹配

对经济发展水平与基本公共服务水平进行量化测度，能够准确了解和掌握二者的水平程度及匹配关系。由于经济发展与公共服务是相互影响相互促进的关系，在经济发展的不同阶段，公共服务表现出不同的特征。在经济发展水平处于较低阶段时，由于缺乏充足的物质资本积淀，对基本公共服务的投资较少，使得各类基本公共服务的数量不足、质量较低，基本公共服务整体处于较低水平，二者表现为低水平的匹配关系；在经济由低水平发展到中等水平阶段时，大部分国家往往会牺牲基本公共服务以实现经济快速发展，基本公共服务水平相较于经济发展水平会表现出明显的滞后性，二者表现为基本公共服务滞后于经济发展水平的不匹配关系；在经济处于由中等水平向高水平发展阶段时，国家开始注重对基本公共服务的改善，但由于前期基本公共服务的滞后程度过大以及经济发展的惯性，二者仍存在轻度不匹配的关系；在经济实现高水平发展阶段时，基本公共服务领域各项短板逐渐补齐，经济增长强调发展的高质量，二者表现为高水平的匹配关系。目前，中国经济发展水平和基本公共服务水平究竟处于一个什么样的发展阶段和发展水平，二者是否相匹配？必须用科学的方法进行测度。

其目的在于了解现状，发现问题，解决问题。一旦出现经济发展水平与基本公共服务水平严重不匹配，基本公共服务领域出现供需结构性错配，经济发展水平发生明显波动等问题时，我们必须及时采取措施调整政策，使二者处于大致匹配的均衡状态，国民经济恢复稳定协调的发展。

3 中国人均基本公共服务均等化水平测度

3.1 基本公共服务均等化水平测度指标体系的构建

3.1.1 指标选取的原则

1)公平公正原则

公平公正原则实际上可以拆分为内容上的公平和标准上的公正。内容上的公平意味着相同的评估指标对于每个评估对象都呈现相同的难度,标准上的公正意味着两个具有相同特征的部门所取得的评价结果应该一样。公平公正是保证测度指标体系评价工作正常运行的基本保证。

2)系统全面原则

系统全面原则对基本公共服务均等化水平测度指标体系的具体范围提出了要求。对照基本公共服务的定义,充分考虑其内涵和外延,在一级指标的选取上必须包含基本公共服务的主要项目,保证全面性,要做到反映基本公共服务水平全貌。二级指标的选取要具有代表性和数量适中性。系统全面原则体现的是一种相对意义上的全面。由于基本公共服务范围太广、供给过程太复杂,因此不可能做到绝对全面,更不可能百分百地反映基本公共服务均等化现状,允许根据具体情况对指标进行筛选。

3)连续稳定原则

连续稳定原则要求基本公共服务均等化水平测度指标体系在时间上应该同时兼顾连续性和稳定性。首先,连续性要求指标体系在时间上从前往后依次继承,即指标体系的构建应该着眼于长远,使其不仅能够评价眼前的基本公共服务均等化供给绩效，更能对未来起到一种预测警示的作用。其次，稳定性要求指标体系尽量避免大范围的调整变动，以使指标体系在时间上具有可比较性。在稳定性的条件下，由指标体系产生的评价结果能够比较出当期与前期的绩效差别，能够从总体和类别上鉴别出基本公共服务均等化水平是否改善，以此制定针对性的政策。相反，临时性或者突发性的事件不具有时间上的继承性，将其纳入指标体系中无疑会影响到稳定性，进而从负面上影响到指标体系的比较和参照作用。

4)客观可靠原则

基本公共服务均等化水平测度指标体系的构建应该在态度、标准上追求客观，同时指标体系符合逻辑，经得起实证的考验。第一，指标体系的构建者应该持有客观的态度，避免个人主观因素对指标体系的影响。第二，指标的衡量标准应该统一、客观，避免人为主观地随意设定标准，影响评价的结果。第三，指标体系的构建应该从逻辑上经得起考验，假定一个指标体系在搭建模型框架时旨在反映政府行政效率，而在选择具体测量指标或者衡量标准时却旨在突出公众满意度，前后目标的不一致将使得评价指标体系出现逻辑混乱，难以理清指标体系的最终目的和政策指向。第四，指标体系应该经得起实践检验，指标体系的构建必须来源于实践，不能脱离现实，它应该客观、全面、准确地衡量基本公共服务均等化水平。

5)操作简便原则

一方面，指标体系的设计阶段无法回避复杂和烦琐这一特征，从构建系统的评价模型，设定不同的指标层次，寻找合适的测量指标，到通过数值模拟确定权重，每一步都包含了巨大的工作量，不能一味求简。另一方面，已设计的指标体系在应用时必须力求简便，经设计的指标体系可能出现一定程度的理想化，而在操作中可以根据具体情况进行必要的精简，此外，出于节约工作成本考虑也应该使指标体系易于操作。指标体系的操作简便原则，是绩效评价工作得以有效开展的必要条件。

6)数据可得原则

构建指标体系时必须考虑的一个现实性问题，就是将所选择的指标用合适的方法进行量化。如果不能通过访谈、问卷、查阅资料等方式找到合适的描述性变量，那么看似完美的指标设计只能成为空谈。因此，可测量性的原则，要求在设计指标体系过程中，必须对指标的量化方案进行考量，规定应该采取哪种测量工具，所使用的测量方法是否会出现歧义，或者引起评价者的误解。例如，在访谈类、调查问卷一类的指标体系设计过程中，应该避免由于指标定义的模糊性而引起调查对象难以作答的现象。同时，必须能够保证数据的真实性以及数据的完整性，因为获得数据是进行测度和模型估计的前提条件。对于数据缺失但是不太重要的指标，不予考虑，对于数据缺失但是极为重要的指标，可以选取合适的替代指标。

3.1.2　指标体系和数据来源

基本公共服务的覆盖范围是随着经济社会的发展不断变化的，从最初的教育、医疗、社会保障领域扩展至残疾人基本公共服务、基本就业创业、环境保护服务等领域，但其主线一直是以满足居民的基本需求为根本宗旨，以贯穿公民一生的最基本的生存需求为出发点。根据国家基本公共服务体系“十三五”规划和“十四五”公共服务规划中对基本公共服务的阐述，借鉴国内外学者已有研究，本书认为：基本公共服务是指根据一定的社会共识，结合本国经济发展水平和社会发展阶段，由政府主导提供的以维持基本的社会正义和凝聚力、满足个人最基本的生存和发展需求的公共服务。

在借鉴国内外学者已有研究成果的基础上，根据《国家基本公共服务标准(2021 版)》对基本公共服务范围的界定，本部分在一级指标基本公共服务下，选取了基础教育服务、公共医疗卫生服务、基础设施服务、社会保障服务、公共文化娱乐服务、环境保护服务和信息化服务等 7 大类基本公共服务作为二级指标，每个二级指标下设 3～6 个三级指标，形成了包括 32 个三级指标的基本公共服务综合评价指标体系，具体指标体系如表 3－1 所示。

表 3－1　基本公共服务综合评价指标体系

一级指标	二级指标	三级指标	说明
基本公共服务	基础教育服务	普通小学师生比	小学在校学生/小学专任教师数
		普通初中师生比	中学在校学生/中学专任教师数
		普通高中师生比	高中在校学生/高中专任教师数
		人均财政教育支出/元	教育财政支出/年末常住人口
	公共医疗卫生服务	每千人卫生机构/个	卫生机构数/年末常住人口
		每千人卫生机构床位数/床	卫生机构床位数/年末常住人口
		每千人(执业)医师数/人	(执业)医师数/年末常住人口
		每千人注册护士数/人	注册护士数/年末常住人口
	社会保障服务	城镇基本医疗保险参保率/%	城镇基本医疗保险参保人数/年末常住人口
		工伤保险参保率/%	工伤保险参保人数/年末常住人口
		失业保险参保率/%	失业保险参保人数/年末常住人口
		生育保险参保率/%	生育保险参保人数/年末常住人口
	基础设施服务	城市燃气普及率/%	城市使用燃气人口/年末常住人口
		城市用水普及率/%	城市用水人口/年末常住人口
		人均城市道路面积/平方米	城区内平均每人拥有的道路面积
		每万人拥有公共交通车辆数/辆	公交营运车辆/城区总人口
	环境保护服务	建成区绿化覆盖率/%	建成区绿化面积/城市面积
		人均公园绿地面积/平方米	公园绿地面积/年末常住人口
		生活垃圾无害化处理率/%	无害化处理的数量/生活垃圾产生总量
		一般工业固体废弃物综合利用率/%	综合利用量/一般工业固体废弃物产生量
	公共文化服务	人均拥有公共图书馆藏书量/(册/人)	公共图书馆藏书总量/年末常住人口
		每万人拥有公共图书馆建筑面积/平方米	公共图书馆建筑总面积/年末常住人口
		广播节目综合人口覆盖率/%	在目标区域内采用无线、有线、卫星等技术手段能够收听到包括中央、省、地市、县广播及电视节目其中任意一套的人口数/年末人口数
		电视节目综合人口覆盖率/%	
	信息化服务	人均邮电业务量/元	邮电业务总量/年末常住人口
		互联网普及率/%	拥有互联网家庭数/年末家庭总户数
		移动电话普及率/%	拥有移动电话家庭数/年末家庭总户数
	残疾人基本公共服务	残疾人基本康复覆盖率/%	接受基本康复服务的残疾人数目/年末残疾人总数

1)基础教育服务

随着科技水平的不断精进,各行各业的竞争最终归结为人才的竞争,人才培养历来是中国经济社会建设的重心。国家财政每年至少将7%的经费投入教育领域,已经实现了九年义务教育的全免费、全覆盖,部分省区甚至实现了从小学到高中的十二年义务教育。本部分选取了普通小学生师比、普通初中生师比、普通高中生师比、中等职业学校生师比以及15岁及以上文盲人口占总人口比重这5个三级指标反映中国31个省区的基础教育水平。

2)公共医疗卫生服务

随着当代人生活压力的不断增大以及环境污染等问题日益加重,各类疾病问题频出,新型冠状病毒疫情更是集中暴露了现有公共医疗卫生不充足、不合理、不平衡的问题。本部分选取每万人拥有卫生技术人员数、每万人卫生机构数、每万人卫生机构床位数这3个三级指标以反映中国31个省区的公共医疗卫生水平。

3)基础设施服务

城乡基础设施是城乡正常运转的基础,基础设施水平的高低直接关系着居民生活的便利程度,反映着城乡的精神风貌。除此之外,基础设施建设具有"乘数效应",可以带动投资和就业、增加地区生产总值。在本部分中主要选取了以下5个三级指标:城市燃气普及率、城市用水普及率、每万人拥有公厕数、每万人拥有公共交通车辆数以及人均城市道路面积,以反映中国31个省区的基础设施水平。

4)社会保障服务

社会保障是指政府利用公权力对国民收入的再分配,是维护居民生存权的体现,是基本公共服务的重要组成部分。在本部分中选取的6个三级指标包括城镇职工养老保险参保率、城镇医疗保险参保率、失业保险参保率、工伤保险参保率、生育保险参保率以及每万人拥有社区服务中心数,以反映中国31个省区的社会保障水平。

5)环境保护服务

近年来,各类环境事件频发、环境污染日益严重,严重威胁着公众的正常生产生活以及地区经济社会发展,环境安全问题成为社会公众关注的焦点。本部分选取建成区绿化覆盖率、人均公园绿地面积、生活垃圾无害化处理率、每万人拥有市容环卫专用车辆设备数以及一般工业固体废弃物综合利用率5个三级指标来反映中国31个省区的环境基本公共服务水平。

6)公共文化娱乐服务

当前中国即将全面建成小康社会,公众的物质需求得到全面满足后会自发转向精神文明需求。因此,必须充分了解当前文化服务可以在多大程度上满足公众需求。本部分选取人均拥有公共图书馆藏书量、每万人拥有公共图书馆建筑面积、每万人拥有艺术表演团体数、广播节目综合人口覆盖率、电视节目综合人口覆盖率5个三级指标反映中国公共文化服务水平。

7)信息化服务

2020年新冠肺炎疫情的蔓延使得云办公、云监督等新生产生活方式步入大众视野,而云办公的顺畅运行需要相关的信息技术保障及软件硬件设备支持。为了充分了解中国当前信息化水平,本部分选取了以下3个三级指标展开分析:每万人拥有邮政营业网点数、电话(含移动电话)普及率、人均互联网宽带接入端口数。

3.2　基本公共服务均等化水平的测度

3.2.1　测度方法

评价基本公共服务均等化水平常用的方法主要有层次分析法(AHP)、模糊评价方法、秩和比法(RSR)、综合指数法以及熵值法等。AHP适用于总目标不确定且分解的各目标层次适中时,但在实际应用过程中,因为一致性检验是在一定概率范围内进行的,所以概率范围不同,可能会得出不同的结果,而模糊评价法借助数学上的模糊关系合成原理将模糊概念定量化,只考虑了主要因素的影响,忽视了次要因素的作用,使得评价结果不够全面;秩和比法常用于有异常值或者零值的指标测度中,并且在进行秩代换的时候可能会损失一些信息,导致信息利用不全面;综合指数法将不同性质、不同单位的指标通过指数变换,加权得出综合指数进行比较分析,但是综合指数法指标值没有上下限,若存在极大值、极小值对最终的评价结果影响较大;熵权法是一种客观赋权法,对原始数据的利用相对比较充分,并且对资料样本没有特殊要求,评价结果与实际情况比较吻合,是一种常用的综合评价方法。

采用熵权法对基本公共服务均等化水平进行测度的具体分析步骤及公式为:

假定决策问题有m个样本,n个评价指标,按照顺序排列形成原始指标矩阵$X=(x_{ij})_{m\times n}$,$(1\leqslant i\leqslant m,1\leqslant j\leqslant n)$,$x_{ij}$即为第i个样本中第j个评价指标。

第一步，标准化数据：

$$\text{正向指标} X_{\alpha ij} = \frac{x_{\alpha ij} - x_{\min}}{x_{\max} - x_{\min}} \tag{3-1}$$

$$\text{负向指标} X_{\alpha ij} = \frac{x_{\max} - x_{\alpha ij}}{x_{\max} - x_{\min}} \tag{3-2}$$

第二步，计算第 j 项指标的熵值：

$$e_j = -k \sum_{\alpha=1}^{m} \sum_{i=1}^{k} P_{\alpha ij} \ln P_{\alpha ij} \tag{3-3}$$

式中：$P_{\alpha ij} = X_{\alpha ij} / \sum_{\alpha=1}^{m} \sum_{i=1}^{k} X_{\alpha ij}$，$k = \frac{1}{\ln(m \times k)}$

第三步，计算第 j 项指标的差异性系数：

$$g_j = 1 - e_j \tag{3-4}$$

第四步，计算第 j 项指标的权重 w_j：

$$w_j = g_j / \sum_{j=1}^{n} g_j \tag{3-5}$$

第五步，计算综合得分：

$$s_{\alpha i} = \sum_{j=1}^{n} w_j P_{\alpha ij} \tag{3-6}$$

3.2.2 测度结果与分析

利用熵权法可以计算出中国 2011—2020 年 10 年间 31 个省区的基本公共服务综合评价指数，结果如表 3-2 所示。

表 3-2 2011—2020 年各省份基本公共服务综合评价指数

省份	2011	2012	2013	2014	2015	2016	2017	2018	2019	2020
北京	0.4042	0.4501	0.4714	0.4850	0.5130	0.5428	0.5485	0.5660	0.5751	0.5791
天津	0.2993	0.3126	0.3147	0.3132	0.3305	0.3548	0.3763	0.3910	0.4148	0.4465
河北	0.1678	0.1816	0.1984	0.2084	0.2208	0.2517	0.2640	0.2698	0.2823	0.3017
辽宁	0.1840	0.2119	0.2354	0.2536	0.2702	0.2931	0.3200	0.3382	0.3491	0.3707
上海	0.2193	0.2383	0.2716	0.2885	0.2973	0.3189	0.3576	0.3728	0.3872	0.3998
江苏	0.2352	0.2563	0.2729	0.2882	0.3075	0.3232	0.3301	0.3504	0.3605	0.3680
福建	0.1957	0.2135	0.2343	0.2524	0.2750	0.2951	0.3005	0.3271	0.3383	0.3743
浙江	0.2008	0.2138	0.2274	0.2443	0.2512	0.2664	0.2877	0.3036	0.3151	0.3468

续表

省份	2011	2012	2013	2014	2015	2016	2017	2018	2019	2020
山东	0.3960	0.3982	0.4098	0.4087	0.4330	0.4679	0.5113	0.4829	0.5048	0.5272
广东	0.2537	0.2733	0.2882	0.3121	0.3298	0.3500	0.3861	0.4046	0.4266	0.4277
海南	0.2878	0.3120	0.3425	0.3723	0.4131	0.4240	0.4644	0.4872	0.5034	0.4724
东部平均	0.2585	0.2783	0.2970	0.3115	0.3310	0.3534	0.3770	0.3903	0.4052	0.4195
山西	0.1523	0.1686	0.1832	0.1944	0.2298	0.2468	0.2867	0.3228	0.3340	0.3406
吉林	0.2162	0.2281	0.2509	0.2548	0.2704	0.2820	0.3175	0.3367	0.3472	0.3582
黑龙江	0.1307	0.1447	0.1594	0.1628	0.1759	0.1925	0.2321	0.2332	0.2540	0.2853
安徽	0.2037	0.2160	0.2362	0.2449	0.2771	0.2905	0.3113	0.3224	0.3423	0.3584
江西	0.1136	0.1250	0.1481	0.1626	0.1792	0.1982	0.2479	0.2697	0.2792	0.3043
河南	0.1538	0.1858	0.2030	0.2184	0.2348	0.2518	0.2799	0.2861	0.2951	0.3151
湖北	0.1378	0.1521	0.1655	0.1750	0.1897	0.2081	0.2374	0.2575	0.2744	0.3021
湖南	0.2276	0.2514	0.2811	0.2933	0.3176	0.3326	0.3366	0.3514	0.3589	0.3578
广西	0.1073	0.1204	0.1277	0.1404	0.1526	0.1712	0.2059	0.2220	0.2356	0.2493
内蒙古	0.1849	0.2028	0.2186	0.2261	0.2432	0.2737	0.2871	0.3180	0.3504	0.3691
重庆	0.1753	0.2093	0.2390	0.2861	0.2882	0.3070	0.3541	0.3845	0.3972	0.3906
四川	0.1394	0.1635	0.2415	0.1982	0.2190	0.2426	0.2750	0.2999	0.3188	0.3330
贵州	0.0720	0.1052	0.1330	0.1547	0.1722	0.1917	0.2165	0.2535	0.2713	0.2884
云南	0.1094	0.1257	0.1464	0.1563	0.1643	0.1847	0.2181	0.2532	0.2424	0.2625
西藏	0.1518	0.1743	0.1917	0.2367	0.2629	0.2563	0.2830	0.3167	0.3382	0.3654
陕西	0.1769	0.1942	0.2106	0.2267	0.2414	0.2650	0.2803	0.3140	0.3276	0.3467
甘肃	0.1380	0.1658	0.1958	0.2207	0.2369	0.2537	0.3217	0.3336	0.3520	0.3694
青海	0.1895	0.2066	0.2098	0.2226	0.2330	0.2538	0.2952	0.3179	0.3356	0.3600
宁夏	0.1983	0.2183	0.2498	0.2687	0.2712	0.2976	0.3180	0.3434	0.3418	0.3473
新疆	0.2189	0.2414	0.2581	0.2679	0.2769	0.2876	0.2888	0.3138	0.3337	0.3692

2011 年至 2020 年间，中国整体以及东中西三大地区的基本公共服务水平均呈现上升态势，其中全国基本公共服务综合评价指数由 2011 年的 0.1935 增长至 2020 年的 0.3616，增长了 0.1681。可见 10 年间中国基本公共服务水平显著提高。

分地区来看，2020 年东部地区的基本公共服务指数 0.4195，是 2011 年的 1.6225 倍，是全国均值的 1.5560 倍；10 年间东部地区基本公共服务指数远远大于其他两个地区的均值，始终高于全国均值，整体来看东部地区的基本公共服务水平相对较高。2020 年，中部地区的基本公共服务均值为 0.3277，相较于 2011 年增长约 96%，仅比同期全国均值低高 0.0339，基本与全国均值持平；2011—2020 年 10 年间西部地区的基本公共服务指数与全国均值基本保持一致，稍低于全国均值。明显发现，中国基本公共服务水平呈现"东高西低"的分布格局。

3.3 基本公共服务均等化水平与空间相关性

本部分采用差异系数法与基尼系数法分析基本公共服务均等化水平及区域间公共服务水平的差异。以每年为一组，对组内各个省份之间的均等化进行计算。

第一，变异系数法。变异系数可以反映组内数据的离散程度，变异系数计算公式为：

$$CV = \frac{\sigma}{\mu} \tag{3-7}$$

式中：σ 表示组内数据的标准差；μ 表示组内数据的平均值。

变异系数越小，说明组内数据离散程度越小，即各省市间公共服务水平均等化程度越高；反之，变异系数越大，说明各省市间公共服务水平均等化程度越低。

第二，基尼系数法。基尼系数是根据洛伦茨曲线提出的判断分配平等程度的指标，它是指国际上通用的、用以衡量一个国家或地区居民收入差距的常用指标。基尼系数最大为"1"，最小等于"0"。基尼系数越接近 0 表明收入分配越是趋向平等。国际惯例把 0.2 以下视为收入绝对平均，0.2～0.3 视为收入比较平均；0.3～0.4 视为收入相对合理；0.4～0.5 视为收入差距较大，当基尼系数达到 0.5 以上时，则表示收入悬殊。

本部分中每年 31 个省份公共服务评价指数用到的基尼系数法的基本公式为：

$$G = 1 + \frac{1}{31} - \frac{2 \times (Y_1 + 2Y_2 + 3Y_3 + \cdots + 31Y_{31})}{31^2 \bar{Y}} \tag{3-8}$$

求得的基尼系数越小，说明基本公共服务均等化程度越高；反之，基尼系数越大，说明基本公共服务水平地区间差距越大，均等化程度越低。

两种方法测算结果见表 3－3、图 3－1。

表 3－3　2011—2020 年各省份基本公共服务均等化水平的变异系数与基尼系数

年份	2011	2012	2013	2014	2015	2016	2017	2018	2019	2020
变异系数	0.3853	0.3536	0.3199	0.3035	0.2967	0.2829	0.2519	0.2247	0.2190	0.1937
基尼系数	0.1125	0.1003	0.0856	0.0778	0.0786	0.0776	0.0658	0.0532	0.0515	0.0477

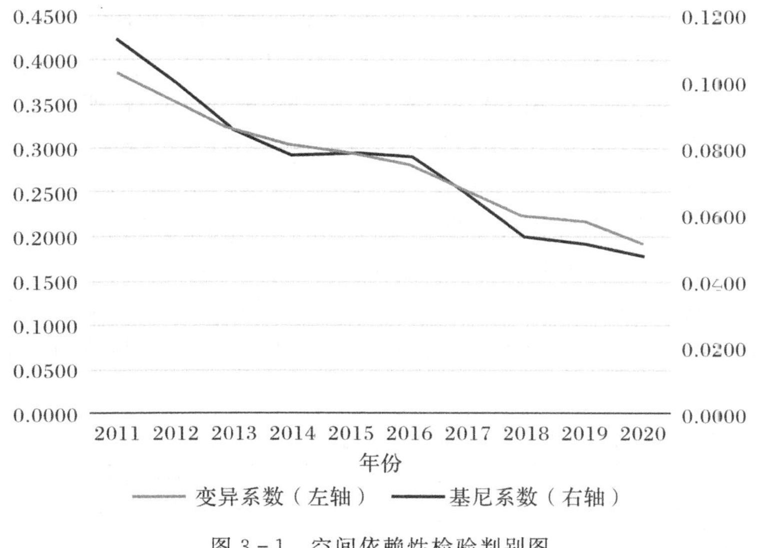

图 3－1　空间依赖性检验判别图

从变异系数来看，10 年间呈现显著的下降趋势，2011 年最高为 0.3853，2020 年最低为 0.1937；从基尼系数来看，与变异系数呈现出同样的趋势，2011 年最高为 0.1125，2016 年小幅提升，2020 年最低为 0.0477，整体维持下降趋势。

无论是从变异系数还是基尼系数来看，整体上在 2011—2020 年 10 年间，中国区域间基本公共服务水平差异都出现显著降低，区域差距逐步缩小，说明基本公共服务均等化进一步提高。

全局空间自相关分析主要用于检验某种现象在空间分布上是否呈现集聚性，通常用 Moran's I 指数来表示：

$$I=\frac{\sum_{i=1}^{n}\sum_{j\neq 1}^{n}w_{ij}(x_i-\bar{x})(x_j-\bar{x})}{S^2\sum_{i=1}^{n}\sum_{j\neq 1}^{n}w_{ij}} \tag{3-9}$$

式中：n 为地区数量；x_i 表示 x 在第 i 个区域的观察值；$S^2=\frac{1}{n}\sum_{i=1}^{n}(x_i-\bar{x})^2$，$\bar{x}=\frac{1}{n}\sum_{i=1}^{n}x_i$；$w_{ij}$ 为空间权重矩阵，当省份 i 与省份 j 为邻近省份时，w 取值为 1，反之，w 取值为 0。

Moran's I 值介于−1 和 1 之间。当 Moran's I 值为 0 时，说明该现象不存在空间相关性，即为随机分布；当 Moran's I 值大于 0 时，说明该现象各地观测值呈现出空间正相关性，存在集聚特征；当 Moran's I 值小于 0 时，说明该现象各地观测值呈现出空间负相关性；当 Moran's I 值越接近 1，说明各地区空间正相关性越强；当 Moran's I 值越接近−1，说明空间负相关性越强。

根据公式(3－9)，采用表 3－2 中的基本公共服务综合评价指数，计算得到 2011—2020 年中国基本公共服务的全局 Moran's I 指数(见表 3－4)。由表 3－4 可知，全局 Moran's I 指数均在 0～1 之间，并且在 1%的显著性水平下显著，说明中国基本公共服务水平整体上存在明显的空间正相关性，表现出显著的集聚性特征。空间集聚性越强，说明基本公共服务高水平地区集聚在一起，低水平地区集聚在一起。

表 3－4　2011—2020 年中国基本公共服务的全局 Moran's I 指数

年份	Moran's I	Z 统计量	P 值
2011	0.326	3.419	0.000
2012	0.287	3.063	0.000
2013	0.228	2.502	0.000
2014	0.228	2.490	0.000
2015	0.226	2.475	0.000
2016	0.244	2.662	0.000
2017	0.243	2.643	0.000
2018	0.203	2.255	0.000
2019	0.225	2.455	0.000
2020	0.254	2.748	0.000

注：Moran's I 代表全局 Moran's I 指数 I，Z 代表该 Moran's I 指数的检验统计量，该统计量服从渐进的正态分布，P 代表 Z 所对应的伴随概率。

4　中国基本公共服务均等化水平的时空演化

4.1　中国基本公共服务均等化水平空间格局变化的基本情况

4.1.1　重要时点上中国基本公共服务水平空间格局的变化

为充分了解中国基本公共服务在地理空间上的分布态势和演变趋势，本部分采用自然间断点法将中国 31 个省的基本公共服务划分为较低水平、低水平、中等水平、较高水平和高水平 5 类(用五个分位代表五个不同的基本公共服务等级)。首先分析研究样本的起点(2009 年)和终点(2018 年)两个时点上中国基本公共服务的空间分布态势。表 4-1 清晰显示出 2009 年和 2018 年中国基本公共服务的空间分布态势。

表 4-1　2009 年和 2018 年中国基本公共服务不同等级空间区域变化情况

层级	分位层次	2009	2018
高水平地区	第五分位	北京市	浙江省、山东省、北京市、天津市、上海市、江苏省、广东省
较高水平地区	第四分位	浙江省、天津市、江苏省、广东省、上海市、福建省	辽宁省、吉林省、湖南省、河南省、福建省、安徽省、河北省
中等水平地区	第三分位	辽宁省、吉林省、河北省、山西省、山东省、河南省、安徽省、湖北省、湖南省	山西省、内蒙古自治区、江西省、湖北省、黑龙江省
较低水平地区	第二分位	宁夏回族自治区、内蒙古自治区、黑龙江省、海南省、重庆市、江西省	陕西省、青海省、宁夏回族自治区、海南省、广西壮族自治区、重庆市
低水平地区	第一分位	云南省、新疆维吾尔自治区、西藏自治区、四川省、广西壮族自治区、青海省、贵州省、甘肃省、陕西省	云南省、新疆维吾尔自治区、西藏自治区、四川省、贵州省、甘肃省

在 2009 年，以全国 31 个省为空间观测单位的基本公共服务区域中，处于基本公共服务最低水平的第一分位的空间区域有 8 个，分别是云南、陕西、四川、新疆、西藏、青海、贵州、甘肃所对应的空间区域；处于基本公共服务最高水平的第五分位的空间区域仅有 1 个，为北京所对应的空间区域。中国基本公共服务呈现出显著的规律性的空间分布特征。比如东部沿海地区对应基本公共服务的第四、五分位，特别是长三角、珠三角地区，意味着该区域基本公共服务水平较高。西部内陆地区处于第一分位，这意味着该区域的基本公共服务水平较低。

如果以两个极端区域——处于基本公共服务最高水平的第五分位区域以及处于基本公共服务最低水平的第一分位区域的数据作为研究对象。2009 年处于第一分位区域的基本公共服务均值为 0.343，同期中国整体基本公共服务综合评价指数为 0.549，比全国基本公共服务水平低 0.206，该分位占全国 31 省总数的 29.03%。处于第五分位区域的基本公共服务指数为 0.890，比全国基本公共服务水平高 0.341，该区域仅占到了全国总数的 3.22%。对比区域经济发展水平与地区基本公共服务水平，2008 年北京的人均 GDP 为 68788 元，而同时期处于第一分位的 8 个区域的人均 GDP 仅为 36912 元。显然，中国基本公共服务水平的空间分布格局与区域经济发展水平基本保持一致。

经过 10 年的发展，到 2018 年中国基本公共服务水平的空间分布状况发生了明显的改变。代表基本公共服务高水平的处于第五分位的空间区域增加至 7 个，分别为浙江、山东、北京、天津、上海、江苏、广东，比 2008 年增加了 6 个；代表基本公共服务低水平的处于第一分位的空间区域有 6 个，分别为云南、新疆、西藏、四川、贵州、甘肃，比 2009 年减少了 2 个。从统计数据上看，2018 年处于第五分位区域的基本公共服务均值为 0.908，同期中国整体基本公共服务水平综合评价指数为 0.701，比全国基本公共服务水平高 0.208，该分位占全国 31 省总数的22.58%；处于第一分位区域的基本公共服务指数为 0.449，比全国基本公共服务水平低 0.252，该分位仅占到了全国 31 省总数的 19.35%。

对比前表 3-3 可以发现，代表高水平的第五分位和代表低水平的第一分位所代表的基本公共服务均值发生显著变化。代表基本公共服务较高水平的第五分位区域均值由 2009 年的 0.890 增长到 2018 年的 0.907，代表基本公共服务较低水平的第一分位区域均值由 2009 年的 0.343 增加至 0.449，两者的差距由 0.574 减少至 0.458。虽然地区间基本公共服务差距在减小，但是最高水平区域和最低水平区域的空间分布格局并未改变，基本公共服务最低水平区域对应的依然是经济欠发达的西部地区，基本公共服务最高水平区域对应的仍然是经济发达的东部沿海地区。毋庸置疑，中国基本公共服务“东高西低”的基本分布格局10年间并未发生显著变化，东部地区仍然处于基本公共服务的核心圈层，西部地区位于基本公共服务的边缘圈层，中部地区位于基本公共服务的中间圈层。

为了更加直观地展现近10年中国基本公共服务水平空间格局的变化，本部分对基本公共服务等级发生明显跃升的区域进行分析。经过近10年的发展，广西、青海、陕西由基本公共服务低水平等级跃升至较低水平等级，内蒙古、黑龙江、江西由基本公共服务较低水平等级跃升至中等水平等级，辽宁、吉林、河南、安徽、河北由基本公共服务中等水平等级跃升至较高水平等级，浙江、山东、天津、上海、江苏、广东跃升至基本公共服务高水平等级。明显发现，中国基本公共服务等级出现轻微断层现象，原有的基本公共服务中等水平地区经过10年的发展逐步增加到较高水平或者高水平等级，然而较低水平等级地区及低水平等级地区基本公共服务增长缓慢，很难进入中等水平。造成这种现象的原因可能是虽然中国经济发展导向由以往的东部沿海地区率先发展逐步转向长江经济带、一带一路战略等区域协调性发展，但是由于经济增长惯性，导致即使在政策有力支持下，西部经济发展速度仍然较东部地区相对较低，基本公共服务难以取得立竿见影的成效。

4.1.2 不同周期上中国基本公共服务水平空间格局的变化

上文对2009年、2018年的中国基本公共服务空间分布态势的分析仅仅解释了样本期间内两个时点的空间分布格局，还有必要考察2009—2018年每一年的空间分布来分析不同周期上中国基本公共服务空间格局变化态势。鉴于样本期间仅有10年，因此本部分以3年为一个研究周期，通过分析每一个周期内的空间分布地图的变化情况研究基本公共服务空间格局的变化。

在第一个三年周期(2009—2011年)中，以中国基本公共服务空间分布中最高等级区域和最低等级区域作为研究的重点。2009年处于第五分位的区域仅有北京，基本公共服务指数为0.889，比全国均值高0.339，该分位在全国31省中仅占3.22%。处于第一分位的区域有8个，基本公共服务均值为0.343，比全国均值低0.206，该分位在全国31省中占29.03%。2011年，第五分位的区域增长了2个，该分位的基本公共服均值比全国均值高0.272；第一分位区域减少至7个，占比为22.58%，比全国均值低0.221。与此同时，不同分位的区域也发生了变化，天津、上海、广州所对应的空间区域由第四分位上升到第五分位，山东、河北由第三分位上升到第四分位，内蒙古由第二分位上升到第三分位，陕西由第一分位上升到第二分位。

在第二个三年周期(2012—2014年)中，基本公共服务空间分布格局发生重大变化。2012 年处于第五分位的区域有 3 个，基本公共服务指数均值为 0.847，比全国均值高 0.251，该分位在全国 31 省中占到了 9.67%。处于第一分位的区域有 7 个，基本公共服务均值为 0.373，比全国均值低 0.223，该分位在全国 31 省中占 22.58%。2014 年情况比较特殊没有区域处于第五分位，处于第一分位的区域有 7 个，与 2012 年完全相同。在该周期内，北京、上海、广东由最高等级第五分位降为第四分位，福建由第四分位降为第三分位，辽宁由第四分位降为第三分位，内蒙古、河北、山东、河南、安徽、江西由第三分位上升到第二分位，第一分位区域没有变动。

在最后一个四年周期(2015—2018 年)中，中国基本公共服务空间分布格局发生较大变化。2015 年，处于第五分位的区域有 5 个，基本公共服务指数为 0.887，比全国均值高 0.233，该分位在全国 31 省中占到了 16.12%；处于第一分位的区域有 7 个，基本公共服务均值为 0.416，比全国均值低 0.219。2018 年 7 个区域处于第五分位，基本公共服务均值为 0.908，比全国水平高 0.207；处于第一分位的区域有 6 个，基本公共服务均值为 0.449，比全国均值低 0.252，该分位在全国 31 省中占 19.35%。与 2015 年相比，浙江、山东由第四分位跃升至第五分位，辽宁由第三分位跃升至第四分位，黑龙江由第二分位跃升至第三分位，青海由第一分位跃升至第二分位，其余等级基本保持不变。

虽然上述内容是以 3 年为周期进行的对 2009—2018 年的基本公共服务空间格局的分析，并且仅仅对每个周期内开始与结束的年份进行研究，但是仍有迹可循。首先，基本公共服务的空间分布格局在样本期间内呈现出典型的“东高西低”的圈层状分布态势，这一趋势在样本期间内未发生根本性的变化，基本公共服务高水平地区基本均处于长三角、珠三角等东部沿海地区，低水平地区基本均处于西部内陆地区。其次从数据上看，处于基本公共服务最高水平的第五分位不断增加，而处于最低水平的第一分位基本上保持不变，即东部地区基本公共服务增速较快，西部地区基本公共服务虽在提高，但是速率相对较慢。

4.2 基于 ESDA 法的中国基本公共服务水平空间分布分析

4.2.1 ESDA 法介绍

探索性空间数据分析方法(ESDA)主要用于分析研究对象的空间集聚与分散特性，包括全局与局部空间自相关分析。

1）全局空间自相关分析

全局空间自相关分析主要用于检验某种现象在空间分布上是否呈现集聚性，通常用 Moran's I 指数来表示：

$$I=\frac{\sum_{i=1}^{n}\sum_{j\neq 1}^{n}w_{ij}(-\bar{x})(x_j-\bar{x})}{S^2\sum_{i=1}^{n}\sum_{j\neq 1}^{n}w_{ij}}\tag{4-1}$$

式中：n 为地区数量；x_i 表示 x 在第 i 个区域的观察值；$S^2=\frac{1}{n}\sum_{i=1}^{n}(x_i-\bar{x})^2$、$\bar{x}=\frac{1}{n}\sum_{i=1}^{n}x_i$；$w_{ij}$ 为空间权重矩阵，当省份 i 与省份 j 为邻近省份时，w 取值为 1，反之，w 为 0。

Moran 值在 0～1 之间，说明该现象各地观测值呈现出空间正相关性，存在集聚特征；Moran 值越接近 1，说明各地区空间正相关性越强；Moran 值越接近 −1，说明空间负相关性越强；Moran 值越接近 0，说明该现象不存在空间相关性，即随机分布。

2）局部空间自相关指数

全局空间自相关的存在并不能保证区域内部也存在空间关联性，因此有必要使用局部空间统计量分析某一具体区域的空间关联格局，识别区域间的空间异质性。局部 Moran 指数常用来分析区域 i 与邻近地区的空间关联性。

$$I_i=\frac{x_i-\bar{x}}{S^2}\sum_{j}^{n}[w_{ij}(x_i-\bar{x})]\tag{4-2}$$

式中：n 为地区数量；x_i 表示 x 在第 i 个区域的观察值；$S^2=\frac{1}{n}\sum_{i=1}^{n}(x_i-\bar{x})^2$、$\bar{x}=\frac{1}{n}\sum_{i=1}^{n}x_i$；$w_{ij}$ 为空间权重矩阵，当省份 i 与省份 j 为邻近省份时，w 取值为 1，反之，w 为 0。

$I_i>0$，表示该区域单元周围相似值的空间集聚（高高或低低）；$I_i<0$，表示该区域单元周围相似值的空间分散（高低或低高）。在本部分中，第一象限代表高高聚集区（HH），表示该省份与周边省份的基本公共服务水平均较高，两者差异小，呈现显著的空间正相关关系；第二象限高低集聚区（HL）表示该省份自身的基本公共服务水平较高，但是附近省份的基本公共服务水平相对较低，呈现显著的空间负相关关系；第三象限低低集聚区（LL）表示该省份与附近省份的基本公共服务水平均较低，呈现显著的空间正相关性；第四象限低高集聚区（LH）表

示该省份的基本公共服务水平较低，但是附近省份基本公共服务水平较高，呈现显著的空间负相关性。

4.2.2 中国基本公共服务均等化水平全局空间自相关分析

根据前文的计算过程，运用中国2009—2018年省级基本公共服务综合评价指数，计算可得表4-2。2009年至2018年中国基本公共服务的全局Moran指数均在0～1之间，并且通过了1%的显著性检验，说明中国基本公共服务水平整体上存在明显的空间正相关性，表现出显著的集聚特征。空间相关性最高的年份是2018年，其空间集聚指数为0.755，说明2018年中国基本公共服务空间集聚强度很大，2011年中国基本公共服务空间集聚指数最低，为0.709，虽比2018年略低，但仍然表现出较强的空间集聚性。

表4-2 2009—2018年中国基本公共服务指数的Moran's I指数

年份	Moran's I	Z统计量	P值
2009	0.741	6.706	0.001
2010	0.709	6.393	0.001
2011	0.708	6.396	0.001
2012	0.709	6.448	0.001
2013	0.735	6.653	0.001
2014	0.724	6.502	0.001
2015	0.743	6.676	0.001
2016	0.716	6.421	0.001
2017	0.727	6.514	0.001
2018	0.755	6.793	0.001

注：Moran's I代表全局Moran指数I；Z代表该Moran指数的检验统计量，该统计量服从渐进的正态分布；P代表Z所对应的伴随概率。

就中国基本公共服务全局Moran指数的变化趋势而言(见图4-1)，2009—2018年尽管部分年份中国基本公共服务空间集聚性略有下降，但总体趋势是波动上升的。全局Moran指数值由2009年的0.741下降至2011年的0.708，然后波动增加至2018年的0.755，不断向1靠拢，说明中国基本公共服务的空间格局呈现从集聚—分散—集聚的演变模式，总体正相关性的格局保持稳定。

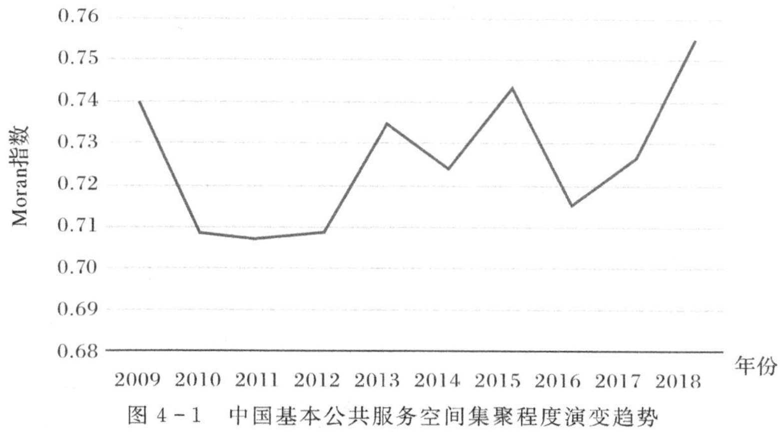

图 4-1　中国基本公共服务空间集聚程度演变趋势

4.2.3　中国基本公共服务均等化水平局部空间自相关分析

全局 Moran 指数显示中国基本公共服务整体存在空间集聚性，但仍需要局部 Moran 指数分析具体某个省区的空间集聚性。根据前文的公式，采用 2009—2018 年中国基本公共服务综合评价指数计算局部 Moran 指数。表 4-3、表 4-4中列举了 2009—2018 年存在空间正相关并且通过显著性检验的省区的局部 Moran 指数，其中高高集聚表示本省基本公共服务水平较高，而且对周边省区带动能力较强，“辐射作用”显著；低低集聚表示本省区的基本公共服务水平较低，而且对周边地区的影响较小。

表 4-3、表 4-4 显示，代表高高集聚特征的省域逐年增加，从 2009 年最开始的北京、上海两市增加至 2018 年的北京、上海、天津、福建、江苏、广州、浙江 7 省所对应的区域。尽管高高集聚区省份的局部 Moran 指数在不同年份呈现波动的态势，但是整体而言呈现上升的走向。比如北京的局部 Moran 指数由 2009 年 0.683 的增加至 2018 年的 0.759，高高集聚特征的其他省分同样呈现波动上升的态势。代表低低集聚特征的省域基本不变，主要为新疆、西藏、宁夏、青海、甘肃、贵州所在的区域，并且局部 Moran 指数基本保持不变。换言之，中国基本公共服务的空间分布格局特别是高高集聚特征的区域具有不断扩张的态势。

表 4-3 2009—2013 年部分地区局部 Moran 指数

类型	2009		2010		2011		2012		2013	
	地区	指数	地区	指数	地区	指数	地区	指数	地区	指数
高高集聚区域	北京	0.683	上海	0.652	北京	0.695	北京	0.704	北京	0.735
	上海	0.701	江苏	0.659	天津	0.701	山东	0,651	上海	0.693
			浙江	0.731	上海	0.684	安徽	0.634	河北	0.654
					广东	0.691	广东	0.699	福建	0.632
									浙江	0.709
									广东	0.731
低低集聚区	新疆	0.542	新疆	0564	新疆	0518	甘肃	0.609	云南	0.545
	西藏	0.529			西藏	0.589	新疆	0.553	西藏	0.543
	甘肃	0.536			贵州	0.608	贵州	0.589	宁夏	0.575
							青海	0.601		

表 4-4 2014—2018 年部分地区局部 Moran 指数

类型	2009		2010		2011		2012		2013	
	地区	指数	地区	指数	地区	指数	地区	指数	地区	指数
高高集聚区域	北京	0.783	上海	0.734	北京	0.729	北京	0.742	北京	0.759
	河北	0.601	福建	0.699	河北	0.701	天津	0.709	上海	0.743
	山东	0.684	浙江	0.712	安徽	0.654	江苏	0.712	天津	0.699
	广东	0.721	天津	0.704	广东	0.718	广东	0.723	福建	0.701
					上海	0.723	福建	0.698	江苏	0.723
									广东	0.744
									浙江	0.723
低低集聚区域	新疆	0.542	新疆	0.529	新疆	0.559	甘肃	0.543	云南	0.576
	西藏	0.509	广西	0.601	西藏	0.513	西藏	0.561	西藏	0.523
	甘肃	0.523	宁夏	0.561	贵州	0.582			宁夏	0.631
	云南	0.558							新疆	0.547

从具体区域来看，2009—2018 年 10 年间，通过 5%的显著性检验的低低集聚区基本上均位于西部地区。从地理位置看，这些地区均位于中国西部内陆，缺乏优越的区位优势；从自然环境看，这些地区海拔相对较高，温带大陆性气候显著，

多贫困山区，自然环境相对恶劣；从经济发展水平看，这些地区的自然环境使得本区域工业发展较弱，经济整体发展水平较低，财政实力薄弱，劳动力以及人才的不断外流进一步增加了当地经济发展的压力；同时深居内陆与外界交流不便，难以接受到基本公共服务高水平地区的辐射带动作用，造成其基本公共服务水平一直处于低位，更难以带动周围地区基本公共服务水平的提高。而高高集聚区均位于东部沿海地区，集中分布于长三角、珠三角、环渤海区域，在优越的地理位置、较为发达的经济水平、雄厚的财政支持、群众强烈的基本公共服务需求等多种因素的共同作用下，基本公共服务水平相对较高，且对周围临近省份产生正向的溢出效应。中部地区以及与中部地区相邻的部分西部省份绝大多数没有通过显著性检验。

为了充分展现中国基本公共服务空间分布格局，选取 2009 年、2013 年、2014 年、2018 年的综合评价指数，结合 Moran 散点图进行演示分析（见图4 - 2）。

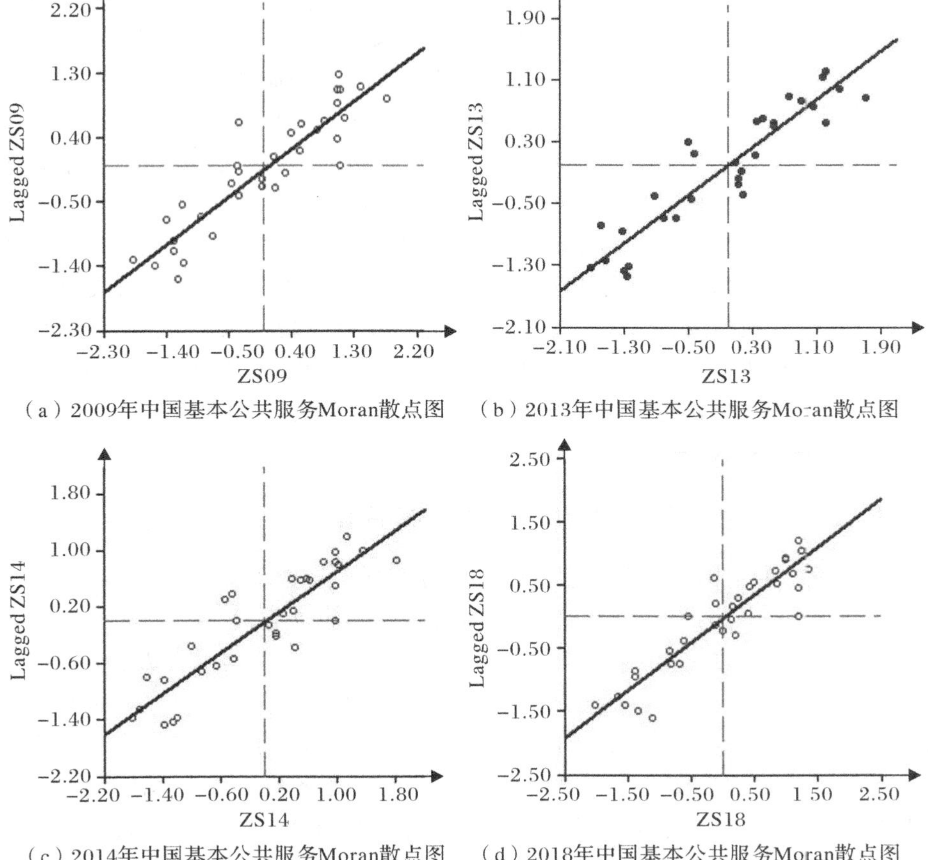

（a）2009年中国基本公共服务Moran散点图　（b）2013年中国基本公共服务Moran散点图

（c）2014年中国基本公共服务Moran散点图　（d）2018年中国基本公共服务Moran散点图

图 4 - 2　部分年份中国基本公共服务局部 Moran 散点图

从图 4-2 的 4 幅图可以明显发现，中国基本公共服务空间分布相似（第一象限的高高集聚、第三象限的低低集聚）的空间区域较多，2009 年 25 个省区、2013 年 25 个省区、2014 年 27 个省区、2018 年 24 个省区分布于一、三象限，可见中国大多数省区的基本公共服务存在空间正相关性。

4.3 中国基本公共服务均等化水平空间格局分布特征

4.3.1 沿经济热点条带状分布的特征

从基本公共服务空间分布地图上可以明显发现，随着时间的推进，中国基本公共服务空间格局基本可以明确几大带状区域。首先，沿海经济发达地带，比如环渤海地区、长三角地区、珠三角地区，这些区域是中国经济发展的排头兵，代表着中国经济社会发展的最高水平，有雄厚的财力不断增加基本公共服务供给，基本上常年位于高水平或者较高水平区域；尽管部分年份某些省区等级出现波动，但是总体而言基本公共服务水平较高。其次，以新疆、西藏、贵州、宁夏等省区为代表的西部地带，这些地区地处内陆，对外交往相对不变，是中国经济发展水平最低的区域，基本公共服务历年处于最低级别。再次，以山西、湖南、湖北、河南为代表的中部地带，经济发展水平仅次于东部地区，基本公共服务水平处于中等水平，部分年份可以跃升至较高水平，偶尔也会下降至较低水平。最后，黑龙江、吉林、辽宁为代表的东北地区和广西、云南为代表的西南边陲地区，基本上处于低水平地区，部分年份可以跃升至中等水平地区。可见，中国基本公共服务均等化水平呈现出明显的集聚特征，沿着经济热点分布。

4.3.2 从东向西递减的阶梯式分布特征

根据上文的中国基本公共服务的空间分布地图可以发现，2009 年基本公共服务处于第五分位的地区仅有北京，北京作为国家的政治、经济、文化中心，基础教育服务、社会保障、公共文化服务等各方面在全国均名列前茅，基本公共服务水平较高。而基本公共服务处于较高水平第四分位的省份仅有 5 个，均位于东部沿海地区，处于低水平的地区有 9 个，均位于西部地区。随着 2020 年基本公共服务均等化基本实现目标的追近，政府基本公共服务投入支出不断增加，基本公共服务水平相较 2009 年显著提高。2018 年代表高水平的第五分位对应的空间区域增加至 7 个，均位于东部沿海地区；代表较高即中等水平的第三分位、第四分位对应的空间区位共有 12 个，除福建、河北外基本上都位于中部地区及东北地区；代表较低水平及低水平的第一分位、第二分位对应的空间区域有12个，均位于西部地区。可见，经过近10年的发展，中国基本公共服务水平虽有提升，但是“东高西低”的分布态势并未发生根本性的改变。

目前，中国基本公共服务已经形成如下格局：北京市、上海市、浙江省、广东省处于代表基本公共服务高水平的第五分位，构成圈层结构的核心；山东省、江苏省、天津市、河北省、辽宁省、吉林省、福建省基本公共服务水平较高，处于次核心圈层；中部地区处于第三分位，位于次外围圈层；剩余的西部12省基本公共服务水平最低，构成了基本公共服务空间格局的外围圈层。这种空间格局基本上与中国经济社会发展水平自东向西递减的态势保持一致。

4.3.3 高水平地区增加迅速低水平地区缓慢提升的特征

虽然中国基本公共服务空间格局呈现明显的从东向西逐渐衰减的条带状圈层结构特征。但是近10年间，不同基本公共服务水平层级的增长速度是不同的。2009年，基本公共服务较高水平地区仅有北京市，2014年增加至4个，2018年增加至7个，占比由2009年的3.22%增长至2018年的22.51%；基本公共服务水平较高层级的省区2009年有5个，2018年有7个，占比由16.13%增长至22.52%。2009年基本公共服务中等水平层级的地区有9个，2014年减少至8个，2018年减少至5个，占比由29.03%减少至16.19%；基本公共服务低水平及较低水平的地区2009年有16个，2014年有14个，2018年有12个，占比由51.6%减少至38.77%。

可以明显发现基本公共服务水平较高层级及高层级的占比增长较快，由19.35%增长至45.16%，基本公共服务水平较低层级及低层级的区域占比增长相对较慢，由51.62%减少至38.78%，这就造成了基本公共服务中等层级的断层现象，中等水平的省区占比由29.27%减少至16.12%。造成这种现象的原因可能是中国经济发展导向由以往的东部沿海地区的率先发展逐步转化为长江经济带、一带一路战略等区域协调性发展，但是由于经济增长的惯性，导致即使在政策有力支持下，西部经济发展速度仍然落后于东部地区发展速度。

5 中国人均基本公共服务均等化水平空间格局影响因素的实证分析

5.1 影响因素选取及数据描述

5.1.1 影响因素选取

基本公共服务范围涉及基础教育、公共医疗卫生、基础设施、信息化等多个方面，通过对中国基本公共服务均等化空间格局的机理分析可知，经济与社会发展水平、自然地理条件、政府决策与行为是驱动中国基本公共服务空间格局变化的重要因素。本部分在借鉴以往研究成果、综合前文的机理分析与实际数据的基础上，从财政角度、社会角度以及经济角度初步选取了6个影响中国基本公共服务空间格局的因素进行分析，见表5-1。

表5-1 变量名称及解释说明

变量名称	数量单位	解释说明
lnBPS	—	基本公共服务水平
lnGDP	元	经济发展水平
lnczshr	元	人均财政收入
Lncshsp	%	城镇化水平
Lncyjg	%	产业发展水平
lnwml	%	基本公共服务需求
lnrjzl	%	技术进步水平

1)人均GDP

用区域GDP与该地区常住人口的比值来衡量人均GDP，该指标主要用于反映地区的经济发展水平。根据前文的经济发展阶段论，基本公共服务的供给范围与供给数量是与当时的经济发展水平相适应的。随着经济发展水平的提高，基本公共服务的范围由铁路、公路等扩展到文化、社会保障等领域，覆盖范围逐渐增加。一般而言，经济发达地区拥有雄厚的物质资本增加各类基本公共服务数量、改善其质量，该区域居民可以享受全面而优质的基本公共服务；而经济欠发达地区，由于财力所限，对基本公共服务的投入承担更重的压力，往往将有限的财力投向基础设施类公共服务，而社会保障、文化等消费型基本公共服务投入相对较少。

2）人均财政收入

用地方公共财政收入与常住人口的比值来衡量人均公共财政投入。公共产品理论明确指出，由于基本公共服务的非竞争与非排他性的特点，公共产品的供给过程中存在着“搭便车”的问题；加之建设周期长、投资后资本回收时间长，以追求利润最大化为目标的私人部门往往难以组织公共产品的生产、供给。因此，以政府为代表的公共部门便成为基本公共服务供给的主力。特别是在经历了财税分税制改革之后，基本公共服务主要由地方政府提供，地方财政收入成为影响基本公共服务供给的重要因素。财政收入越高的地区往往有雄厚的财力提供更高水准的基本公共服务，基本公共服务水平相对较高。

3）城镇化水平

采用城镇人口与总人口的比值来衡量城镇化水平。根据新空间经济理论中的集聚效应可知，经济效率在很大程度上取决于空间集聚程度，空间集聚的存在降低了单位产品的成本，形成了规模经济。同理，人口的集聚对基本公共服务空间格局有重要影响，一般人口的集聚可以用城镇化水平来表示。在提供相同数量的基本公共服务的条件下，城镇化水平较高的地区的基本公共服务人均成本显然低于城镇化水平低的地区，具有强烈的规模经济性。而公共文化服务、基础教育、医疗卫生类的公共服务恰好前期投入多具有投资规模大、不可分割、固定成本高的特点，在城镇化水平较高的地区往往单位供给成本较低，供给主体的供给意愿往往更高；加之人口的集聚催生了更加多样的基本公共服务需求，在供求双方的共同作用下，城镇化水平较高的地区往往基本公共服务水平较高；反之亦然。这便构成了中国基本公共服务空间格局的雏形。

4）产业结构

用二、三产业增加值占GDP的比重来衡量产业结构。根据新空间经济理论中的集聚效应可知，集聚引发规模经济，进而提高效率。以农业为主的经济体多是以家庭形式从事农业生产，加之居住地相对比较分散，不仅对基本公共服务要求不高，而且人均公共服务投入成本偏高，一般而言，基本公共服务水平相对较低。而工业、服务业的发展一方面带来了人口的集聚，人口的集聚带动医疗、教育等相关公共服务的发展；另一方面工业企业、服务业的正常运行离不开道路、信息化等基础设施的支持，即工业企业及服务业的发展进一步提高了对基本公共服务的需求。

5）技术进步

用专利授予量与常住人口的比值来衡量技术进步。根据索洛模型理论，引入人口增长和技术进步后，人均收入的提升速度与技术进步速率保持一致，国民经济的增长速率等于人口增长速度与技术进步速率的和。该理论同样适用于基本公共服务领域，在财政支出、劳动等要素投入等其他条件相同的情况下，更高的技术水平可以生产出更多的基本公共服务设施，意味着更高的基本公共服务水平。技术进步除了增加基本公共服务的供给量，还可以带来基本公共服务质的提升。伴随着技术进步，人们可以享受到更多的像远程医疗会诊、网络在线教育、网上社保申领等跨区域的基本公共服务，缓解了基本公共服务的区域间差异。

6）人力资本

该指标用人口普查数据中 15 岁以上人口的文盲率来衡量。由供求理论可知，当基本公共服务供给恰好与需求吻合时，才真正实现了基本公共服务的均衡。前文的各个因素多是从供给的角度论述基本公共服务，但是为了保证基本公共服务资源的有效率配置，需要进一步考虑基本公共服务需求。根据马斯洛的需求层次理论，当人们的生存以及安全等基本需求被满足后，会自发地转向更高层次的需求。这种需求的变化与人口的受教育程度紧密相连，一方面，受教育层次越高，知识面越广泛，权利意识更加强烈，对更高层次的基本公共服务的需求越高涨，另一方面，当高层次需求被挖掘后，在供给不到位的情况下，受教育水平高的人可以通过新媒体、网络等更多的渠道反映、争取更高的基本公共服务，即基本公共服务的需求表达机制更加畅通。

5.1.2　数据描述

以中国 31 个省级经济单元为研究对象，样本期间为 2009—2018 年，相关数据来自 2009—2018 年《中国统计年鉴》、《中国人口和就业统计年鉴》、各省统计年鉴及统计局官网，部分缺失数据用迭代法补齐。

变量的描述性统计如表 5－2 所示。基本公共服务指数、人均 GDP、城市化水平、人均财政收入以及人均专利授予量省际差异较大，而产业结构、文盲率的省际差异相对较小。各个变量表面上呈现出不同空间的经济社会因素对基本公共服务有着不同影响，但具体情况有待于进一步的分析。

表 5-2 变量的描述性统计

变量名称		均值	标准差	最小值	最大值	观察数
基本公共服务指数(lnBPS)	整体	−0.492	1.282	−2.251	−0.039	N=300
	组间		1.270	−1.959	−0.079	n=30
	组内		0.095	−0.855	−0.237	T=10
人均 GDP (lnGDP)	整体	10.670	1.487	9.303	14.850	N=300
	组间		1.409	10.036	14.485	n=30
	组内		0.273	9.923	11.247	T=10
人均财政收入(lnczshr)	整体	8.287	2.681	5.891	10.218	N=300
	组间		2.552	5.588	9.724	n=30
	组内		0.409	5.324	8.885	T=10
城市化水平(lncshsp)	整体	4.109	1.601	3.397	7.169	N=300
	组间		1.606	3.66	7.129	n=30
	组内		0.073	3.846	4.309	T=10
产业结构(lncyjg)	整体	−0.109	0.598	−0.327	−0.002	N=300
	组间		0.577	−0.276	−0.005	n=30
	组内		0.018	−0.245	−0.031	T=10
文盲率(lnwml)	整体	1.589	0.536	0.207	2.877	N=300
	组间		0.502	0.560	2.555	n=30
	组内		0.208	1.091	2.167	T=10
人均专利授予量(lnrjzl)	整体	1.539	1.112	−0.757	4.048	N=300
	组间		0.984	0.262	3.457	n=30
	组内		0.542	0.028	2.946	T=10

5.2 模型构建及数据检验

5.2.1 模型构建

空间计量经济学主要用于处理区域间的交互效应，Elhorst[85]认为区域间的交互效应主要分为三种，被解释变量间的交互效应、解释变量间的交互效应和误差项间的交互效应。据此，空间计量模型主要有以下三种类型：

SAR 模型将相邻主体的被解释变量纳入影响因素，在本部分中该模型主要分析周围地区基本公共服务对本地区基本公共服务的影响，用公式表示为

$$Y = \rho(I_T \otimes W_N)Y + X\beta + \varepsilon \tag{5-1}$$

式中：Y 是被解释变量；X 是解释变量；ρ 是空间回归系数；W 为空间权重系数；$(I_T \otimes W_N)Y$ 是空间滞后的被解释变量；ε 是随机误差项。

SEM 模型认为，模型中被遗漏的被解释变量的决定因素是空间相关的，或者不可观测的冲击服从空间交互的形式，误差项之间存在的交互也可以理解为是一种校正机制。模型表达式为

$$Y = X\beta + u, \quad u = \lambda(I_T \otimes W_N)u + \varepsilon \tag{5-2}$$

式中：Y 是被解释变量；X 是解释变量；ρ 是空间回归系数；W 为空间权重系数；u 是服从分布的随机误差项；λ 是空间自相关系数矩阵；$(I_T \otimes W_N)u$ 是空间滞后的随机误差项；ε 是随机误差项。

当模型中存在着空间滞后解释变量与被解释变量之间的交互时，便构成了空间杜宾模型(SDM)。模型表达式为

$$Y = \rho WY + X\beta + \gamma W\bar{X} + \varepsilon \tag{5-3}$$

式中：Y 是被解释变量；X 是解释变量；ρ 是空间回归系数；W 为空间权重系数；$\bar{X}$ 是邻近区域的解释变量，表示周围地区的解释变量对本地区被解释变量的影响；ε 是随机误差项。

基本公共服务的正外部性意味着一个地区的基本公共服务不仅受到本地区各因素的影响，还受到周围地区基本公共服务的影响，因此将空间因素纳入基本公共服务的影响因素是非常有必要的。

根据前文分析，本部分选用基本公共服务综合测度结果(bps)作为被解释变量，选择人均 GDP、人均财政收入、城市化水平、产业结构、文盲率以及人均专利授予量作为被解释变量进行实证分析。基于此，本部分构建如下空间计量模型

$$\begin{aligned} \mathrm{lnbps}_{it} = {} & \alpha_0 + \rho W \times \mathrm{lnbps}_{it} + \alpha_1 \mathrm{lnGDP}_{it} + \alpha_2 \mathrm{lnczshr}_{it} + \alpha_3 \mathrm{lncshsp}_{it} + \\ & \alpha_4 \mathrm{lncyjg}_{it} + \alpha_5 \mathrm{lnwml}_{it} + \alpha_6 \mathrm{lnrjzl}_{it} + \varepsilon_{it} \end{aligned} \tag{5-4}$$

$$\begin{aligned} \mathrm{lnbps}_{it} = {} & \alpha_0 + \rho W \times \mathrm{lnbps}_{it} + \alpha_1 \mathrm{lnGDP}_{it} + \alpha_2 \mathrm{lnczshr}_{it} + \alpha_3 \mathrm{lncshsp}_{it} + \\ & \alpha_4 \mathrm{lncyjg}_{it} + \alpha_5 \mathrm{lnwml}_{it} + \alpha_6 \mathrm{lnrjzl}_{it} + \alpha_7 W\mathrm{lnGDP}_{it} + \alpha_8 W \times \mathrm{lnczshr}_{it} + \\ & \alpha_9 W \times \mathrm{lncshsp}_{it} + \alpha_{10} W \times \mathrm{lnwml}_{it} + \alpha_{11} W\mathrm{lnrjzl}_{it} + \alpha_{12} W\mathrm{lncshsp}_{it} + \varepsilon_{it} \end{aligned} \tag{5-5}$$

式中：bps_{it} 表示第 i 地区第 t 年的基本公共服务水平；W 代表空间权重矩阵；$\mathrm{lnczshr}_{it}$、lnGDP_{it}、$\mathrm{lncshsp}_{it}$、lncyjg_{it}、lnwml_{it}、lnrjzl_{it} 分别表示 i 地区第 t 年的人

均财政收入、人均 GDP、城市化水平、产业结构、文盲率、人均专利授予量；ε 代表随机误差。

5.2.2 平稳性检验

在建立空间计量模型前，需要对所有变量进行平稳性检验，如果用非平稳的变量进行分析，容易出现伪回归现象。检验数据的平稳性就是检验数据的单位根，如果出现单位根说明该变量是非平稳的，如果没有出现单位根，说明该变量是平稳的。

面板单位根检验主要包括两种，一种是假定面板数据的横截面序列存在相同的单位根，另一种是假定面板数据的横截面序列存在不同的单位根。本部分利用 LLC 与 IPS 进行针对性检验分析，结果如表 5－3 所示。

表 5－3 变量的单位根检验结果

变量	LLC		IPS	
	统计量	P 值	统计量	P 值
lnbps	－9.286	0.542	－2.461	0.006
lnGDP	－8.225	0.894	－0.974	0.997
lnczshr	－11.368	0.673	－1.491	0.426
lncshsp	－7.4271	0.012	－2.732	0.976
lncyjg	－1.137	0.009	－0.773	0.788
lnwml	－2.8285	0.023	－2.06	0.035
lnrjzl	－13.982	0.000	－1.16	0.985
Dlnbps	－2.110	0.017	－8.2171	0.000
DlnGDP	－5.054	0.000	－6.9815	0.000
Dlnczshr	－26.200	0.000	－11.883	0.000
Dlncshsp	－9.877	0.000	－12.955	0.000
Dlncyjg	－25.596	0.000	15.5161	0.000
Dlnwml	－13.982	0.000	－10.3783	0.000
Dlnrjzl	－7.4529	0.000	－12.0377	0.000

由表 5－3 可知，只有文盲率(lnwml)同时通过了 5％的显著性检验；人均专利授权量(lnrjzl)和产业结构(lncyjg)只通过了 LLC 的 1％的显著性检验，城市化水平(lnschsp)只通过了 LLC 的 5％的显著性检验；基本公共服务水平(lnbps)只通过了 IPS 的 1％的显著性检验。其余变量均不能拒绝存在单位根的

假设，即剩余变量均为非平稳序列。对所有变量进行一阶差分后检验，两种方法都显示差分变量都拒绝了存在单位根的原假设。因此可以认为基本公共服务综合评价指数、人均 GDP、人均财政收入、城市化水平、产业结构、文盲率以及人均专利授予量都是一阶单整过程。

5.2.3 面板协整检验

由于基本公共服务水平、人均 GDP、人均财政收入、城市化水平、产业结构、文盲率以及人均专利授予量都是一阶单整过程，因此接下来需要进行协整检验，以检验这些单整变量是否存在长期的协整关系。本部分运用 Pedroni 法对上述一阶单整变量进行协整检验。具体而言，首先对面板数据进行 OLS 回归估计提取残差，其次通过 Pedroni 对残差进行单位根检验，若残差通过 Pedroni 检验，说明变量间存在长期协整关系。Pedroni 检验其中有 4 个统计量是用组内尺度描述，另外 3 个变量是用组间尺度描述，具体检验结果如表 5－4 所示。

表 5－4 变量的协整检验结果

	Panel-v	Panel-rho	Panel-pp	Panel-ADF	Group-rho	Group-pp	Group-ADF
统计量	4.253	−5.547	−4.932	−3.754	−3.386	−3.447	−2.381
P 值	0.000	0.000	0.000	0.000	0.005	0.004	0.002

Pedroni 检验结果表明，方程通过 1％的显著性检验，即拒绝了变量间不存在长期协整关系的原假设。因此本部分认为该面板模型存在协整关系，可进行回归分析。

5.2.4 空间依赖性检验

通过采用 ESDA 法对中国基本公共服务水平空间分布分析的全局 Moran 指数与局部 Moran 指数检验发现，中国基本公共服务存在强烈的空间正相关性，但是为了进一步确定模型中是否含有空间滞后项与空间误差项，需要进行空间依赖性检验。常用的检验方法为拉格朗日乘数检验，检验过程如图 5－1 所示。

检验结果如表 5－5 所示，Moran 指数为正，P 值为 0.001，说明中国基本公共服务水平存在明显的空间相关性。检验结果发现显示 LM-Error、LM-Lag 的 P 值均为 0，在 1％的显著性水平下均通过检验。因此，需要进一步进行 Robust-LM 检验。在进行 Robust-LM 过程中发现，LM-Error、LM-Lag 的 P 值均为 0，在 1％的显著性水平下均通过检验，所以本部分需要建立空间自回归模型、空间滞后模型与空间杜宾模型。

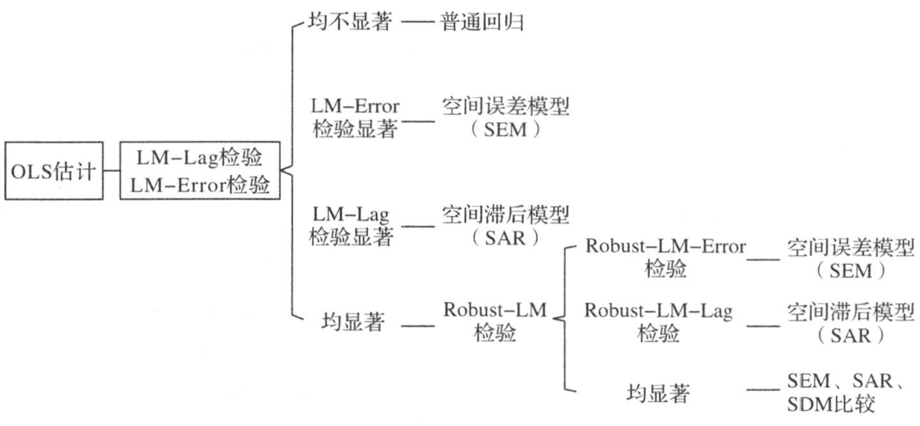

图 5－1　空间依赖性检验判别

表 5－5　空间依赖性检验结果

变量	统计量	p 值
Moran's I	2.553	0.001
LM-Error	121.77	0.000
LM-Lag	85.419	0.000
LM-Error(Robust)	64.385	0.000
LM-Lag(Robust)	28.034	0.000

5.2.5　Hausman 检验

Hausman 检验由于检验固定效应与随机效应，二者区别在于代表个体影响与解释变量是否相关。一般而言，分别建立固定效应模型与随机效应模型，然后通过 Hausman 检验是否应该接受模型为随机效应模型的原假设。检验统计量为 218.763，P 值为 0，在 1%的显著性水平下均拒绝原假设，因此本部分选择固定效应模型(见表 5－6)。

表 5－6　Hausman 检验结果

变量	统计量	P 值
Hausman	218.763	0.000

5.3 模型估计及结果分析

5.3.1 模型估计

根据空间依赖性检验结果可知，本部分需要建立SAR、SEM与SDM模型进行回归分析，模型结果如表5－7所示。从表5－7的回归结果可以看出，OLS模型的R^2最小，而剩余三个模型的R^2均达0.8以上，说明相比较空间计量模型，普通的OLS模型忽视了周围地区基本公共服务对本地区基本公共服务的影响，造成了模型估计、回归结果的偏差。引入空间因素后，其回归系数通过了1％的显著性检验，表明基本公共服务确实存在着空间集聚性。在三个空间计量模型中，空间杜宾模型的R^2为0.814，是四个模型中拟合优度最高的模型；此外，三个空间计量模型的对数似然值中空间杜宾模型为446.687，也是四个模型最好的，所以选用空间杜宾模型作为本部分的最终空间计量模型。

表5－7 中国基本公共服务空间格局影响因素实证结果

变量	OLS	SAR	SEM	SDM
ρ		0.389***	0.298***	0.439***
lngdp	0.564***	0.457***	0.419***	0.391***
lndfcz	0.248**	0.182**	0.151**	0.234**
lncshsp	0.082**	0.058**	0.065**	0.052**
lnchyjg	0.087	0.063	0.079	0.057
lnwml	－0.174***	－0.152**	－0.145***	－0.129***
lnrjzl	0.064*	0.048*	0.059*	0.049*
w * lngdp				0.231**
w * lndfcz				0.191**
w * lncshsp				0.029**
w * lnchyjg				0.021
w * lnwml				－0.053
w * lnrjzl				0.015
R^2	0.758	0.81	0.801	0.814
Log-likelihood	403.673	441.964	433.321	446.687

注：***、**、*分别表示1％、5％、10％水平下显著，表格数据表示各变量的回归系数。

5.3.2 回归结果分析

从表5-7中国基本公共服务空间格局影响因素实证回归结果可知，ρ符号为正通过了1%的显著性检验说明基本公共服务存在空间相关性，解释了中国基本公共服务“东高西低”的集聚特性。人均GDP、人均财政收入、文盲率、城市化水平以及人均专利授权数量均通过1%和5%的显著性检验，说明这些变量对基本公共服务空间格局的形成存在影响，实证结果不显著的因素是产业结构。从回归系数的符号看，人均GDP、人均财政收入、产业结构、城市化水平及人均专利授权数量对基本公共服务空间格局的形成存在正向影响，而文盲率对基本公共服务空间格局的形成存在负向影响。从回归系数绝对值来看，人均GDP、人均财政收入以及文盲率对基本公共服务的空间格局的影响高于城市化水平以及产业结构，而产业结构、城市化水平对基本公共服务空间格局的影响高于人均专利授予量。在空间滞后项中，人均GDP、人均财政投入以及城市化水平通过了5%的显著性检验，对基本公共服务空间格局具有显著的影响。

本部分选用SDM模型分析中国基本公共服务空间格局的影响因素，但是SDM模型的系数并不能直接反应解释变量对被解释变量的解释能力。因此，本部分利用空间杜宾模型自带的直接效应、间接效应以及总效应展开进一步的分析。

直接效应表示模型中本地区各影响因素对基本公共服务空间格局的影响，间接效应表示周边地区各影响因素基本公共服务空间格局的影响，总效应表示各影响因素对基本公共服务空间格局的综合影响。在空间杜宾模型中，各影响因素的直接效应、间接效应和总效应如表5-8所示。

表5-8 空间杜宾模型的效应分解

变量	直接效应	间接效应	总效应
lngdp	0.623***	−0.253***	0.370***
lndfcz	0.323**	0.112**	0.435**
lncshsp	0.028**	0.018**	0.046**
lnchyjg	0.011	0.017	0.028
lnwml	−0.019**	−0.013	−0.032**
lnrjzl	0.019**	0.01	0.029**

注：***、** 分别表示1%、5%水平下显著，表格数据表示各变量的回归系数。

1)基本公共服务空间格局影响因素的直接效应分析

从直接效应看，人均 GDP、人均财政收入、城市化水平以及人均专利授权数量的系数分别在 5%和 1%显著性水平上通过了检验，并且系数为正，表明这些因素对基本公共服务空间格局产生正向的带动作用；文盲率的负向回归系数表明它对空间格局的分布具有负向影响。

一个区域的经济发展水平是当前综合实力与历史发展实力的综合反映，在没有区位优势突变的条件下，经济发展水平体现着该区域的区位优势。一般经济发展水平较高的区域是优秀的软实力、优良的区位优势和雄厚的经济实力的综合体，这是基本公共服务进行空间配置时的重要影响因素。雄厚的区域财政收入为该区域增加基本公共服务供给量、改善基本公共服务质量提供了可能；从影响系数看，当区域人均财政收入增加 1%，基本公共服务空间分布水平正向变动 0.323%。城市化水平的提高意味着城市人口数量的扩张和城市规模的扩大，站在基本公共服务供需的视角分析，人口的增加一方面带来了基本公共服务需求的扩张，同时也引起了人口结构的优化；从影响系数看，当城市化率上升 1%时，基本公共服务空间分布水平正向变动 0.028%。文盲率所代表的基本公共服务需求是影响基本公共服务空间分布格局的重要因素，只有当基本公共服务的供给恰好满足其需求才能真正提高基本公共服务水平，优化基本公共服务空间格局。从影响系数看，当文盲率下降 1%时，基本公共服务空间分布水平正向变动 0.019%；不断发展变化的基本公共服务需求正是提高基本公共服务水平的重要动力。人均专利授予量所代表的技术进步对基本公共服务空间格局变迁具有正向影响，随着技术的不断更新，西部内陆等自然环境比较恶劣的地区逐渐通信、通电，改善当地的基本公共服务水平，进而优化中国基本公共服务的空间格局。尽管产业发展带动了人口的转移，但是中国不同区域的产业发展水平并非同步进行的，东部地区主要以发展第三产业为主，而中西部地区主要承接东部地区的产业转型，第二产业居多，不同产业类型对人口变迁的影响是不同的，因而在研究样本期间内，产业发展水平与区域经济发展的非一致性，造成了对基本公共服务空间分布变动影响的不显著。

2)基本公共服务空间格局影响因素的间接效应分析

间接效应也被称为空间溢出效应，空间杜宾模型的效应分解结果显示，只有人均 GDP、人均财政收入、城市化水平在 5%和 1%显著性水平上通过了检验，表明周围地区的这些因素对基本公共服务空间格局产生影响。而文盲率、人均专利授予量、产业结构对基本公共服务空间格局无显著的影响作用。

具体而言，周围区域城市化水平对基本公共服务空间格局的间接影响效应为0.018，说明周围地区城市化水平对基本公共服务水平空间格局优化是有促进作用的。根据经济学里的“以足投票”理论，当周围地区的城市化水平更高时，本地区的居民会自发地向周围地区迁移，用行动来表现自己的偏好。因此，本地区为减少“以足投票”行为的发生，会不断提升本地区的基本公共服务水平，从而达到优化基本公共服务空间格局的效果。人均GDP的间接效应系数为-0.253，且通过了1%的显著性检验，说明临近地区经济发展水平对基本公共服务空间格局具有负作用。地区经济的快速发展在一定程度上可以降低交易成本，因此劳动、资本等生产要素会不断涌向经济发达地区，本地区可利用的各种资源急剧减少，降低了本地区提高基本公共服务的可能。人均财政收入的间接效应为0.112，且通过了5%的显著性检验，这说明财政支出不仅对本地区公共服务资源配置有促进作用，并且具有正外溢效应，其原因可能是由于“学习效应”“示范效应”的存在，临近地区财政收支的增加将刺激本地区同样增加财政收支，因此本地区的基本公共服务水平同样得到提高，进而优化基本公共服务的空间格局。文盲率、产业结构以及技术进步并未通过显著性检验，说明周围地区的文盲率、产业结构和技术进步对基本公共服务空间格局没有影响。文盲率的高低在一定程度上可以反映基本公共服务需求，由于基本公共服务的受众群体主要是本地居民，临近地区的基本公共服务需求很难对其产生影响，比如河北地区居民要求增加城市绿化面积，这种基本公共服务需求很难对临近省份山东产生影响。同样，在不存在某技术全国推广的前提下，周围地区的技术进步很难对本地区的基本公共服务产生影响。

3)基本公共服务空间格局影响因素的总效应分析

从总效应来看，人均GDP对基本公共服务空间格局的影响为正，并且通过了1%的显著性检验，说明本地区人均GDP增加1%，带动本地区的基本公共服务水平提升0.623%，但是降低了周围地区的服务水平，整体而言中国基本公共服务空间格局将变动0.370%。城市化水平对基本公共服务影响的系数为正，并且通过了1%的显著性检验，说明本地区城市化水平提高1%，本地区和周围地区基本公共服务水平将分别提升0.028%与0.018%。人均财政收入对基本公共服务水平的影响为正，通过了5%的显著性检验，直接效应、间接效应均为正，说明人均财政收入的提高有利于优化中国基本公共服务空间格局，而且从整体上看本地区人均财政收入每增加1%，中国基本公共服务空间格局优化0.435%。文盲率仅仅对本地区的基本公共服务水平有影响，对周围地区基本没有影响，但是整体看文盲率越高，基本公共服务空间格局差异越大。专利授予量同样是对中国基本公共服务水平有正向提升作用，但是对周围地区的辐射带动作用不显著。

从总体来看，人均GDP、人均财政收入以及城市化水平对本地区的直接效应远远大于对周围地区的间接效应，说明人均GDP、人均财政收入以及城市化水平对本地区的基本公共服务水平的影响远远大于对周围地区的影响。而文盲率与专利授予量的间接效应为零，说明文盲率与专利授予量仅对本地区基本公共服务有影响。

5.3.3 稳健性检验

为了验证上述实证结果的可信性，替换被解释变量后重复上面的建模和实证分析过程做稳健性检验。将中国基本公共服务综合评价指数替换为东中西三大区域的综合评价指数后利用空间杜宾模型(SDM)展开分析。回归结果如表5－9所示。从回归结果看，ρ 的系数显著为正，说明东部、中部、西部地区的基本公共服务均存在者空间集聚性，本地区的基本公共服务水平受相邻地区基本公共服务水平的影响。各影响因素的显著性同前文分析的基本一致，经济发展水平、财政收入、城市化水平、文盲率以及技术进步是影响基本公共服务空间格局的关键因素，进一步证明本部分全国层面的基本公共服务空间格局演变影响因素分析的测算结果具有可靠性。

表5－9　分区域基本公共服务空间格局影响因素稳健性检验结果

变量	东部	中部	西部	全国
ρ	0.598***	0.224**	0.417***	0.439***
lngdp	0.574***	0.457***	0.419***	0.391***
lndfcz	0.437**	0.182**	0.151**	0.234**
lncshsp	0.109**	0.058**	0.065**	0.052**
lnchyjg	0.238	0.063	0.079	0.057
lnwml	−0.174***	−0.152**	−0.145***	−0.129***
lnrjzl	0.124*	0.048*	0.059*	0.049*
w * lngdp	0.379**	0.256**	0.149**	0.231**
w * lndfcz	0.209**	0.196**	0.276**	0.191**
w * lncshsp	0.183**	0.102**	0.053**	0.029**
w * lnchyjg	0.054	0.109	0.009	0.021

续表

变量	东部	中部	西部	全国
w * lnwml	−0.069	−0.021	−0.021	−0.053
w * lnrjzl	0.036	0.067	0.002	0.015
R^2	0.848	0.741	0.794	0.814
Log-likelihood	464.2	411.76	423.36	446.687

注：***、**、* 分别表示 1%、5%、10%水平下显著，表格数据表示各变量的回归系数。

5.4 实证研究结论

第一，中国省际基本公共服务在空间分布上呈现明显的条带状的分布格局。根据自然间断点分析法将中国基本公共服务划分为 5 个等级，从时点以及周期角度分析 2009—2018 年中国基本公共服务的空间格局变化过程，发现 2008—2019 年中国基本公共服务在空间分布上具有沿着热点区域带状分布、从东往西逐渐降低的阶梯式分布以及核心区域集聚式分布的特征，这种分布格局 10 年间没有发生根本性的改变。如何在全面建成小康社会之际化解东中西三地的基本公共服务差异、实现基本公共服务均等化，是当前需要重点研究的问题。

第二，中国省际基本公共服务存在显著的正的空间依赖性。根据探索性空间数据分析方法，利用全局 Moran 指数和局部 Moran 指数对中国基本公共服务空间格局进行空间依赖性分析。研究发现，中国基本公共服务在省与省之间呈现出显著的空间集聚特征，以高-高类型和低-低类型两种空间集聚类型最为明显，高-高空间集聚类型主要分布在东部沿海地区以及部分中部地区，低-低空间集聚类型主要分布在西部地区。

第三，从全国整体看，在所有影响中国基本公共服务空间格局变动的因素中，经济发展水平、财政收入、科技进步、文盲率和城镇化水平这五个因素最为显著。经济发展水平、财政收入以及城市化水平不仅影响本地区的基本公共服务，而且通过溢出效应同时对周围地区的基本公共服务具有带动作用，而技术进步与文盲率仅仅影响本地区的基本公共服务。故而，在优化中国基本公共服务空间格局时，在加强顶层设计以及区域联动发展的基础上，还需要辅之财政政策以相互协调、相互补充以最终实现基本公共服务均等化目标。

5.5　优化中国基本公共服务空间格局的政策建议

5.5.1　推进区域经济协调发展

结合对中国基本公共服务均等化空间格局的机理分析，以及本部分基本公共服务水平空间格局的影响因素分析可知，经济发展水平的高低是制约基本公共服务水平优劣的核心因素。因此，为了缩小区域基本公共服务差距、优化基本公共服务空间格局，必须从根本入手——缩小区域经济发展差异。首先，中西部地区依托进一步深化改革开放的政策背景，积极利用当地资源禀赋优势和特色产业打造区域核心竞争力，提升区域内生发展动力以谋求区域经济的持续发展。东部沿海及边境省份积极发展沿边、沿海贸易不断扩展市场范围以促进经济发展。其次，“一带一路”倡议、“长江经济带”发展战略等密切了区域间的经济联系，沿线城市通过劳动、技术等要素流动，进一步拓展中西部地区的对外开放空间。此外，京津冀协同发展、粤港澳大湾区建设等区域发展战略为东部地区经济发展增长极极点，不断辐射带动周围地区，进一步提高对外开放和外向型经济发展水平。

积极培育区域发展增长极，由点带面优化基本公共服务空间格局。根据表3-2中国基本公共服务水平综合评价结果可知，虽然整体上中国基本公共服务呈现“东高西低”的空间分布态势，从东部沿海地区到西部内陆空间等级依次降低，圈层结构明显。但是西北地区的陕西省以及西南地区的重庆市与四川省的基本公共服务水平在西部地区相对较高。根据佩鲁的增长极理论，可以将陕西省、四川省以及重庆市培育为区域发展增长极，借助增长极区域的空间极化效应促使陕西省、四川省以及重庆市率先发展，不断提升本地区的基本公共服务的质与量，继而利用增长极的空间扩散效应带动西部周围省区基本公共服务发展，通过由点到面、由局部到整体的方式促进西部地区基本公共服务水平全面提高，最终达到优化中国基本公共服务空间格局、全面提升中国基本公共服务水平的目的。

5.5.2　充分发挥基本公共服务的空间溢出效应

通过对基本公共服务空间格局影响因素的分析可知，本地区的经济发展水平、人均财政收入以及技术水平，不仅仅影响本地区的基本公共服务水平，而且对周围地区的基本公共服务水平有着或促进或抑制的作用，对于优化中国基本公共服务空间格局具有重要作用。因此，政府在制定基本公共服务规划时，必须充分考虑基本公共服务的空间溢出效应。首先，在加强宏观调控的基础上，重视并强化同周围省区的交流与合作，促进劳动、资本等要素的跨省区流动。一方面，以现有的“一带一路”倡议为契机，积极鼓励沿海省区与西部省区达成“一对一”帮扶机制，打破行政壁垒，将自身的先进的基本公共服务发展经验与技术优势不断传导至西部地区，带动西部地区基本公共服务质与量的提升。另一方面，尝试出台相关法律，以法律的形式明确区域间运作模式，进一步加强区域间基本公共服务资源的对接带动、取长补短，最终优化中国基本公共服务空间格局、实现区域间基本公共服务的共同提高。

5.5.3 促进基本公共服务供给主体多元化

在当前经济社会转型升级的新时代背景下，人们对基本公共服务质与量的要求也随之提高，政府作为基本公共服务的唯一供给主体，已经很难完全满足公众与时俱进的多样化需求，这就迫切要求政府改变已有的基本公共服务供给模式，创新公共服务供给体制。西方发达国家的政府虽承担着基本公共服务供给的职责，但仍通过各种机制吸引企业、社会组织广泛参与，形成了公共服务供给主体多元化的模式，比如英国通过公私合营的形式供给地铁等基础设施，日本则建立了专职的公共服务改革机构。

中国国务院曾在 2013 年 7 月 31 日的常务会议上谈论了有关社会力量参与公共服务以及城市基础设施建设的问题，明确提出可以将部分具有较好资质和条件的社会组织与机构纳入公共服务供给方，考虑将部分可以市场化运作的公共服务项目交予其提供。至今也已有很多地区将部分的教育、医疗、就业等公共服务尝试由社会力量参与。若要将部分基本公共服务交以市场化的方式向社会公众来供给，核心是要保障供给能力不下降，关键是要形成完备的运行机制，这就必须要妥善处理好各个方面的关系，兼顾公平与效率并举的情况下使市场与政府达到补充协调的状态，从而建立一套在能够保证基本公共服务充分供给的同时还能维持高效率的运行机制，形成适宜中国现实发展需要的基本公共服务的多元化供给机制。

这涉及的是政府与市场之间的调整，通过市场竞争、合同外包、享用者付费、特许经营等多种手段，实现部分公共服务向社会转移以确保公共服务的供给效率不受影响。首先，依然是要理清政府的职能范围，确定什么领域政府应该全面管控，哪些领域可以交由社会力量参与承担，可以同时与当下进行的放管服改革相结合，优化政府职能，为相关领域的市场化成熟发展创造空间，培育足够力量的市场主体;其次,需要重新审视当前政府与社会组织之间的关系问题,真正让社会组织能够在社会主义市场体系中,按照自身的发展宗旨和目标运行,做到政事分开,政府不直接参与具体领域的事务管理,把直接的管理与服务功能移交到社会组织,政府只需要在过程中把握大的方向,只要确保公共服务的发展方向是有利于全体社会公众福祉的,大可以指导社会力量发挥其作用,从"管控"向"服务"理念转变。

从全流程上来看基本公共服务的供给过程,这其中应该经历由事先的咨询到事后的监督以及问题导向下的责任追究多个阶段。首先,各级政府应以民众的切实需求为办事原则,探索一套合乎民意的基本公共服务供给体制,而建立针对公众需求导向的体制,主要手段便是要增加政府决策的透明度,同时拓宽民意征集渠道等方式提高公众的参与度,另外还可以建立健全专家咨询制度,让问政于专业人士成为有制度保障的机制,降低事前决策的风险;其次,全程监督与评估公共服务的供给,以确认公共服务的供给方在向社会公众提供公共服务时确实达到了相应的质量与效率要求,并依据监督与评估的结果对供给方进行相应的奖惩,对有效满足公共需求的企业或社会组织进行奖励,反之,对于没能按照既定要求满足公共需求的,要进行追责并予以惩戒,真正落实以满足社会公众需求为根本原则的基本公共服务供给体制。

此外,中国还可以借鉴发达国家的经验,通过特许经营、政府间协议、政府出售等多种形式将社会资本引入基本公共服务领域,形成政府主导、市场调节、社会资本补充的基本公共服务供给体制。这不仅能够丰富基本公共服务的资金来源,而且竞争的存在有利于降低基本公共服务领域的垄断程度,提高基本公共服务的资源配置效率。

5.5.4 建立居民良性互动需求表达机制

以需求为导向,提高供给的水平和质量。一方面要从供给端入手不断增加基本公共服务投入;另一方面要从需求端着力精准识别公众需求。当基本公共服务供给与需求吻合时,才能真正提高基本公共服务供给的水平和质量,否则不考虑公众需求的单向基本公共服务供给会造成公共资源浪费。因此,畅通居民需求表达机制是优化基本公共服务空间格局、提高基本公共服务供给水平和供给效率的重要环节。首先,建立自下而上的公众需求反映机制,依托大数据技术,准确分析公众对基本公共服务的偏好及对当前基本公共服务的满意度。其次,根据对公众满意度的分析和实际情况,政府通过自上而下的需求回应机制发现公众需求增长点,并实现对公共服务及时、充足、全面的精准供给。这种自下而上的需求反映机制与自上而下的需求回应机制于一体的良性互动需求表达机制，可以将需求与供给密切契合。第三，在建立自下而上的公众需求反映机制时，应尽可能全面地关注不同群体的需求，特别是弱势群体的需求。由于弱势群体的数量相对较少，其需求往往会被忽视，建议政府设立一个专门部门，负责收集民意，倾听民声，从根本上解决群众的实际困难和满足其基本公共服务需求。

5.5.5 完善基本公共服务的监督考评机制

当公权力缺乏监督时容易滋生腐败、寻租、违法渎职行为，因此完善基本公共服务的监督管理是有效提高基本公共服务水平的重要途径。首先建立完善的基本公共服务监督考评机制，事前对拟建(购买)基本公共服务的项目方案、工程预算以及承接主体的资质条件进行严格考核审查、事中对项目完成度以及项目资金使用等事项实施考核、事后根据综合指标体系对基本公共服务的质量及效果进行长时间的跟踪检测，实现供给全过程、全方位、全环节的时时动态监督。其次，强化公众在基本公共服务监督考核机制中的作用。基本公共服务的最终使用主体是广大人民群众，因此，必须保障公民的监督权力。此外，依托物联网等技术搭建信息平台强化基本公共服务信息披露，有助于及时、系统地披露地方政府行为信息，解决政府间的信息不对称问题。同时，社会公众可以通过信息平台及时了解基本公共服务的理论供给与实际供给情况，规制地方政府的不合规行为。

5.5.6 建立科学的基本公共服务供给效率评价体系

基本公共服务供给效率指的是用同样的支出是否可以提供质量更好，数量更多的基本公共服务。建立科学的基本公共服务供给效率评价体系，首先，应对政府提供基本公共服务的质量和数量与政府财政收入进行比较评价；其次，应对政府提供基本公共服务的过程中的效率进行评价；接着，应对政府提供的基本公共服务产生的福利效应进行评价；最后，应了解民众对其享受的基本公共服务的满意程度，收集民众意见进行评价等。

建立科学的基本公共服务供给效率评价体系不仅可以提高地方政府履行该职责的效率，提高各地区基本公共服务供给水平，同时也可以使得制度优化的效果充分发挥，加快中国基本公共服务均等化进程。

6　城乡经济协调对基本公共服务均等化的影响机制分析

6.1　城乡经济协调对基本公共服务均等化影响的机理分析

6.1.1　城乡经济协调发展是实现基本公共服务均等化的经济基础

1)经济发展水平是实现基本公共服务均等化的必要条件

学术界目前已基本达成共识，认为城乡基本公共服务均等化的实现要建立在一定的经济发展水平上，即不论地方政府的支出偏好如何，不管财政激励和政治激励如何，一定的经济发展水平都是实现基本公共服务均等化的充分条件。这是由于当经济发展水平较低时，政府的财力是十分有限的，提供公共服务的能力必然会受到一定的限制，难以满足社会成员对公共服务的需求，此时不能达到帕累托最优状态，社会福利尚有较大的提升空间。随着经济的进一步发展，政府有能力将更多的财政支出用于提供公共服务，使社会成员享受的公共服务总量增加，结构优化，质量改善，进而提升社会福利，增进国民的幸福指数。就中国的现实而言，一定的经济发展水平更是实现基本公共服务均等化的必要条件之一，具体原因如下：

(1)中国用于基本公共服务方面的公共财政支出少

首先，横向来看，中国在基本公共服务方面的公共财政支出比例偏低。与世界其他国家相比，中国用于基本公共服务的公共支出比例较低。以国家财政性教育经费为例，按照世界其他国家的经验，当国家财政性教育经费占国内生产总值的比例大于4%时，一国用于教育方面的支出才是适宜的，而中国1992—2011年这一比例一直低于4%，2012年这一比例为4.28%，略高于4%的分界点。但是，长期以来对教育投入不足的问题不可能因一时投入的增加而得到解决。从根本上讲，这是一个分配蛋糕的问题。当蛋糕整体不够大的时候，繁杂的支出使得入不敷出，必然难以满足某些方面的支出。因此，只有将蛋糕做大做好，才能从根本上解决问题。

其次，中国城乡公共财政支出差距悬殊。中国农村地区广大，农民人数众多，但其享受到的基本公共服务却十分有限，政府用于农村地区的公共财政支出远远低于城市地区。在二元经济结构中，政府在政策选择时具有很强的城市偏向性，这是因为城市地区的经济发展对一国经济增长的边际效用大于农村地区，这更加固化了这种行为选择。而这种城市偏向性的政策对于城乡收入与基本公共服务的差距会产生加剧作用。新中国成立以来，中国一直实行的就是以城市为中心的发展战略，用于城市地区的公共财政支出也要大大高于农村地区。公共财政支出的偏向性反映了二元经济结构国家在发展经济过程中的困境，其根本原因在于在经济发展的初中级阶段，有限的资源是难以满足全社会的需求，必然会出现顾此失彼的情况。

(2)中国基本公共服务城乡差距大

从现实来看，中国城乡居民在享受基本公共服务方面存在城市居民享受“高福利”，而农村居民处于“低福利”甚至“负福利”状态的问题。诚如上文所述，这一问题是二元经济结构的顽疾。解决这一问题的关键在于提高农村居民的福利水平，逐步缩小城乡居民在基本公共服务方面的差距，进而实现高水平的基本公共服务均等化。具体来讲，需要在保证城市基本公共服务供给的基础上加大对农村基本公共服务的资源投入，即在城市地区居民福利水平不下降的前提下，增加农村地区基本公共服务方面的支出，以此促进农村居民福利的增长。在操作层面，用于农村地区基本公共服务方面的支出是需要公共财政主导，参与分配的，这就需要足够的财政收入的支持，需要一个保持稳步增长的强大经济体的支撑。

(3)基本公共服务均等化必须是可持续的

基本公共服务均等化存在一个可持续性的问题。我们要实现的公共服务均等化是要长期维持下去的，必须具备可持续性。即用于基本公共服务均等化的支出是长期存在的，直至这一目标的实现。这一问题对经济发展水平的要求就更为迫切，没有雄厚的财力基础是难以实现的，需要一个处于稳步增长通道的经济体和强大的物质基础的保障。如果没有坚实的经济基础，即使有均等化的努力，最终也会流于形式，难以为继。可见，只有以发达的生产力作为基础，一个国家才具备实现城乡基本公共服务均等化所需的社会资源。

2)城乡经济协调发展是实现基本公共服务均等化的基础

(1)城镇化有利于降低实现基本公共服务均等化的成本

城镇化是指伴随着社会经济的发展和工业化进程的推进，人类社会活动中农业活动的比重下降，非农业活动的比重上升的过程。伴随着经济结构的变动，人口出现大规模流动,乡村人口逐步减少,城镇人口不断上升;产业结构也随之变化,第二、三产业成为一国或地区的经济支柱。人口和产业的聚集会产生显著的规模效应,使得私人和公共投资的平均成本和边际成本得以大幅度降低,这就为基本公共服务的普及和公共服务质量的提高奠定了基础,从而有利于实现城乡基本公共服务的均等化。

(2)城镇化水平高低对基本公共服务均等化程度有重要影响

横向来看,当一国的城镇化发展水平较高时,其城乡基本公共服务均等化往往也处于较高的层次。世界其他国家的经验证实,城镇化发展水平较低时,城乡经济存在较大差距,公共服务的供给也存在显著的不协调;当城镇化发展水平逐渐上升时,农村经济逐步实现规模化与集约化,经济发展水平上升,与城市地区差距缩小,进而城乡间基本公共服务的差距也逐渐缩小,直至差距消失或存在较小差异。

此外,我们认为存在城乡基本公共服务不均等的城镇化是不符合城镇化要义的,也是不完善的。城镇化是以城乡经济的协调发展为基础的,只有实现城乡经济协调发展才能实现城镇化,进而促进城乡基本公共服务均等化。

(3)反证法

反观现实,城乡二元经济体制与二元社会体制是造成中国城乡基本公共服务非均等的重要原因。城乡经济的非协调发展造成基本公共服务非均等的实现路径:第一,历史欠账。新中国成立后,中央政府便确立了优先发展城市和重工业的战略方针,忽视农业发展和农民的利益,利用农产品的“剪刀差”为城市和重工业发展提供廉价的原材料等,以农村经济的落后作为代价,实现了城市经济的快速发展,造成了城乡经济的二元特征。新中国成立以后的很长一段时间里,乡镇政府以收“提留”等形式筹集农村各项公共服务所需资金,农村公共产品和服务基本依靠农民自筹实现,农村经济水平落后,能力有限的集体提供不了充足高质量的公共服务,导致了城乡基本公共服务的非均等化。此外,以户籍归属来确定公民福利待遇的二元社会制度和长期以来的路径依赖加剧了非均等化的程度。第二,现实制约。城乡经济的非协调发展从短期来看实现了经济的快速增长,但是目前已成为制约中国经济发展的一大瓶颈,致使实现基本公共服务均等化所需资金的缺位,同时积累了各种社会问题。在当前经济新常态时期,这一问题更要引起我们的重视。因此,二元经济结构导致城乡经济非协调发展制约着基本公共服务均等化的实现,即基本公共服务均等化要建立在城乡经济协调发展的基础上。

6.1.2　实现基本公共服务均等化有利于促进城乡经济协调发展

1)有利于城乡经济协调水平的提升

从现实来看，实现城乡基本公共服务的均等化主要依赖于增加对农村的基本公共服务供给，而农村基本公共服务供给对农村经济发展具有显著的促进作用。其影响途径包括：

(1)对农村硬环境的投资有利于改善农村环境

这里所述对农村硬环境的投入包括水利、道路等公共基础设施投资。对水利的投资可以有效改善农村的生产环境，对改变农村地区"靠天吃饭"的问题能起到一定的积极作用，实现农业收入的稳定性，促进农村地区经济的发展。对农村地区道路的公共投资不仅能够便利农村居民的生活，还有助于改善其投资环境，为农村产业链的完善提供完善的交通运输条件，促进对农村地区的投资，直接促进农村经济的发展，逐步缩小与城镇地区经济差距，对实现城市和农村之间人口、资金与生产要素的自由流动具有十分重要的意义。

(2)对农村软环境的投资有助于有效提升农民素质

这里所述对农村软环境的投资包括基础教育投资、医疗卫生投资和基本社会保障投资等。

对农村地区基础教育的投入可以有效提高农民的受教育水平和文化素质，对于新型农民的培养和农民收入的提高有着重要意义。人作为生产关系变革的主体，其能力和素质的提高将对农村生产关系的变革发挥巨大的推动作用，继而推动农村生产力的发展。此外，对于农业转移人口而言，稳定的收入是其留在城市的关键因素，而一定的教育水平能够向雇主发出自己能力较强的信号，减少其搜寻工作的成本，增加工作收益，为城镇化的发展提供充沛的人力资源。

农村地区医疗卫生的投资可以帮助农民实现疾病的预防和治疗，对提高农村地区居民的健康水平具有十分重要的意义。医疗卫生投资可以提升农村地区的医疗保健水平，健康的体魄是进行生产和生活的根本因素，进而促进农民增收与农村地区经济发展。

对农村地区基本社会保障的投资可以实现农村居民的"病有所医"和"老有所养"，有助于农民生活与消费习惯的改变。基本社会保障投入可以减少农村地区中低收入群体"因病致贫""因病返贫""老无所依"等的现象，为农村居民提供一定的保障，增强农民的安全感，减少农村居民大幅度储蓄以应对疾病和养老的状况，逐步影响其消费习惯，从而拉动农村地区需求，促进农村经济乃至整体经济发展。

因此，增加对农村地区基本公共服务的供给有利于提升农民素质，改善农村环境，改变农民消费与生活习惯，促进农村地区经济发展，缩小其与城市地区的差距，从而实现城乡经济的协调发展。

2)是打破城乡二元结构、缩小城乡差距的重要途径

中国的城乡差距不仅体现在城乡居民可支配收入的差距方面，更体现在其享受的基本公共服务方面。如果包含基本公共服务的差异，中国的城乡差距会更大。相关研究表明，基本公共服务因素对中国城乡收入差距的影响约为30%～40%。以2013年的数据为例，中国城乡居民收入差距比为3.03∶1，若将基本公共服务的差距计算在内，城乡差距将扩大至5.30∶1。即城乡基本公共服务非均等以一种隐性的方式加大了城乡居民的实际收入差距，同时加大了城乡居民间的福利差异。因此，城乡基本公共服务均等化的实现关系到农民收入的提高、社会的协调发展、人的全面发展和社会全面进步的实现，对逐步改变城乡二元经济结构实现城镇化具有深远的现实意义。

综上，我们得到了城乡经济协调发展与基本公共服务均等化间的双向互动关系：城乡经济协调发展是基本公共服务均等化的基础，城乡基本公共服务均等化有助于经济协调发展的实现。要发挥城镇化引领未来中国经济的作用，就须使两者相互促进，共同发展。下文将利用耦合与协调模型分析两者的互动程度。

6.2　城乡经济发展促进基本公共服务均等化的现状分析

6.2.1　城乡经济发展现状

1)固定资产投资严重不均

如表6-1所示，2010—2018年，全社会固定资产投资中农村固定资产投资只占很小的一部分。如2018年全社会固定资产投资规模为645675亿元，而其城镇固定资产投资规模为635636亿元，农村固定资产投资规模仅为10039亿元，仅占总投资的1.5%。

表 6-1 2010—2018 年全社会和城镇固定资产投资规模变化趋势 单位:亿元

固定资产投资	2010	2011	2012	2013	2014	2015	2016	2017	2018
全社会	251684	311485	374695	446294	512021	562000	606466	641238	645675
城镇	241431	302396	364854	435747	501265	551590	596501	631684	635636

数据来源:《2019 年中国统计年鉴》。

2)城乡三次产业结构与产值差异明显

(1)产业结构存在本质不同

城市地区在产业结构上以第二、三产业为主,而农村地区多以第一、二产业为主,且第二产业所占比重较小。依据发达国家的经验,成熟的产业结构应是以第三产业为主,此时第三产业在国内生产总值中所占的比重为 60%~80%。表 6-2 显示了中国 2010—2018 年按三次产业划分的国内生产总值构成,2013 年第三产业比重首次超过了第二产业。鉴于此,中国城市与农村都面临着产业结构升级的问题与挑战。

表 6-2 2010—2018 年按三次产业划分的国内生产总值构成 单位:%

三大产业比重	2010	2011	2012	2013	2014	2015	2016	2017	2018
第一产业	9%	9%	9%	9%	9%	8%	8%	8%	7%
第二产业	46%	47%	45%	44%	43%	41%	40%	41%	41%
第三产业	44%	44%	45%	47%	48%	50%	52%	52%	52%

数据来源:《2019 年中国统计年鉴》。

(2)三次产业产值存在显著差异

由表 6-3 可知,中国第一产业产值较低,与第二、三产业相比差距较大。因此下一步发展的重点应集中在提升第一产业附加值、完善产业链方面,以此促进第一产业与农村地区的发展。

表 6-3 2010—2018 年按三次产业划分的国内生产总值 单位:亿元

各产业总值	2010	2011	2012	2013	2014	2015	2016	2017	2018
第一产业	38430.8	44781.4	49084.5	53028.1	55626.3	57774.6	60139.2	62099.5	64734.0
第二产业	191629.8	227038.8	244643.3	261956.1	277571.8	282040.3	296547.7	332742.7	366000.9
第三产业	182058.6	216120.0	244852.2	277979.1	308082.5	346178.0	383373.9	425912.1	469574.6

数据来源:《2019 年中国统计年鉴》。

3)城乡消费水平与结构显著异化

(1)城乡居民消费水平对比明显

如表 6-4 所示,2013—2018 年农村居民人均消费支出与城镇居民差距较大,所有年度,农村居民人均消费支出仅为城镇居民人均消费支出的一半不到。

表 6-4 2013—2018 年城乡人均消费支出对比 单位:元

人均消费支出	2013	2014	2015	2016	2017	2018
城镇	18487.5	19968.1	21392.4	23078.9	24445.0	26112.3
农村	7485.1	8382.6	9222.6	10129.8	10954.5	12124.3

数据来源:《2019 年中国统计年鉴》。国家人均消费支出口径从 2013 年以后变化。

表 6-5 所示的 2013—2018 年城乡人均总收入对比情况。2013 年,城镇居民的人均消费支出约占其人均总收入的 70%,农村居民的人均消费支出约占其人均总收入的 79%;2018 年,城镇居民的人均消费支出约占其总收入的 67%,农村居民的人均消费支出约占其人均总收入的 83%。城乡间居民消费水平对比明显,且农村居民收入余裕程度受限。

表 6-5 1990—2013 年城乡人均总收入对比 单位:元

人均总收入	2013	2014	2015	2016	2017	2018
城镇	26467.0	28843.9	31194.8	33616.2	36396.2	39250.8
农村	9429.6	10488.9	11421.7	12363.4	13432.4	14617.0

数据来源:《2019 年中国统计年鉴》。

(2)城乡居民消费结构不同

图 6－1 所示的城乡恩格尔系数对比可以看出城镇与农村在消费结构上存在一定的差距。城镇居民花在食品方面的支出低于农村地区，根据恩格尔定律，这表明农村居民的收入较城市依旧不足。

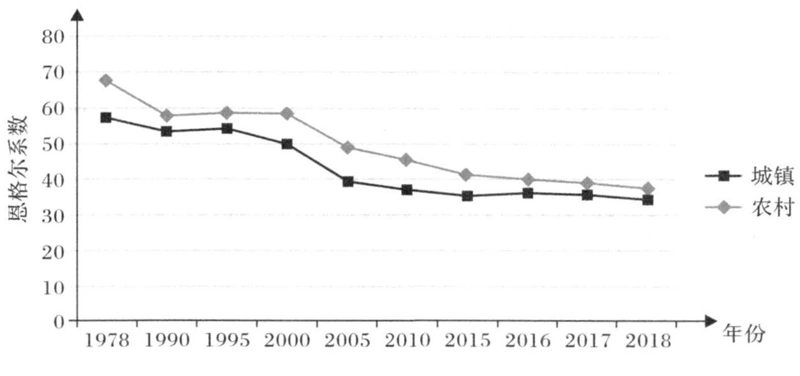

图 6－1　1978—2018 年城乡恩格尔系数变化趋势(%)

如果说图 6－1 给出的只是一个城乡消费结构不同的概况，那么，表 6－6、表 6－7的对比则显示了其内在差异。城镇和农村居民人均消费支出构成的前三位分别是食品、居住和交通通信。对比可见，农村地区的医疗保健支出比例高于城镇地区，这也暴露出中国医疗卫生保障服务方面的一些弊端，应向城乡提供大致均等的医疗服务。最后，城镇居民的衣着和其他支出比例高于农村，这也显示了两者消费结构的不同，城镇居民在消费需求开发方面优于农村居民。

表 6－6　2013—2018 年城镇居民人均消费支出构成

项目	2013	2014	2015	2016	2017	2018
食品	30.1%	30.0%	29.7%	29.3%	28.6%	27.7%
衣着	8.4%	8.1%	8.0%	7.5%	7.2%	6.9%
居住	23.3%	22.5%	22.1%	22.2%	22.8%	24.0%
家庭设备及用品	6.1%	6.2%	6.1%	6.2%	6.2%	6.2%
交通通信	12.5%	13.2%	13.5%	13.8%	13.6%	13.3%
文教娱乐	10.8%	10.7%	11.1%	11.4%	11.6%	11.4%
医疗保健	6.1%	6.5%	6.7%	7.1%	7.3%	7.8%
其他	2.7%	2.7%	2.7%	2.6%	2.7%	2.6%

数据来源：《2019 年中国统计年鉴》。

表 6－7　2013—2018 年农村居民人均消费支出构成

项目	2013	2014	2015	2016	2017	2018
食品	34.1%	33.6%	33.0%	32.2%	31.2%	30.1%
衣着	6.1%	6.1%	6.0%	5.7%	5.6%	5.3%
居住	21.1%	21.0%	20.9%	21.2%	21.5%	21.9%
家庭设备及用品	6.1%	6.0%	5.9%	5.9%	5.8%	5.9%
交通通信	11.7%	12.1%	12.6%	13.4%	13.8%	13.9%
文教娱乐	10.1%	10.3%	10.5%	10.6%	10.7%	10.7%
医疗保健	8.9%	9.0%	9.2%	9.2%	9.7%	10.2%
其他	1.9%	1.9%	1.9%	1.8%	1.8%	1.8%

数据来源:《2019 年中国统计年鉴》。

4)城乡居民收入差距偏大

(1)城乡地区间收入差距上升

中国的改革开放政策是以东部地区作为“大本营”开始的，因其具有的优越地理环境而逐步成为中国改革的前沿，并成为“先富”地区。在改革开放前期，东部地区为中国经济增长贡献了极大的力量。然而，随着对发展质量以及公平正义诉求关注度的上升，地区间的差距逐渐被各种社会力量认识到。

就地区间收入差距而言，2010—2018 年东部地区，不论是城镇还是农村，其居民可支配收入均高于其他地区，这种趋势还在继续，具体数据参见表 6－8、表 6－9。具体到城镇居民可支配收入来讲，中西部以及东北地区的相似性比较强，差距也比较小，而东部地区一直处于遥遥领先的地区。

表 6－8　2010—2018 年地区间城镇居民可支配收入变化趋势　　单位:元

地区	2010	2011	2012	2013	2014	2015	2016	2017	2018
东部地区	23272.8	26406.0	29621.6	31152.4	33905.4	36691.3	39651	42989.8	46432.6
中部地区	15962.0	18323.2	20697.2	22664.7	24733.3	26809.6	28879.3	31293.8	33803.2
西部地区	15806.5	18159.4	20600.2	22362.8	24390.6	26473.1	28609.7	30986.9	33388.6
东北地区	15941.0	18301.3	20759.3	23507.2	25578.9	27399.6	29045.1	30959.5	32993.7

数据来源:《2019 年中国统计年鉴》。

在农村居民可支配收入方面，东中西部以及东北地区都存在较大差异。总体来讲，东部地区农村居民可支配收入最高，西部地区最低，两者的比值接近于2.0，表示中国地区间农村居民收入差距显著，具体如表6-9所示。

表6-9 2010—2018年地区间农村居民可支配收入变化趋势 单位：元

地区	2010	2011	2012	2013	2014	2015	2016	2017	2018
东部地区	8142.8	9585.0	10817.5	11856.8	13144.6	14297.4	15498.3	16822.1	18285.7
中部地区	5509.6	6529.9	7435.2	8983.2	10011.1	10919.0	11794.3	12805.8	13954.1
西部地区	4417.9	5246.7	6026.6	7436.6	8295.0	9093.4	9918.4	10828.6	11831.4
东北地区	6434.5	7790.6	8846.5	9761.5	10802.1	11490.1	12274.6	13115.8	14080.4

数据来源：《2019年中国统计年鉴》。

(2)城乡间差距扩大

从全国的数据来看，1978—2018年间，城乡间收入差距比有波动，但整体上呈现出一种上升的趋势，如图6-2所示。2010年至今，城乡收入差距比逐步下降，但目前中国经济面临新常态，农民增收存在较大难度。因此，中国城乡间收入差距的缩小还面临着十分重大的挑战。

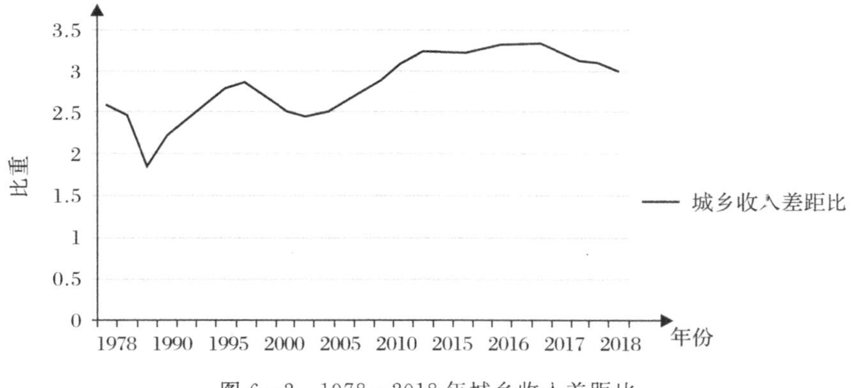

图6-2 1978—2018年城乡收入差距比

(3)城市和农村内部贫富差距悬殊

在城市和农村内部的收入差距同样十分突出。对城镇居民和农村居民收入进行分组后,发现组与组之间存在较大的差距,收入最低组与最高组更是相差甚远。如表 6-10、6-11 所示。

表 6-10 按收入分组的 2010—2018 年城镇居民人均可支配收入变化趋势 单位:元

分组	2010	2011	2012	2013	2014	2015	2016	2017	2018
低收入户	7605.2	8788.9	10353.8	11133.7	11219.3	12230.9	13004.1	13723.1	14386.9
中等偏下户	12702.1	14498.3	16761.4	18482.7	19650.5	21446.2	23054.9	24550.1	24856.5
中等收入户	17224.0	19544.9	22419.1	24518.3	26650.6	29105.2	31521.8	33781.3	35196.1
中等偏上户	23188.9	26420.0	29813.7	32415.1	35631.2	38572.4	41805.6	45163.4	49173.5
高收入户	41158.0	47021.0	51456.4	56389.5	61615.0	65082.2	70347.8	77097.2	84907.1

数据来源:《2019 年中国统计年鉴》。

表 6-11 2010—2018 年农村居民人均可支配收入变化趋势 单位:元

分组	2010	2011	2012	2013	2014	2015	2016	2017	2018
低收入户	1869.8	2000.5	2316.2	2583.2	2768.1	3085.6	3006.5	3301.9	3666.2
中等偏下户	3621.2	4255.7	4807.5	5516.4	6604.4	7220.9	7827.7	8348.6	8508.5
中等收入户	5221.7	6207.7	7041.0	7942.1	9503.9	10310.6	11159.1	11978.0	12530.2
中等偏上户	7440.6	8893.6	10142.1	11373.0	13449.2	14537.3	15727.4	16943.6	18051.5
高收入户	14049.7	16783.1	19008.9	21272.7	23947.4	26013.9	28448.0	31299.3	34042.6

数据来源:《2019 年中国统计年鉴》。

就城镇地区而言,2010—2018 年,低收入户的人均可支配收入大约只有高收入户的 1/5,中等收入户的 1/2。另外,从增长趋势来看,与 2010 年相比,2018 年低收入户人均可支配收入增加的绝对值为 6781.7 元,增加了 89%;而同期高收入户人均可支配收入增加的绝对值为43749.1,增加了106%。按照此路径,短期内此差距不可能得到缓解与改善。鉴于低收入户的弱风险承受能力,其一旦遇到重大疾病或意外,对家庭的冲击是非常大的。

至于农村地区,差异就更为明显了。表6-4所示数据比表6-3的数据具有更大的方差和波动性。2010—2018年,低收入户的居民人均可支配收入甚至只相当于高收入户的1/10,中等收入户的1/3。从时间序列上讲,与2010年相比,2018年低收入户人均可支配收入仅增长1796.4元,考虑到通货膨胀的影响,这一增长对低收入户居民生活的改善是十分有限的;同期高收入户人均可支配收入增加了19992.9元。农村低收入户低起点、缓增长的收入态势为改善农村居民生活,实现城乡经济的协调发展更添难题。

最后,将表6-10、表6-11进行对比,我们不难发现其中更大的城乡收入差距。就2018年的数据而言,农村中等偏上户的人均可支配收入仅相当于城镇地区低收入户的水平。

6.2.2 城乡基本公共服务供给现状——以陕西省为例

1)城乡基础公共服务供给总体情况

2013年,陕西省颁布实施了首部基本公共服务体系中长期规划,并提出把基本公共服务制度作为公共产品向全民提供,初步构建了覆盖全民、以基本公共服务项目及标准为核心的制度体系,为全省民生保障和社会治理体系建设奠定了坚实基础。陕西省人民政府根据国家《"十三五"推进基本公共服务均等化规划》和《陕西省基本公共服务体系规划(2013—2020年)》《陕西省国民经济和社会发展第十三个五年规划纲要》等文件纲要,于2018年6月印发了《陕西省"十三五"推进基本公共服务均等化规划》文件,文件中对陕西省基本公共服务的领域进行了划分,包括基本公共教育、基本劳动就业创业、基本社会保险、基本医疗卫生、基本社会服务、基本住房保障、基本公共文化体育、残疾人基本公共服务等方面,用以规划公共服务的范围并对质量监督提出了相应的指标依据。

自"十二五"以来,陕西省的综合经济水平快速发展,各项社会事业也蓬勃开展,人民生活质量也显著提高,基本公共服务各领域也取得了明显的进展:

各级各类教育迅速发展,学前教育基本普及,义务教育协调发展取得重大进展,主要劳动力平均受教育年限达到12.94年。就业规模持续扩大,公共就业服务体系不断完善,累计城镇新增就业216.04万人,新增农村劳动力转移就业125.5万人,发放小额担保贷款319.4亿元。城乡社会保障制度全面建立,社会救助体系不断完善，企业退休人员基本养老金不断提高，全面落实孤儿基本生活保障和残疾人生活补贴，率先建立殡葬补助制度。医药卫生体制改革深入推进，率先启动县级公立医院综合改革，免费基本公共卫生服务项目全面实施，城乡基层医疗卫生服务体系逐步健全，每千人口床位数由 2011 年的 3.94 张增加到 5.59张。城乡居民居住条件明显改善，保障性安居工程大规模实施，连续两年建设规模位居全国前三位，共开工 89.12 万套，完成目标任务的 104.4%，完成投资 1391.8 亿元，初步形成了以廉租房、公共租赁房、经济适用房、限价商品房四类保障性住房和普通商品房组成的、覆盖不同收入阶层的住房供应体系。农村危房改造 52.8 万户，农村困难群众的住房条件大幅改善。新建和维修改造住宅 596.9 万平方米，安置居民 8.88 万户。城乡公共文化服务体系逐步健全，服务保障能力有效提升。全省 1742 个公共图书馆、美术馆、文化馆(站)向社会免费开放，全省博物馆数量已达 253 座，免费开放博物馆 149 座，年接待观众 3000 万人次以上。建成标准农家书屋 27364 个，提前三年完成全覆盖任务。实施城市社区全民健身器材配送工程 1218 个，村级农民体育健身工程 6454 个，受益人口达千万人。

总体来看，近年来陕西省通过大力实施民生工程，有效推动了公共服务体系建设，人民群众“上学难、看病难、就业难”等问题有所缓解，在“幼有所育、学有所教、劳有所得、病有所医、老有所养、住有所居、弱有所扶”上取得了新进展。

2)城乡基础教育资源分配悬殊

义务教育是世界各国通行的国民教育制度，中国实行九年义务教育制度。然而，在城乡中国的基础教育资源存在着分配不均的现象。首先，城市地区教育的硬性设施要优于农村地区，包括图书馆建设、计算机配备等。其次，城市地区教育的软环境要好于农村地区。城市各级学校以其便利的生活条件以及较高的薪酬等能够吸引大量人才，高学历老师所占比例较高，而农村地区的教师水平参差不齐，且小学中多有代课老师。图 6-3 所示的城乡普通初中生均专任教师比也表明截至 2018 年，城市普通初中生均专任教师数约是农村的 1.5 倍。同时，图中显示这一比值呈现出下降趋势，充分肯定了政府在城乡教育均等化领域的努力。

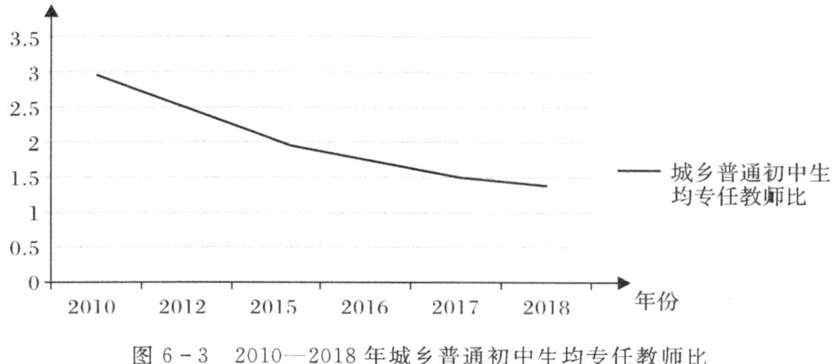

图 6-3 2010—2018 年城乡普通初中生均专任教师比

3)城乡社会保障水平差距明显

一直以来,中国农村的养老保险制度采取的是农民自我储蓄的方式,集体和国家很少参与,农民的老年生活长期得不到保障,很多老人孤苦无依,生活艰难。同期,城镇地区居民则有完善的养老保险制度的支持。2009 年,中国开始实施新农保试点,正式建立社会保障方面的惠农政策。2012 年 8 月,又将新农保与城镇居民社会养老保险合并成为社会养老保险,这是中国在城乡基本公共服务均等化方面的又一次努力与尝试。

与城镇地区多年运行的成功经验对比来看,新农保乃至社会养老保险在农村地区的实施过程中还存在着很多问题,诸如补贴水平较低、综合配套措施和服务滞后、农村居民的养老负担依旧较重等。

4)城乡基本医疗卫生资源配置失衡

(1)城乡人均卫生费用差距悬殊

如图 6-4 所示,1990—2018 年,城市与农村人均卫生费用均在增长。然而,城市地区的增长速度明显快于农村地区,两者之间的差距一度有拉大的趋势。

(2)城乡医疗资源配置不协调

在医疗资源的配置上,城市地区在硬件方面,诸如医疗设施,具有很大的优势。如表 6-12 所示,城市与农村在卫生医疗机构床位数方面差距明显。2010—2018 年,城市每千人口医疗卫生机构床位数约为农村地区的 2 倍。

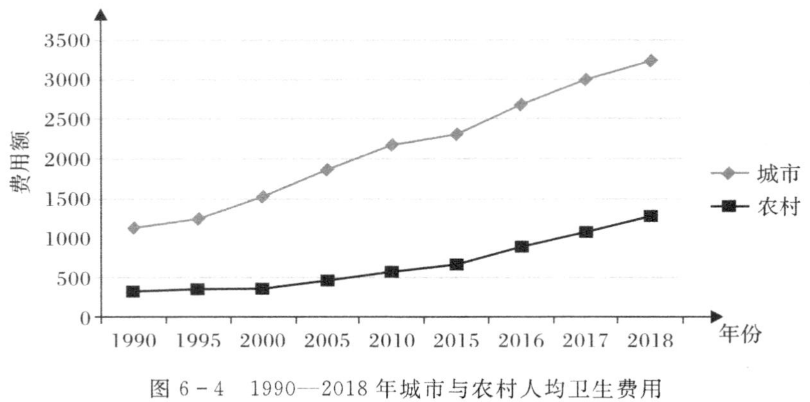

图 6 - 4　1990—2018 年城市与农村人均卫生费用

表 6 - 12　2010—2018 年城市与农村每千人口卫生医疗机构床位数　单位:个

每千人口医疗卫生机构床位数	2010	2011	2012	2013	2014	2015	2016	2017	2018
城市	5.94	6.24	6.88	7.36	7.84	8.27	8.41	8.75	8.70
农村	2.60	2.80	3.11	3.35	3.54	3.71	3.91	4.19	4.56

数据来源:《2019 年中国统计年鉴》。

在卫生人员配备方面,农村地区也是远远落后。表 6 - 13 所示表明了城市与农村每千人口卫生技术人员数量方面的差异。此外,考虑到人员素质,城市地区的医疗卫生保障更是优于农村地区。

表 6 - 13　2010—2018 年城市与农村每千人口卫生技术人员　单位:人

每千人口卫生技术人员	2010	2011	2012	2013	2014	2015	2016	2017	2018
城市	7.62	6.68	8.54	9.18	9.70	10.21	10.79	10.87	10.91
农村	3.04	2.66	3.41	3.64	3.77	3.90	4.04	4.28	4.63

数据来源:《2019 年中国统计年鉴》。

6.2.3　城乡基本公共服务水平评价

1)指标选取

在对城乡基本公共服务水平进行测度时,需要相应的指标评判的依据。查阅现有的文献资料以及国家、陕西省印发的各类关于基本公共服务的文件，根据投入、产出与效果相结合的原则，在陕西省各地市基本公共服务一级指标下，整合5个二级指标：基本医疗卫生、社会保障与就业、基本公共教育、公共文化体育、市政基础建设，每个二级指标分别下设2～5个三级指标以将大类中的内容具体化、数量化，具体如表6-14所示。

表6-14 城乡基本公共服务水平评价指标体系

一级指标	二级指标	三级指标	指标方向
基本公共服务	基本医疗卫生	每万人拥有卫生机构床位数	正向指标
		每万人拥有卫生技术人员数	正向指标
		人均医疗卫生财政支出	正向指标
	社会保障与就业	城镇职工养老保险参保率	正向指标
		人均社会保障与劳动就业财政支出	正向指标
	基本公共教育	小学生师比例	逆向指标
		中学生师比例	逆向指标
		人均教育财政支出	正向指标
	公共文化体育	人均公共图书馆藏书量	正向指标
		人均文化体育传媒财政支出	正向指标
	市政基础建设	城市人均公园绿地面积	正向指标
		城市人均道路面积	正向指标
		人均互联网宽带使用量	正向指标
		人均移动电话拥有量	正向指标
		每万人公共汽车运营量	正向指标

(1)基本医疗卫生

在该一级指标下，考虑到基本公共服务的普惠性与基础性，选择年度财政支出用于医疗卫生的人均数额作为投入类三级指标，选取每万人拥有的卫生机构床位数以及每万人拥有的卫生技术人员数作为产出类指标，部分研究中还采用出生率和死亡率的指标，而现阶段各地区的出生率与死亡率相差不大，该指标的对比性并不明显，故而不予采用，仅使用所列的三项作为基本医疗卫生的三级指标。

(2)社会保障与就业

社会保障所涉及的项目较多，包括了社会保险、社会救助、社会福利以及社会优抚等四类，在此处我们选取最有代表也最为重要的社会保险作为衡量指标，而在社会保险中，养老保险和医疗保险无疑是最重要的两个险种，现阶段中国的医疗保险（含城镇职工医疗保险、城镇居民医疗保险和新型农村医疗保险）基本实现了全覆盖，且保障力度差异不大，养老保险中的城乡居民养老保险也已基本实现了全覆盖，但其保障力度较低，与城镇职工养老保险（含机关事业单位）有较大差距，且各市间存在一定的差异，故而在此处选取城镇职工养老保险作为一项指标；另外，较多的地区选择城镇失业率作为一项指标，而根据所得数据显示，各市区间的失业率几乎无差异，难以构成有效的衡量指标，因而在此次与社会保障合并选取财政支出用于社会保障与就业的人均数额作为另一项指标。

(3)基本公共教育

在基本公共教育领域，主要选取了中小学教师与学生的比例作为指标以衡量各市的师资配备情况，在一些研究中也选取了校舍面积、学校资产等数据作为指标，由于校舍面积在近年的一些学校合并中，使得该项指标代表的实际意义降低，而学校资产作为一种投入类的指标，与财政支出也有较强正相关，限于数据可得性便不作为指标列示，选取财政支出用于教育的人均数额作为另一项指标。

(4)公共文化体育

文化是一个国家、一个民族的灵魂。文化兴国运兴，文化强民族强。文化作为一种推动社会进步的力量也是基本公共服务的一项内容。在此项指标中，我们选取人均公共图书馆藏书量以及财政支出用于文化传媒与体育的人均数额作为三级指标，在一些研究中，文化站数量以及广播电视覆盖率也会作为一项指标进行考察，而这些数据以及在各市间几乎没有变化或没有差距，选取的意义并不大，因而不予采用。

(5)市政基础建设

在此项指标中，包含了基础设施建设、环境、信息化等方面的内容，在三级指标的选取上，基础设施方面选取人均道路面积和每万人拥有公共汽车运营量、基本环境公共服务方面选取城市人均公园绿地面积、信息化服务方面选取人均互联网宽带使用量和人均移动电话拥有量作为三级指标。

通过以上 15 个三级指标构成 5 个二级指标，分别衡量各市区 2010—2018 年度各项基本公共服务的水平，数据主要来源于中国城市统计年鉴、中国统计年鉴、陕西省财政厅提供数据、陕西统计年鉴、陕西区域统计年鉴、各地市统计公报等。

2)结果与评价

根据熵权法测算基本公共服务综合水平，可以分别计算出2010—2018年度陕西省10个地市在基本医疗卫生、社会保障与就业、基本公共教育、公共文化体育、市政基础建设方面的综合评分，如图6-5、表6-15、表6-16、表6-17、表6-18、表6-19、表6-20所示。

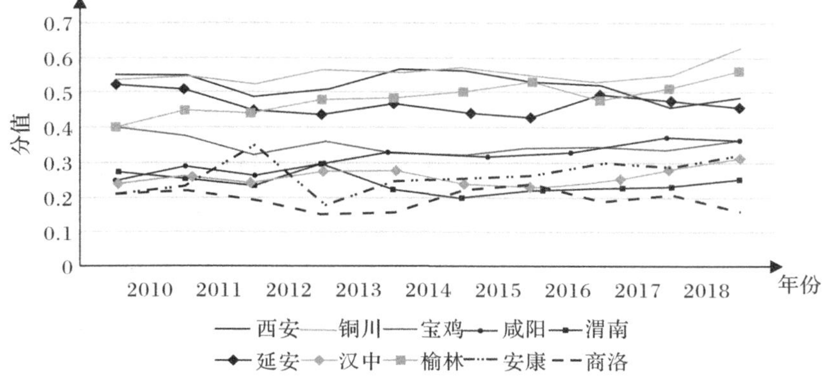

图6-5 2010—2018年陕西省各地市基本公共服务综合评价

表6-15 2010—2018年陕西省各地市基本公共服务综合评价

地区	2010	2011	2012	2013	2014	2015	2016	2017	2018
西安	0.5496	0.4884	0.5037	0.5620	0.5645	0.5321	0.5209	0.4595	0.4846
铜川	0.5485	0.5280	0.5660	0.5643	0.5738	0.5491	0.5324	0.5545	0.6317
宝鸡	0.3769	0.3254	0.3583	0.3294	0.3246	0.3415	0.3467	0.3384	0.3637
咸阳	0.2915	0.2655	0.2915	0.3254	0.3179	0.3232	0.3387	0.3752	0.3660
渭南	0.2607	0.2382	0.2962	0.2238	0.2116	0.2245	0.2254	0.2312	0.2510
延安	0.5100	0.4516	0.4424	0.4714	0.4464	0.4307	0.4972	0.4815	0.4623
汉中	0.2543	0.2426	0.2767	0.2776	0.2410	0.2288	0.2442	0.2816	0.3093
榆林	0.4512	0.4456	0.4775	0.4938	0.4995	0.5402	0.4856	0.5109	0.5637
安康	0.2353	0.3493	0.1843	0.2452	0.2541	0.2615	0.2984	0.2902	0.3160
商洛	0.2203	0.1910	0.1511	0.1527	0.2183	0.2377	0.1933	0.2135	0.1643

数据来源：根据EXCEL计算得出。

表 6－16　2010—2018 年陕西省各地市基本医疗卫生综合评价

地区	2010	2011	2012	2013	2014	2015	2016	2017	2018
西安	0.6028	0.6278	0.6642	0.6866	0.6631	0.6775	0.5957	0.4399	0.4297
铜川	0.7486	0.7411	0.6992	0.7154	0.7300	0.7239	0.7272	0.8279	0.8820
宝鸡	0.3818	0.4295	0.4585	0.4621	0.4758	0.5246	0.4519	0.4233	0.3464
咸阳	0.4099	0.4269	0.4500	0.5247	0.5398	0.5415	0.4611	0.4839	0.4187
渭南	0.0000	0.0000	0.0000	0.0004	0.0111	0.0094	0.0266	0.0583	0.0779
延安	0.5878	0.4848	0.5679	0.6142	0.6268	0.6781	0.5585	0.4412	0.4434
汉中	0.3734	0.3956	0.4625	0.5299	0.5246	0.5482	0.3768	0.3921	0.3112
榆林	0.5116	0.5297	0.5879	0.6090	0.5392	0.5835	0.5746	0.5437	0.4708
安康	0.2214	0.1234	0.1811	0.2455	0.3117	0.3404	0.2773	0.2852	0.2901
商洛	0.1334	0.1351	0.1625	0.2264	0.2482	0.2805	0.1142	0.1863	0.1511

数据来源：根据 EXCEL 计算得出。

表 6－17　2010—2018 年陕西省各地市社会保障与就业综合评价

地区	2010	2011	2012	2013	2014	2015	2016	2017	2018
西安	0.7484	0.7865	0.6829	0.6278	0.7229	0.6385	0.5612	0.5750	0.5337
铜川	0.7871	0.8727	0.9007	0.8048	0.7615	0.6067	0.5708	0.5286	0.6688
宝鸡	0.5664	0.4240	0.3375	0.3095	0.3699	0.3519	0.2775	0.2863	0.3732
咸阳	0.3253	0.2016	0.1672	0.1517	0.1658	0.1254	0.1350	0.3039	0.3498
渭南	0.0786	0.1147	0.0950	0.1087	0.1661	0.1363	0.1087	0.1064	0.1401
延安	0.5174	0.3419	0.3711	0.5357	0.5231	0.4150	0.1986	0.5601	0.5810
汉中	0.2728	0.1760	0.1673	0.1717	0.1310	0.1161	0.1576	0.2637	0.2751
榆林	0.2910	0.3482	0.4254	0.4309	0.5028	0.5587	0.5643	0.5496	0.5606
安康	0.2715	0.0416	0.0502	0.0958	0.1971	0.0986	0.1612	0.2101	0.3515
商洛	0.0571	0.0675	0.0000	0.0000	0.0000	0.0040	0.0579	0.0476	0.2704

数据来源：根据 EXCEL 计算得出。

表 6 - 18 2010—2018 年陕西省各地市基本公共教育综合评价

地区	2010	2011	2012	2013	2014	2015	2016	2017	2018
西安	0.2694	0.2496	0.0073	0.0204	0.0329	0.0489	0.1220	0.1502	0.3866
铜川	0.7321	0.8470	0.7918	0.7970	0.8022	0.7651	0.7266	0.8194	0.8633
宝鸡	0.5797	0.5522	0.5227	0.5015	0.4945	0.5289	0.5176	0.4382	0.5837
咸阳	0.2673	0.3507	0.3553	0.4701	0.5271	0.5583	0.5897	0.5910	0.5499
渭南	0.5877	0.5712	0.5742	0.5538	0.5330	0.5294	0.5487	0.5558	0.5656
延安	0.5490	0.5039	0.4801	0.4347	0.4580	0.4050	0.3653	0.3086	0.4744
汉中	0.3674	0.3835	0.2785	0.3171	0.3274	0.3240	0.3907	0.3800	0.5691
榆林	0.7699	0.7401	0.7592	0.8061	0.7399	0.6956	0.6451	0.6347	0.6154
安康	0.3382	0.3959	0.2992	0.3774	0.3813	0.3888	0.4148	0.4053	0.5747
商洛	0.4257	0.3829	0.2161	0.2388	0.6016	0.6111	0.5421	0.4903	0.1711

数据来源：根据 EXCEL 计算得出。

表 6 - 19 2010—2018 年陕西省各地市公共文化体育综合评价

地区	2010	2011	2012	2013	2014	2015	2016	2017	2018
西安	0.0893	0.0808	0.1499	0.3544	0.2482	0.2596	0.3148	0.2137	0.2804
铜川	0.8475	0.7653	0.7641	0.9524	1.0000	1.0000	1.0000	1.0000	1.0000
宝鸡	0.3320	0.4100	0.2122	0.3070	0.2555	0.3380	0.3157	0.2986	0.2609
咸阳	0.1912	0.2273	0.1104	0.2226	0.2042	0.1850	0.3116	0.3777	0.3382
渭南	0.0631	0.0468	0.0242	0.1018	0.0901	0.0376	0.0340	0.0449	0.1551
延安	0.5810	0.5083	0.5244	0.7950	0.6184	0.6023	0.6337	0.5198	0.6112
汉中	0.1084	0.2024	0.0844	0.1157	0.0741	0.0821	0.0966	0.1140	0.0331
榆林	0.5082	0.4333	0.3541	0.5566	0.5680	0.4581	0.4720	0.5581	0.5995
安康	0.1637	0.2007	0.1238	0.1892	0.1270	0.0877	0.1177	0.1116	0.1029
商洛	0.2082	0.1914	0.0849	0.1395	0.0742	0.1102	0.1450	0.1231	0.0668

数据来源：根据 EXCEL 计算得出。

表 6-20 2010—2018 年陕西省各地市市政基础建设综合评价

地区	2010	2011	2012	2013	2014	2015	2016	2017	2018
西安	0.7083	0.6622	0.7267	0.7264	0.6743	0.6506	0.7374	0.6638	0.6909
铜川	0.3493	0.3707	0.2928	0.3329	0.2688	0.2422	0.4039	0.3111	0.3036
宝鸡	0.5733	0.5672	0.4495	0.4547	0.3623	0.2872	0.5157	0.4350	0.3703
咸阳	0.4433	0.5023	0.4386	0.4713	0.4105	0.2897	0.5316	0.4939	0.4609
渭南	0.5005	0.5383	0.4742	0.2833	0.2275	0.1899	0.4047	0.3723	0.3323
延安	0.3472	0.3315	0.2269	0.1654	0.2401	0.2129	0.3127	0.2530	0.3023
汉中	0.4051	0.4461	0.3717	0.3887	0.3212	0.1761	0.4118	0.4445	0.3659
榆林	0.3562	0.3910	0.3562	0.3985	0.5737	0.5389	0.5595	0.5727	0.5559
安康	0.3945	0.4048	0.3529	0.3967	0.3757	0.2826	0.5061	0.4366	0.2897
商洛	0.3683	0.4170	0.2419	0.2188	0.1392	0.0998	0.1505	0.3021	0.1797

数据来源：根据 EXCEL 计算得出。

根据表 6-15 至表 6-20 可以看出，陕西省各地市的各项基本公共服务综合水平差异较大，从时间序列上来看，也没有出现明显的好转趋势，具体来看，陕南地区的各项公共服务水平在全省中都得分较低，陕北地区的各项公共服务水平在全市都能排到中等偏上的水平，关中地区的得分基本处于中位，其中铜川市有多项指标得分在前列，而西安市总体指标较好，但在一些指标得分上甚至倒数，这与我们的常理认知有所偏差，究其原因，基本公共服务除了政府的供给能力之外，与其他因素也不无关系，在这里需要说明的是，本部分中所选取的测量方法是相对评分的测量，若某地市的分数从时间序列上出现下降的趋势并不代表该地市所提供的基本公共服务质量下降，而是代表该地市在陕西省中的相对服务水平排名下降。

6.3 城乡经济协调发展与基本公共服务均等化的耦合与协调模型

耦合是指两个或两个以上的系统或运动形式通过各种相互作用而彼此影响的现象。耦合度描述的是系统或要素彼此相互影响、协同作用的程度，是对系统之间相互依赖于对方程度的量度。协调度是度量系统之间或系统内部要素之间在发展过程中彼此和谐一致的程度，体现了系统由无序走向有序的趋势。耦合和协调模型主要用于评价两个及以上系统彼此影响并联合的现象，反映的是系统之间相互依赖、协调和促进的动态关联关系。通过对城乡经济协调发展和城乡基本公共服务均等化两大子系统之间耦合和协调度的分析可以反映两者之间长期以来的互动关系和动态变化，分析两者在下一步城镇化中的发展趋势及制约因素。

6.3.1　城乡经济协调发展与基本公共服务均等化关系的耦合模型

在耦合模型的使用方面，大部分文献采用的是廖重斌[86]的做法，即先确定功效函数，继而对指标参数进行赋权，从而得到系统的综合序参量，据以计算两个子系统之间的耦合度。

1）序参量功效函数的确定

这一步骤即为数据的标准化过程。设U_i（$i=1,2$）是城乡经济协调水平与基本公共服务均等化子系统的综合序参量；X_{ij}（$i=1,2;j=1,2,\cdots,n$）为第i个子系统的第j指标，即序参量，α_{ij}、β_{ij}是系统稳定临界点序参量的上、下限值。标准化的功效系数x_{ij}是变量X_{ij}对系统的功效贡献值，反映指标达到目标的满意程度，且$x_{ij}\in[0,1]$，0为最不满意，1为最满意。功效函数x_{ij}的算式为

$$x_{ij}=\begin{cases}(X_{ij}-\beta_{ij})/(\alpha_{ij}-\beta_{ij})，x_{ij}\text{ 具有正功效}\\(\alpha_{ij}-X_{ij})/(\alpha_{ij}-\beta_{ij})，x_{ij}\text{ 具有负功效}\end{cases}\tag{6-1}$$

2）熵值法赋权

熵值法是比较常用的赋权方法，它根据来源于客观环境的初始信息值，通过分析各个指标之间的相关程度和每个指标提供的信息量来决定每个指标的权重，从而可以在一定程度上避免主观成分的影响。其步骤如下：首先对指标做比重变换，$s_{ij}=x_{ij}/\sum_{i=1}^{n}x_{ij}$；然后计算熵值$h_j=-\sum_{i=1}^{n}s_{ij}\ln s_{ij}$；将熵值标准化，$\alpha_j=\max(h_j)/h_j(j=1,2,\cdots,p)$；最后得到指标$x_{ij}$的熵权$\lambda_j=\alpha_j/\sum_{j=1}^{p}\alpha_j$。其中$x_{ij}$为样本$i$的第$j$个指标的数值（$i=1,2,\cdots,n;j=1,2,\cdots,p$），$n$和$p$分别为样本与指标个数。

3）系统耦合度的确定

第一，综合序参量的确定。

$$U_i=\sum_{j=1}^{n}\lambda_{ij}x_{ij}\tag{6-2}$$

式中：$\sum_{j=1}^{n} \lambda_{ij} = 1, i = 1,2$ 。

第二，系统耦合度的表达。

$$C = 2 \times \sqrt{U_1 \times U_2} / (U_1 + U_2) \tag{6-3}$$

根据之前的研究，"城乡经济协调发展水平与基本公共服务均等化"系统耦合的演变可以分为如下 6 个阶段：$C=0$ 表示耦合度极小，系统无关联并且无序发展；$0<C\leqslant 0.3$ 表示低水平耦合；$0.3<C<0.5$ 表示系统处于颉颃阶段；$0.5\leqslant C<0.8$ 表示系统耦合进入磨合阶段；$0.8\leqslant C<1$ 表示系统处于高水平耦合阶段，二者互动强劲；$C=1$ 表示二者达到良性耦合共振且趋向新的有序结构。耦合度用来描述系统或要素彼此作用相互影响的程度，是对系统之间相互依赖于对方的量度，指双方相互作用程度的强弱，不分利弊。但由于可能受到自然环境、政策等因素的影响，因此系统耦合度也可能会有倒退现象发生。

6.3.2　城乡经济协调发展与基本公共服务均等化关系的协调模型

为了准确反映两个子系统之间相互配合、协同作用的程度，需要借鉴已有文献的做法计算两个子系统之间的协调度，据此准确反应两者之间的真实关系。

协调度模型的确定主要参考吴大进，曹力[87]的做法，计算过程如下：

$$\begin{cases} D = \sqrt{C \times T} \\ T = aU_1 + bU_2 \end{cases} \tag{6-4}$$

式中：D 为协调度，C 为耦合度，T 为综合协调指数，反映了城乡经济协调水平与基本公共服务均等化的整体协同效应，一般地，$T\in(0,1)$ 以便保证 $D\in(0,1)$；U_1、U_2 分别为城乡经济协调水平与城乡基本公共服务均等化的综合序参量；a、b 为待定参数。

协调度可划分为 4 个阶段：$0<D\leqslant 0.3$ 为低度协调；$0.3<D\leqslant 0.5$ 为中度协调；$0.5<D\leqslant 0.8$ 为高度协调；$0.8<D<1$ 为极度协调。协调度是指两个系统良性耦合程度的大小，体现了协调状况好坏程度。

6.3.3　系统评价指标体系的选择

依据基本公共服务包括基础教育、基本医疗卫生、社会保障和就业服务等，相应确定了城乡基本公共服务均等化的指标体系。此外，利用前述对城乡经济协调水平与城乡基本公共服务均等化水平进行测度的相关文献，秉承基本公共服务均等化水平测度指标选取的原则（见 3.1.1）建立了如下的指标体系（见表 6－21）。

表 6-21 两大子系统指标体系

子系统	一级指标	二级指标	指标方向
城乡经济协调发展水平	城乡居民收入差距	城乡居民人均可支配收入比(%)	负向指标
		城乡居民人均工资性收入比(%)	负向指标
	城乡投资差距	城乡人均固定资产投资额比(%)	负向指标
	城乡产值差异	城乡人均生产总值比(%)	负向指标
		第二产业与第一产业产值比(%)	负向指标
		第三产业与第一产业产值比(%)	负向指标
	城乡消费结构与水平差异	城乡人均现金消费支出比(%)	负向指标
		城乡居民恩格尔系数比(%)	正向指标
		城乡消费水平对比(%)	负向指标
城乡基本公共服务均等化水平	基础教育均等化水平	城乡 15 岁及 15 岁以上人口文盲率之差(%)	负向指标
		城乡普通中学生均专任教师之比(%)	负向指标
	基本医疗卫生均等化水平	城乡每千人口卫生技术人员差(人/每千人口)	负向指标
		城乡每千人口卫生医疗机构床位数差(个/每千人口)	负向指标
	基本社会保障均等化水平	城乡养老负担差异(%)	正向指标
		城乡医疗保障覆盖率差异(%)	正向指标
		城乡民政部门救助覆盖率差异(%)	正向指标
		城乡社会保障覆盖率差异(%)	正向指标
	城乡公共就业服务均等化水平	城乡人均就业纯收入之比(%)	负向指标
		城乡居民就业培训人数比(%)	负向指标
		城乡居民就业职业介绍成功人数比(%)	负向指标

资料来源：根据相关文献整理得到。

在城乡基本公共服务均等化的子系统中，对基本社会保障均等化的测度主要采用以下指标，解释如下：城乡养老负担差异为城镇养老负担系数/农村养老负担系数，其中负担系数为养老金发放人数占年末参保人数的比重；城乡医疗保障覆盖率差异为城镇医保覆盖率/新农合覆盖率，其中覆盖率为参加城镇基本医疗保险（或新农合）人数/城镇人口（农村人口）；城乡民政部门救助覆盖率差异为城镇民政部门救助覆盖率/农村民政部门救助覆盖率差异，其中民政部门救助覆盖率为城镇（或乡村）民政部门直接救助人数/城镇（或乡村）人口；城乡社会保障覆盖率差异为城镇社会保障覆盖率/农村社会保障覆盖率，其中社会保障覆盖率为城镇(或乡村)最低生活保障人数/城镇(或乡村)人口。对城乡公共就业均等化水平的测度主要利用许佳贤等建立的相关指标，其中城乡人均就业纯收入为人均工资性收入和经营性收入之和。

6.3.4 数据来源与权重确定

第一，数据来源。本部分所用数据均来源于2011—2019年《中国统计年鉴》《中国教育统计年鉴》《中国劳动与社会保障统计年鉴》等。

第二，权重计算。权重计算包括:①功效值计算。实际中，各指标的上下限没有具体的参考值，因此本部分采用每一指标31个省份中的最大最小值作为上下限值，其正负功效的区分已在表一中体现，正向指标表示取值大对子系统的提升有利，负向指标反之。②权重计算。在权重的计算过程中，由于采用的是中国31个省区市的数据，因此样本数 n 统一取值为31。③协调度计算。城乡经济协调发展和基本公共服务均等化是中国目前亟待解决的两大问题，鉴于此，本部分设定二者同等重要，因此在协调度的计算过程中 a、b 的取值均为0.5(见表6-22、表6-23)。

表6-22 城乡经济协调水平子系统指标权重的确定

一级指标	城乡居民收入差距		城乡投资差距	城乡产值差异			城乡消费结构与水平差异		
二级指标	城乡居民人均可支配收入比	城乡居民人均工资性收入比	城乡人均固定资产投资额比	城乡人均生产总值比	第二产业与第一产业产值比	第三产业与第一产业产值比	城乡人均现金消费支出比	城乡居民恩格尔系数比	城乡消费水平对比
2010	0.1120	0.1076	0.1075	0.1082	0.1073	0.1077	0.1090	0.1310	0.1097
2011	0.1117	0.1096	0.1097	0.1085	0.1099	0.1097	0.1134	0.1126	0.1149
2012	0.1127	0.1098	0.1110	0.1094	0.1091	0.1101	0.1131	0.1126	0.1122
2013	0.1137	0.1131	0.1122	0.1134	0.1012	0.1104	0.1136	0.1106	0.1118
2014	0.1149	0.1092	0.1095	0.1096	0.1112	0.1095	0.1115	0.1148	0.1098
2015	0.1136	0.1098	0.1109	0.1095	0.1094	0.1102	0.1114	0.1148	0.1104
2016	0.1133	0.1113	0.1116	0.1098	0.1097	0.1104	0.1104	0.1133	0.1102
2017	0.1132	0.1112	0.1104	0.1098	0.1099	0.1104	0.1106	0.1134	0.1111
2018	0.1132	0.1108	0.1104	0.1094	0.1097	0.1101	0.1104	0.1132	0.1128

表 6－23 城乡基本公共服务均等化水平子系统指标权重的确定

一级指标	基础教育均等化水平		基本医疗卫生均等化水平		基本社会保障均等化水平				城乡公共就业服务均等化水平		
二级指标	城乡15岁及15岁以上人口文盲率差异	城乡普通中学生均专任教师比	城乡每千人口卫生技术人员差异	城乡每千人口卫生医疗机构床位数差异	城乡养老负担差异	城乡医疗保障覆盖率差异	城乡民政部门救助覆盖率差异	城乡社会保障覆盖率差异	城乡人均就业纯收入比	城乡居民就业培训人数比	城乡居民就业职业介绍成功人数比
2010	0.1675	0.1696	—	0.1598	—	—	—	—	0.1604	0.1691	0.1736
2011	0.1403	0.1421	—	0.1389	0.1561	—	—	—	0.1441	0.1389	0.1396
2012	0.1433	0.1496	—	0.1407	0.1409	—	—	—	0.143	0.141	0.1415
2013	0.1279	0.1288	—	0.1229	0.1234	0.1244	—	—	0.1242	0.1233	0.1251
2014	0.1269	0.1256	—	0.1249	0.1245	0.1246	—	—	0.1247	0.1252	0.1236
2015	0.0989	0.1008	0.1004	0.1003	0.1008	0.0988	0.1014	—	0.0998	0.0993	0.0995
2016	0.0974	—	0.0975	0.0968	0.0999	0.1096	0.1048	0.1008	0.0981	0.0971	0.0980
2017	0.1073	—	0.1087	0.1130	—	0.1362	0.0987	0.1121	0.1096	0.1077	0.1067
2018	0.1224	—	0.1227	0.1228	—	0.1345	—	0.1276	0.1250	0.1235	0.1215

数据来源：表 6－22、6－23 数据根据模型计算整理得到。注："—"表示由于该年份数据残缺或暂时无法得到导致无法计算权重。

6.3.5 耦合与协调分析

1）省域维度的分析

对模型的主要结果进行梳理即可得到各年份各省市的城乡基本公共服务均等化水平与城乡经济协调发展水平之间的耦合与协调度，主要结果如表 6－24 所示①。总体看来，各个省份的耦合度基本上都达到了 0.95 以上，因此可以认为城乡经济协调发展水平与城乡基本公共服务均等化水平之间存在着强劲的互动关系，两者之间相互影响的关系成立；从协调度来看，各省市的数据都在 0.7 以上，表示中国各省市城乡经济协调发展水平与基本公共服务均等化水平之间高度协调，协调状况良好。

① 由于数据较多，在此只列示 2010 年数据。

表 6-24　2010 年全国各省市耦合协调度

地区	U_1	U_2	耦合度	协调度	耦合强度与协调程度
北京	0.8095	0.7741	0.9997	0.8897	高度耦合，极度协调
天津	0.8431	0.6217	0.9885	0.8509	高度耦合，极度协调
河北	0.7797	0.9089	0.9971	0.9175	高度耦合，极度协调
山西	0.6457	0.8478	0.9908	0.8602	高度耦合，极度协调
内蒙古	0.6394	0.8679	0.9884	0.8631	高度耦合，极度协调
辽宁	0.8508	0.8249	0.9999	0.9153	高度耦合，极度协调
吉林	0.8007	0.9237	0.9975	0.9274	高度耦合，极度协调
黑龙江	0.8573	0.7028	0.9951	0.8810	高度耦合，极度协调
上海	0.7302	0.5858	0.9940	0.8087	高度耦合，极度协调
江苏	0.8496	0.8799	0.9998	0.9299	高度耦合，极度协调
浙江	0.8462	0.8960	0.9996	0.9331	高度耦合，极度协调
安徽	0.8109	0.6430	0.9933	0.8498	高度耦合，极度协调
福建	0.8334	0.8541	0.9999	0.9185	高度耦合，极度协调
江西	0.7965	0.6968	0.9978	0.8631	高度耦合，极度协调
山东	0.7824	0.8430	0.9993	0.9012	高度耦合，极度协调
河南	0.6869	0.7837	0.9978	0.8566	高度耦合，极度协调
湖北	0.7509	0.8231	0.9989	0.8867	高度耦合，极度协调
湖南	0.5843	0.8533	0.9823	0.8403	高度耦合，极度协调
广东	0.6532	0.8166	0.9938	0.8546	高度耦合，极度协调
广西	0.6775	0.7904	0.9970	0.8554	高度耦合，极度协调
海南	0.7833	0.8425	0.9993	0.9013	高度耦合，极度协调
重庆	0.5487	0.6345	0.9974	0.7681	高度耦合，极度协调
四川	0.6917	0.5991	0.9974	0.8023	高度耦合，极度协调
贵州	0.5201	0.5758	0.9987	0.7397	高度耦合，高度协调
云南	0.5470	0.6936	0.9930	0.7849	高度耦合，高度协调
西藏	0.3583	0.5915	0.9694	0.6785	高度耦合，高度协调
陕西	0.6106	0.8019	0.9908	0.8365	高度耦合，极度协调
甘肃	0.5645	0.6965	0.9945	0.7919	高度耦合，高度协调
青海	0.6602	0.7377	0.9985	0.8354	高度耦合，极度协调
宁夏	0.6633	0.4587	0.9832	0.7427	高度耦合，高度协调
新疆	0.6461	0.5594	0.9974	0.7754	高度耦合，高度协调

数据来源：根据计算整理得到。

在此主要以 2010 年的数据为例进行分析。整体来看，各省市的耦合强度与协调程度都呈现比较高的数值，耦合度在 0.98 以上，协调度在 0.67 以上，显示了两系统之间互动强劲，协调状况也比较好。从各个省市的情况来看，东中部地区各省市两系统之间的协调度都达到了 0.8 以上，说明当地的城乡经济协调发展水平与基本公共服务均等化水平在发展的过程中实现了相互促进、和谐一致。相对来看，西部大部分省份两个子系统的协调程度都要低于东中部地区，如重庆、贵州、云南、西藏、甘肃等。分析这些省市协调度低的原因可以发现其内在机理存在不同，如重庆、贵州、云南、西藏是由于城乡经济协调发展水平综合序参量较低造成的，表明这几个省份应注重统筹城乡经济的发展，而宁夏和新疆是因为城乡基本公共服务均等化水平的综合序参量低导致的，揭示它们在下一步的发展中应注重将基本公共服务供给向农村倾斜，逐步实现城乡基本公共服务的对接。

2）区域维度的分析

对各个省份的数据进行加权平均得到东、中、西部三个地区两个系统之间的耦合与协调度及其所处的阶段，主要结果如表 6－25、表 6－26 和表 6－27 所示。

表 6－25　东部地区 2010—2018 年耦合协调度

年份	U_1	U_2	耦合度	协调度	耦合强度与协调程度
2010	0.8015	0.8056	1.0000	0.8964	高度耦合，极度协调
2011	0.7508	0.7903	0.9997	0.8777	高度耦合，极度协调
2012	0.7720	0.7926	0.9999	0.8844	高度耦合，极度协调
2013	0.7348	0.7211	1.0000	0.8532	高度耦合，极度协调
2014	0.7380	0.7350	1.0000	0.8582	高度耦合，极度协调
2015	0.7459	0.7278	0.9999	0.8584	高度耦合，极度协调
2016	0.7372	0.5461	0.9889	0.7966	高度耦合，高度协调
2017	0.7850	0.4737	0.9689	0.7809	高度耦合，高度协调
2018	0.7735	0.5707	0.9886	0.8151	高度耦合，极度协调

数据来源：根据模型结果整理得到。

整体看来，东部地区城乡经济协调发展与基本公共服务均等化两大系统之间的耦合度与协调度都比较高，仅有 2016 年、2017 年两个年份两者之间的协调程度处于高度协调状态。从内部机理来看，2010—2012 年，东部地区在推进基本公共服务均等化方面付出的努力较多，使得其综合序参量高于城乡经济协调发展子系统。2013—2018年，东部地区在城乡经济协调发展方面的努力高于推进基本公共服务均等化的力度，使得城乡经济协调发展子系统的综合序参量高于基本公共服务均等化子系统的综合序参量；其中，2016—2018年，东部地区对推进基本公共服务均等化的重视与努力尤其不够，导致城乡基本公共服务均等化子系统序参量下降，使得两大系统之间的协调程度有所倒退(见表6-25)。

表6-26　中部地区2010—2018年耦合协调度

年份	U_1	U_2	耦合度	协调度	耦合强度与协调程度
2010	0.7126	0.7746	0.9991	0.8619	高度耦合，极度协调
2011	0.6925	0.6926	1.0000	0.8322	高度耦合，极度协调
2012	0.7203	0.7718	0.9994	0.8635	高度耦合，极度协调
2013	0.6120	0.6119	1.0000	0.7823	高度耦合，高度协调
2014	0.7089	0.7154	1.0000	0.8439	高度耦合，极度协调
2015	0.7188	0.6960	0.9999	0.8410	高度耦合，极度协调
2016	0.7239	0.5711	0.9930	0.8019	高度耦合，极度协调
2017	0.7929	0.4482	0.9607	0.7721	高度耦合，高度协调
2018	0.7724	0.5776	0.9895	0.8173	高度耦合，极度协调

数据来源：根据模型结果整理得到。

表6-26表明，中部地区两大系统之间的耦合与协调状况也是较好的，但部分年份有所下降。从内部机理上看，中部地区的情况较为复杂。2010—2012年与2014年，其推进城乡经济协调发展的力度不够，城乡经济协调发展子系统综合序参量较低。2013年，两大子系统综合序参量均有所下降，导致协调程度的倒退。2015—2018年，中部地区在缩小城乡基本公共服务差距方面的努力不够，使得城乡基本公共服务均等化子系统序参量较小，两者的协同发展力度受到影响。

表6-27　西部地区2010—2018年耦合协调度

年份	U_1	U_2	耦合度	协调度	耦合强度与协调程度
2010	0.5940	0.6673	0.9983	0.7935	高度耦合，高度协调
2011	0.5412	0.6309	0.9971	0.7644	高度耦合，高度协调
2012	0.5793	0.7065	0.9951	0.7998	高度耦合，高度协调
2013	0.5790	0.6950	0.9958	0.7965	高度耦合，高度协调
2014	0.5677	0.6600	0.9972	0.7824	高度耦合，高度协调

续表

年份	U_1	U_2	耦合度	协调度	耦合强度与协调程度
2015	0.5892	0.6429	0.9990	0.7845	高度耦合,高度协调
2016	0.5898	0.5305	0.9986	0.7479	高度耦合,高度协调
2017	0.6598	0.4313	0.9778	0.7304	高度耦合,高度协调
2018	0.6539	0.5433	0.9957	0.7720	高度耦合,高度协调

数据来源:根据模型结果整理得到。

表 6-27 所示西部地区 2010—2018 年两大子系统的耦合与协调度整体均处于高度耦合、高度协调状态。从内部机理来讲,西部地区两大子系统综合序参量较之东中部地区均较低,因此其达到的高度协调状态是一种较低水平的互动发展。西部地区在 2010—2015 年均是推进城乡经济协调发展的力度不够,导致该子系统综合序参量低,进而限制了两大系统之间的协同发展力度;2016—2018 年则是缺乏推进城乡公共服务均等化的努力导致该序参量降幅较大,使得两大系统的协调发展程度有所倒退。

对比来看,东中西部地区协调度的排序基本与其经济发展水平排名相当,但在部分年份出现异动,如 2013 年中部地区耦合度低于西部地区,2011 年、2013 年东部地区耦合度略低于中部地区。就内部机理来讲,中部地区 2008 年度城乡经济协调发展与基本公共服务均等化两大系统序参量都降低;而东部地区 2016 年与 2018 年均因为其推进城乡基本公共服务均等化的力度较小,导致其城乡基本公共服务均等化子系统的综合序参量低,协调度低于中部地区。

3)时间维度的分析

鉴于省份层面的时间序列分析数据比较多,较为烦琐,因此本部分在区域维度的基础上进行时间维度的分析。

(1)东部地区的时间维度分析

从图 6-6 可以看出,东部地区的耦合度虽略有波动,但基本维持在高位,表明两大子系统之间的互动关系十分显著;协调度整体上变化不大,前期较平稳,但近年来出现波动,有恶化的倾向,原因在于城乡基本公共服务均等化子系统的综合序参量逐渐降低,反映出东部地区应加大其在促进基本公共服务均等化方面的政策力度。

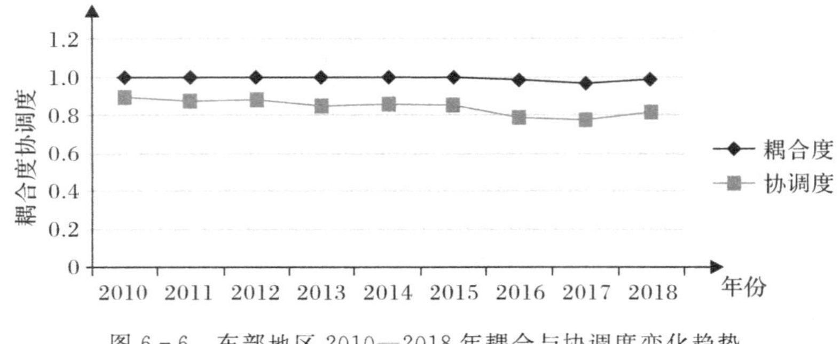

图 6-6 东部地区 2010—2018 年耦合与协调度变化趋势

(2)中部地区的时间维度分析

从图 6-7 可以明显看出,中部地区 2010—2018 年两大系统耦合度与东部地区保持同样的趋势,两大子系统之间互动关系明显。而协调度的波动较为明显,并在 2013 年与 2017 年出现了明显的谷值。波动的原因不同年份有所差异,反映出中部地区应注重政策的连续性和一致性,以维护两大系统发展的稳定性。

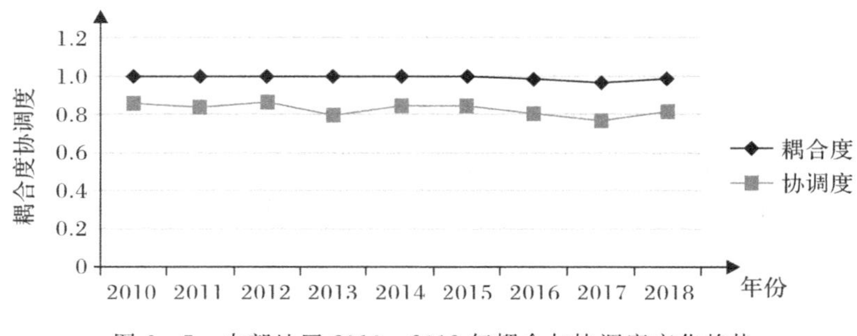

图 6-7 中部地区 2010—2018 年耦合与协调度变化趋势

(3)西部地区的时间维度分析

从图 6-8 所示的西部地区的趋势来看,两个子系统之间的耦合度变化的幅度要小于东中部地区。西部地区协调度基本保持稳定,在 2016—2017 年连续小幅下降后出现增长,并超过之前水平,与东、中部地区相比该地区呈现出更有利的发展方向。

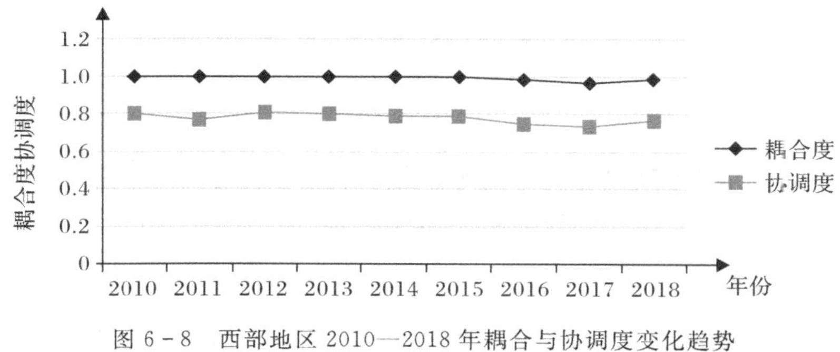

图 6-8 西部地区 2010—2018 年耦合与协调度变化趋势

6.3.6 实证研究结论

从上文对城乡经济协调发展水平和基本公共服务均等化水平的耦合与协调分析,我们可以得到如下结论:

第一,城乡经济协调发展水平与城乡基本公共服务均等化程度之间存在显著的相互影响关系。两个子系统的耦合度不论是在省域、区域还是在时间层面呈现出的值都接近于 1,表示两者之间在城镇化发展过程中相互影响、协同作用的力度是很大的,子系统间相互促进,彼此制约。

第二,城乡经济协调发展水平与城乡基本公共服务均等化两大子系统在城镇化发展过程中实现了相互配合、和谐一致。两者之间协调度的值位于 0.7～0.95 之间,处于高度协调及以上水平,表示两者达到了相互促进、协同发展的效果。

第三,省份及区域之间两个子系统的协调度存在差异。总体看来,大部分省份 2010—2015 年的协调度都处于极度协调程度,但有少数省份的协调度相对较低,两者协同发展的力度较其他省份略显弱。2016 年两大子系统之司的协调度有全面倒退的迹象,基本上各个区域省份的协调度均有不同程度的下降,西部地区下降幅度较小。

第四,从时间序列上来看,各个区域协调度的变化呈现出差异化的趋势。总体看来,西部地区省份的协调度较低,但基本保持平稳,短暂倒退后能够及时“补上”。从东、中部地区省份来看,协调度存在较强的不稳定性,其中中部地区的变化幅度要大一些,同时两者都有明显的倒退现象。相比而言,西部地区两大子系统发展的趋势是比较好的。

第五,省份及区域之间协调度差异的内在机理存在差异,部分地区呈现出随时间发生变化的特点。西部地区省份两大子系统协调度低的原因主要在于城乡经济协调发展水平子系统综合序参量较低，东部省份则是由于城乡基本公共服务均等化子系统综合序参量较低造成的，而中部地区省份则呈现出随时间发生变化的特点，两个原因在不同年份呈现交替出现的特征。

6.4 加快城乡经济协调发展促进基本公共服务均等化的政策建议

6.4.1 重视城乡经济协调发展与基本公共服务均等化的关系

首先，应在发展观念上加强城乡经济协调发展水平与城乡基本公共服务均等化，在城镇化发展进程中共同促进的战略认识。在城镇化发展规划中，应当加强对两者互动关系的认识，既要防止出现片面注重城乡经济协调发展而忽略对农村基本公共服务投入的现象，也要防止出现只强调增大对农村基本公共服务投入而忽略城乡经济协调发展的现象。前者会损伤农村居民发展经济的积极性，也不符合城镇化发展的要义，后者则使城乡基本公共服务均等化成为“无源之水”“无本之木”，从而走向福利陷阱。

其次，应在宏观层面注重城乡经济协调发展水平与城乡基本公共服务均等化两者之间的关系，制定两者相互配套的发展战略和措施。城乡经济协调发展是实现城镇化的重要基础，城乡基本公共服务均等化是实现城镇化的重要制度保障，两者必须协同发展才能共同促进城镇化的发展，因此各省市在制定发展战略时必须注重两者的相互配合。

6.4.2 因地制宜地促进城乡经济与基本公共服务协调发展

从各省市的实际出发制定城乡经济协调发展与城乡基本公共服务均等化水平发展的侧重点。由于各区域省市协调度较低的内在机理不同，因此在制定相关政策时应注重因地制宜，依据本地区的实际确立不同的侧重点，使两大子系统在城镇化发展过程中协同作用、和谐一致。

应注重政策的连贯性和稳定性以建立两大子系统之间协同作用、和谐发展的良性路径，防止出现严重的倒退现象。从东、中部的数据可以看出，两大系统之间的协同作用程度不稳定，尤其是中部地区，有着明显的谷值，体现了政策的非连贯性和不稳定性，从而导致了子系统之间的协调度发生了不利变化。因此在下一步的发展过程中应注重政策制度的连贯性和稳定性，从而为城镇化发展奠定良好的基础。

6.4.3 明确地方政府的支出责任

从理论上讲，各级政府间应该以“外溢性”作为事权支出责任的标准，即外溢性较弱的公共服务支出权责应由本区域内的政府承担，而上级政府应为具有较强外溢性的公共服务提供支出保障。基本公共服务整体来说是一项外溢性较差的公共服务，各地政府理应为本辖区的基本公共服务负责，然而基本公共服务虽然“外溢性”较差，但这部分资金在财政支出中易被挤占，当地方基层政府难以提供标准之上的基本公共服务时，可考虑由上级政府承担部分基本公共服务的事权。与此同时，将各级政府的支出责任都进行明确和细化，确定各地区各项基本公共服务的支出责任，根据各级政府的财政能力妥善核定各自应承担的支出比例，尽量避免“财力逐级上移，支出责任层层下放”的旧模式，旧模式下会使地方政府缺乏供给激励，不利于基本公共服务适度供给和均等化程度提升。

6.4.4 分类分项解决基本公共服务均等化问题

首先，基本公共教育问题，可以看到供给意愿并没有随供给能力的提高同比提高反而有所下降，从可能性分析来看，相比对于打造地方名片的文体和市政建设来说，地方政府对于公共教育的供给激励不足。另外，消费需求对基本公共教育产生了负向的影响，这说明当居民的消费水平提高时，虽然可以明显感知到对于教育的需求增长了，但基本公共教育的供给并没有跟上。因而，要解决基本公共教育的问题，财政支出能力不是最主要的关注点，真正需要关注的是地方政府对于基本公共教育的重视程度，要给予地方政府充分的激励去提高基本公共教育的服务水平，必要时可以考虑将更多的支出责任上移至更高一级的政府。

其次，关于基本医疗卫生和社会保障与就业方面，与基本公共教育类似，地方政府都缺乏关于这些项目的供给意愿，对这两项的供给水平不会随着财政供给能力的提升而显著变化，但不同于基本公共教育的是，基本医疗卫生和社会保障与就业属于刚性供给内容，这些很难随政府的供给水平而变化，而是要根据实际发生的情况而确定。因而在解决这两项问题时，也不需要强行提升保障能力，只要当需求发生时有充分的财政供给水平予以保障即可，因此在解决这两项的均等化问题时，需要由上一级政府制定相对统一的执行标准，并辅之以相应的措施保障顺利实施，当地方财力不足时还需由上一层级的政府兜底。

最后，对于公共文化体育和市政基础建设，地方政府通常在公共文化体育和市政基础建设方面有较强的供给意愿，毫无疑问，提高地方政府的财政能力是有助于提高这两项公共服务的水平的，但在这里需要注意的是，这两项通常与一个地区的经济投资、招商引资等项目相关，政府易造成过度投资。

7 现行财政制度对基本公共服务均等化的影响机制分析

7.1 财政投入制度对基本公共服务均等化的影响机制

7.1.1 现行财政投入机制对基本公共服务均等化影响的机理分析

1)财政投入是基本公共服务均等化的财力保证

奥茨(Oates)在1972年首次提出了财政分权理论,他运用福利经济学相关理论对财政分权的必要性做出了阐述。奥茨认为,每个地区的人民对消费有着不同的偏好,同时他们对于公共设施的建设也有着不同的偏好,如果中央集权对各地区的财政投入进行分配,那么势必会造成资源的浪费,同时会使得各个地区人们的效应没有办法达到最优。

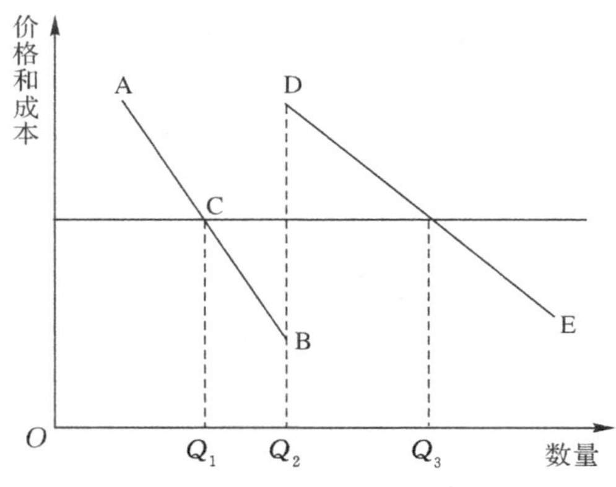

图7-1 奥茨分权定理示意图

如图7-1所示,AB与DE曲线分别代表A地区与B地区的人民需求。从图中可以看出,A地区人民对于数量的需求为Q_1,而B地区对于数量的需求是Q_3。如果中央财政集中管理各个地区间的财政投入规模,那么中央政府会选择对A地区和B地区同样投资Q_2的数量。但这样导致的后果就是A地区的供给过剩,而B地区的供给不足。

如果财政投入规模由各个地区的地方政府进行管控,那么政府会根据当地居民的需求来进行投资,同时地方政府还会考虑当地居民的偏好来分配资金的投入。这样可以避免一定的资源浪费现象,同时还能使社会达到帕累托最优。

2)基本公共服务均等化可以稳定经济、增加财政收入

美国经济学家蒂鲍特最早提出以足投票的理论,他认为人们会根据当地政府的财政收入与支出决定自己是否要留在当地使自己的效应最大化。同时他也指出人们愿意在某一地区居住以及工作,并且愿意接受当地政府管辖的原因是当地政府的服务与税收符合自己效应最大化的原则。

蒂鲍特指出,如果地方政府间存在竞争关系,同时该国内的人可以自主选择城市或地区工作和定居,不受任何外在因素的约束,那么人们就会选择一个使得自己能够在缴纳税款和享受政府所提供服务时享受最大优待的地区。这不仅能够显示出不同居民对于不同基本公共服务供给的偏好,同时还能使全社会达到帕累托最优的状态。

正是因为以足投票现象的存在,所以地方政府会以此来调整自己的财政投入规模。人们由当地提供的基本公共服务以及福利来选择自己是否要留在当地工作和定居,地方政府若想吸引更多的人来本地定居,就需要调整在基本公共服务方面的财政投入。基本公共服务供给较落后的地区需要加大投入来提高自己的供给力度,以此来和基本公共服务水平较高的城市进行竞争。这样的良性竞争不仅有利于提高人民的福利水平,同时也有利于避免地方政府的投资偏好问题。

虽然中国现在有着户口等外在因素的限制,居民没有办法做到真正意义上的以足投票,但是各地区为了吸引年轻人才来本地生活定居,近年来纷纷出台了不少的政策来不断提高本地区的基本公共服务水平。同时不少地方政府还减轻了企业的税后负担,并对地方政府征税方面进行了一定的约束。

综上所述,财政投入机制与基本公共服务均等化是相互作用的,财政投入是基本公共服务均等化的财力保证,基本公共服务均等化也可以稳定经济、增加财政收入。

7.1.2 财政投入促进基本公共服务均等化的现状分析

1)财政投入对基本公共服务均等化作用的现状

(1)基本公共服务现状

第一,基本公共服务地区间差距较大。中国目前地区间基本公共服务差距

较大，其中东部城市和部分中部城市的基本公共服务供给水平较高，西部以及部分中部城市的基本公共服务供给水平较低。总体呈现出纵向与横向基本公共服务不均等现象。例如基本教育的供给就存在很大的问题，地区间师资力量不平等，偏远地区吸引不来优秀教师以及不能提高较好的课堂环境都使得地区间不平等现象进一步加剧。医疗卫生方面虽然在近年来得到了较好的提升与普及，但是农村与城镇医疗卫生水平仍然存在较大的差异，这使得许多地区看病贵看病难的问题仍然没有得到解决。社会保障方面也同样存在覆盖范围较窄，各地区之间差异大以及部分参保人员待遇较低等问题频出。

第二，基本公共服务水平总体显著提升。近年来中国政府在公共教育以及医疗卫生方面的支出明显增加，尤其是在抗击新冠疫情期间，中国在医疗卫生方面的支出大大增加。同时中国基本公共服务体系建设的总体进展主要体现在基本公共服务水平显著提升，基本公共服务均等化程度不断提高，社会力量参与机制不断健全。

(2)财政投入机制现状

第一，公共财政体制不完善。由于中国公共财政体制不完善、转移支付制度不完备等现象的存在，导致了财政投入机制并没有发挥出其应当发挥的作用，并且使得人民对基本公共服务的基本需求没有得到满足。

转移支付的结构不合理现状导致缴纳税款多的地区返还的金额越高，缴纳税款少的地区返还的金额越少。这种计算方法会加剧各地区之间基本公共服务的不均衡性，即造成税收额度较高的地区投入基础建设的资金也就越高，而税收相对较少的地区投入的资金也就越少。除此之外，投入规模的不足也导致城乡之间基本公共服务不均等现象严重，许多城市出现基本公共服务供给不足等现象，这些都使得公民福利水平下降。

第二，财政对基本公共服务方面投入的力度不足。中国近年来在基本公共服务方面的投入远远不够，虽然近年来的投资总额在不断增加，但是其占比远不及许多西方国家。同时投资规模不足也是造成中国基本公共服务存在纵向不均等和横向不均等的根本原因。

第三，资金使用效率提高。转移支付制度的实施使得资金向西部落后地区倾斜，增加了落后地区的财政收入。同时也可以避免政府的资金浪费、占用等现象的发生，提高资金的使用效率。

2)财政投入在基本公共服务均等化作用中存在的问题

(1)基本公共服务纵向不均等

随着中国经济由高速增长向高质量发展的转变,中国各个部门开始更加重视民生问题的改善,而实现基本公共服务均等化也成了中国的新目标。然而随着时间的推移,基本公共服务不均等化现状日益突出,主要表现在纵向不均等以及横向不均等两方面。

基本公共服务的纵向不均等主要原因是中央政府与地方政府的财政收入和支出之间的不均等。中央政府与地方政府在提供基本公共服务的时候并不能达成一致,中国目前基本公共服务纵向不均等现象严重,主要由于某一级财政部门对于基本公共服务提供很高的水平,而其他级别的政府部门却因为许许多多的内外界因素没有办法提供与之相对应或相匹配的基本公共服务。

如表 7-1 所示,2019 年市级一般预算支出与省级一般预算支出之间都存在较大的差距。从地区之间的划分来看,东部与中部市级一般预算支出相较于省级一般预算支出差距较小,西部城市中新疆与西藏省级与市级之间的支出则存在着明显的差距,这也进一步反映了西部基本公共服务纵向不均等现象更加严重一些。因此不难判断中国基本公共服务存在明显的纵向不均等现状。

表 7-1　2019 年中国部分省份一般性预算支出比较　　单位:亿元

省份	省级一般性预算支出	市级一般性预算支出
山东	10739.76	1575.97
江苏	12573.55	1952.85
广东	17297.85	4552.73
湖南	8034.42	1425.98
河南	10163.93	1910.67
贵州	5948.74	718.82
新疆	5315.49	620.28
西藏	2187.75	365.41
陕西	5718.52	1247.02

(2)基本公共服务横向不均等

基本公共服务横向不均等是指同一国家不同地区间的基本公共服务水平存在明显的差异。导致基本公共服务横向不均等的原因有很多,地区间财政收入的不同以及财政部门决策的差异性是造成基本公共服务横向不均等的主要原因。从表 7－1 中也不难看出，山东和江苏等东部省份的一般预算支出是西藏的 5 倍，而较发达的广东省的一般预算支出则比西藏高出 8 倍多。

从表 7－2 中不难看出，中国各市级一般性预算支出从东部至西部呈逐渐递减的趋势，同时支出最高的上海市与支出最低的拉萨市之间相差 7813.87 亿元。这样巨大差异背后的主要原因来自各个地区之间经济发展水平的不平衡，进一步导致了财政收入的不平衡，最终导致各地方政府在一般性预算支出上的差异。

综上可见，中国的基本公共服务存在着较为严重的不均等现状，其中横向不均等现象尤其严重。

表 7－2　2019 年中国部分城市一般性预算支出　　单位：亿元

城市	一般性预算支出
上海	8179.28
深圳	4552.73
青岛	1575.97
郑州	1910.67
长沙	1425.98
贵阳	718.82
乌鲁木齐	620.28
拉萨	365.41
兰州	456.66

（3）财政投入规模不足

当下中国的主要矛盾已经转变为人民日益增长的美好生活需要同不平衡不充分之间的矛盾。中国基本公共服务的建设主要来源为财政支出，但各个地区之间不同的财政收入导致了其不同的财政支出，进一步导致了地区之间对于基本公共服务支出不均衡的现象。比如前文所提到的中国基本公共服务存在较为明显的纵向不平均以及横向不平均，而中国地区间人均收入差异恰恰是导致这一问题发生的根源。同时，即使在许多的一线城市里，仍然存在基本公共服务供给不足的现象。

从 2020 年突发的新冠疫情可以看出中国公立医院的数量还远远不够，虽然在抗击疫情的过程中许多的私立医院也献出了一份自己的力量，但是不难看出其中发挥主要作用的还是公立医院。虽然近年来中国一般公共预算支出中的卫生健康支出水平正在逐年上升，但现阶段的卫生服务水平仍不能满足绝大多数公民的基本公共服务需求。同时中国在社会保障和教育水平方面的支出也远远落后于西方国家，这都体现出了中国在基本公共服务建设投入规模的不足。

2019 年中国财政总支出为 245588 亿元，其中医疗卫生占比 6.7%，教育支出占比 14.16%，社会保障支出占比 11.96%。从表 7－3 中不难看出中国财政支出在基本公共服务方面的倾斜程度日渐增高，但相较于国外占比高达 20%以上的数据来看，中国在基本公共服务方面仍存在财政投入不充足的问题。

表 7－3　中国 2011—2019 年财政医疗卫生支出、教育支出、社会保障支出　单位：亿元

年份	国家财政医疗卫生支出	国家财政教育支出	国家财政社会保障支出
2011	6429.51	16497.33	11109.40
2012	7245.11	21242.10	12585.52
2013	8279.90	22001.76	14490.54
2014	10176.80	23041.70	15968.90
2015	11953.18	26271.88	19018.69
2016	13158.80	28072.80	21591.50
2017	14450.63	30153.18	24611.68
2018	15623.55	32169.47	27012.09
2019	16665.34	34796.94	29379.08

(4)基本公共服务供给不均等

由于中国各地区之间财政收入差异的存在，导致中国各地方政府在基本公共服务支出上的程度并不相同，进而造成各地区之间基本公共服务的不均等问题。如今许多的地方政府偏好将大量的财政支出放在建设城市的基本公共服务设施上，而忽略了农村的基本公共服务建设，导致许多省份内部或是市级内部存在较严重的基本公共服务不均等现象。

农村相较于城市的经济发展本就处于劣势地位，同时由于近年来进城打工的热潮出现，农村留居的大多是老人和儿童。儿童需要更好的基本教育服务，老人则需要更好的医疗保障服务和养老服务，同时农村的低保家庭和贫困家庭也需要社会保障服务来维持生计。这就表明地方政府不能将目光停留在城市的基

本公共服务的建设上，而应该缩小农村与城市之间的基本公共服务差距，加大财政资金的投入。

同时中国还存在经济发达地区基本公共服务均等化程度高，经济欠发达地区基本公共服务均等化程度低的现象。由表7-2不难看出，中国东部省份虽然都有较高的一般性预算支出，但上海市的一般性预算支出却远远高于青岛市与深圳市的一般性预算支出。而西部地区以及中部欠发达地区的一般性预算收入更是远不及普通东部城市以及发达中部城市的一般性预算支出。造成这种问题的主要原因在于经济发展的不平衡，同时各个地区资源禀赋和政府财政支出偏好的不同也导致各个地区间存在较大的基本公共服务差异。资源匮乏的地区和经济不发达地区的政府财力较弱，自然没有办法提供高水平的基本公共服务建设，这将导致各个地区间基本公共服务水平两极分化。

3）中国基本公共服务不均等的原因分析

(1)现行财政投入机制不完善

新中国成立以来一直将GDP的增长放在主要的位置上，所以在新中国成立初期和后来经济飞速发展的时间里各级政府将精力与财力大幅度的投放在了刺激GDP增长的项目上来，反而忽视了基本公共服务的建设。这就导致中国目前的基本公共服务远落后于西方发达国家，而这一落后却不是一朝一夕所能弥补追赶上的。

改革开放之前，中国的资源重心一直偏向于城市的发展，于是导致在改革开放前中国的基本公共服务就出现了城市与乡村脱节的现象。改革开放后，在“先富带动后富”的指导思想下，深圳等东部地区的经济得到了迅速的发展，同时国家辅之以大量的优惠政策以及鼓励政策，吸引了更多的西北部年轻劳动力前往东南沿海地区发展。这不仅导致了西北部地区劳动力的缺失，同时也加剧了中国地区间基本公共服务不均衡的现象。

公共财政的本质体现国家的意志，同时能够做到调控国家的经济脉络以及民生状况。而公共财政体制的不完备使得中国基本公共服务不均衡现象不仅没有得到相应的改善，反而加大了各地区之间基本公共服务不均等的现象。

(2)转移支付制度不规范

首先，转移支付制度的相关法律体系不完备。缺少监督检查机制的转移支付机制稳定性较差，同时由于缺少法律的约束与规范，转移支付资金被占用与浪费的可能性大大增加，这进一步减少了转移支付原本的效用。

其次，转移支付结构不合理。中国的税收返还机制采取基数计算方法，即缴纳税款多的地区返还的金额高,缴纳税款少的地区返还的金额少。这种计算方法会加剧各地区之间基本公共服务的不均衡性,即造成税收额度较高的地区投入基础建设的资金也较高,而税收相对较少的地区投入的资金也较少。税收较少的地区一般为西北部地区和中部部分欠发达地区,这些区域的基本公共服务本就落后于其他地区,在投入比例减少的情况下,基本公共服务的差距只会越来越大。

(3)资金来源单一

中国基本公共服务自己投入的主要来源为税收资金,这就使得各地区的基本公共服务水平一定程度上完全依赖于各地区税收收入的多寡。税收收入较高的地区则有充沛的资金运用在基本公共服务的建设上,税收收入较少的地区则在投资基本公共服务的基础建设上有着一定的局限性。造成这种现状的主要原因在于城乡基本公共服务推进的过程中,政府没有完全发挥出市场应有的力量,也没有积极调动社会力量参与到基本公共服务的建设中来。社会闲置资源没有被很好地利用,这就导致了一定程度上的资源浪费问题的出现。

(4)地方政府重视程度不够高

地方政府将大部分的税收收入用于提高本地区的经济发展,只有小部分资金用于基本公共服务的建设。同时,中国还存在严重的基本公共服务纵向不均等现象。省级政府倾向于把资金用在提高市级城市的基本公共服务建设上,而忽视了乡镇的基本公共服务的建设。例如不少西部城市将大部分资金运用在刺激经济发展上面,而西部地区的基本公共服务本就落后于东部地区,这就使得近年来中国基本公共服务的横向不均现象仍然存在。

(5)未建立完善的法律与监督机制

目前中国尚未出台规范的法律制度来配合推进基本公共服务均等化,这就导致中国缺少良好的法律环境,同时各级政府在执行任务时会出现职责不明确,转移支付资金被浪费以及办事效率低等状况。这些情况都会在一定程度上延缓了中国基本公共服务均等化的推进。

政府是实现国家财富再分配的主要力量,若想要提高全体公民的福利程度,政府就应当善用转移支付手段,以合法合理的手段将富人的钱转移给穷人,而不是进一步导致穷者愈穷,富者愈富。若基本公共服务均等化的推进没有完善的法律制度和监督机制进行维护,那么政府就会频繁出现“越位”以及“缺位”的现象。

7.1.3 财政投入在基本公共服务均等化中作用的实证分析

1)变量选择与数据处理

(1)被解释变量的选择

本部分主要研究财政投入在基本公共服务均等化中的作用,故而选取基本公共服务指数为被解释变量,即把基于熵值法计算出来的基本公共服务水平数据当作被解释变量。

其中熵值法选择最贴合人民日常生活所需的3个二级指标,即公共卫生医疗服务、公共教育服务、基本社会保障服务。只有解决好基本的医疗卫生问题,人民的幸福生活才有保障;只有解决好教育资源的问题,中国未来的发展才有保障;只有解决好社会保障的问题,中国的公民幸福感才能得到提升。这3个指标与每一个公民的日常生活都息息相关,也是所有公民需求最旺盛的3个基本公共服务。所以应当处于基本公共服务的首要地位。

对于三级指标的选取,在公共医疗卫生服务的二级指标下选取卫生机构数(个)、卫生技术人员数量(人/万人)以及卫生机构床位(万张)作为三级指标;在公共教育服务的二级指标下选取小学师生比、中学生师比以及教育经费(万元)作为三级指标;在基本社会保障服务的二级指标下选取医疗保险参保率、失业保险参保率以及养老保险参保率作为三级指标。因此本部分一共选取3个二级指标,9个三级指标作为综合评价体系。然后采用熵值法计算30个地区的指标得分(见表7-4、表7-5)。

表7-4 区域基本公共服务均等化评价指标体系

一级指标	二级指标	三级指标	指标含义
基本公共服务均等化水平	公共卫生医疗服务	卫生机构数(个)	体现医疗卫生规模
		卫生技术人员数量(人/万人)	体现医疗卫生质量
		卫生机构床位(万张)	体现医疗卫生质量
	公共教育服务	小学师生比(教师人数=1)	体现教学水平
		高中师生比(教师人数=1)	体现教学水平
		教育经费(万元)	体现教学规模
	基本社会保障服务	医疗保险参保率(%)	体现医疗保险覆盖率
		养老保险参保率(%)	体现养老保险覆盖率
		失业保险参保率(%)	体现失业保险覆盖率

表 7－5　2009—2018 年各类指标权重

类别	2009	2010	2011	2012	2013	2014	2015	2016	2017	2018
教育经费	11.89%	12.90%	12.96%	12.92%	13.08%	13.20%	14.93%	15.23%	17.02%	18.43%
小学师生比	0.88%	0.90%	0.91%	0.89%	0.96%	0.95%	1.05%	0.96%	0.96%	0.97%
高中师生比	1.37%	1.36%	1.39%	1.39%	1.40%	1.42%	1.44%	1.45%	1.58%	1.70%
卫生机构个数	20.94%	21.04%	21.48%	21.92%	21.97%	21.96%	22.18%	22.34%	23.78%	24.76%
卫生医疗人员个数	1.37%	1.38%	1.38%	1.39%	1.39%	1.41%	1.44%	1.40%	1.39%	1.42%
卫生机构床位	16.33%	16.74%	16.99%	17.06%	17.45%	17.83%	17.98%	17.96%	19.12%	19.97%
养老保险覆盖率	8.78%	8.99%	9.03%	9.04%	9.08%	9.10%	9.16%	8.77%	9.08%	9.43%
医疗保险覆盖率	3.37%	3.65%	3.97%	4.03%	4.48%	4.86%	4.98%	5.01%	5.22%	5.78%
失业保险覆盖率	12.08%	14.36%	14.28%	15.33%	16.05%	16.68%	18.75%	20.61%	22.10%	32.02%

根据指标体系（二级指标及三级指标）建立的初始矩阵和权重矩阵，可以计算出 2009—2018 年 30 个省（区、市）的基本公共服务水平（见表 7－6）。

表 7－6　2009—2018 年各个省（区、市）基本公共服务水平

地区	2009	2010	2011	2012	2013	2014	2015	2016	2017	2018
北京市	0.7244	0.7013	0.7075	0.7098	0.7126	0.7254	0.7054	0.7099	0.7223	0.6536
天津市	0.4428	0.4752	0.4968	0.5124	0.5541	0.5651	0.5421	0.5213	0.5674	0.5277
河北省	0.3002	0.3206	0.3414	0.3432	0.3634	0.3699	0.3501	0.3566	0.3702	0.3721
山西省	0.3128	0.3152	0.3818	0.3818	0.4052	0.4312	0.4514	0.4824	0.4392	0.4491
内蒙古	0.4044	0.4128	0.4596	0.4371	0.4818	0.4821	0.4856	0.5436	0.4825	0.4950

续表

地区	2009	2010	2011	2012	2013	2014	2015	2016	2017	2018
辽宁省	0.4254	0.4425	0.4722	0.4985	0.5132	0.5312	0.5706	0.5507	0.5368	0.5591
吉林省	0.3421	0.3601	0.3754	0.3964	0.4052	0.4124	0.4245	0.4731	0.4321	0.4318
黑龙江省	0.3245	0.3396	0.3707	0.3997	0.4122	0.4562	0.4598	0.4629	0.4609	0.4617
上海市	0.7455	0.7016	0.6832	0.6744	0.6932	0.6425	0.6498	0.6732	0.6521	0.6607
江苏省	0.4036	0.4271	0.4619	0.4438	0.4726	0.4898	0.4901	0.5027	0.4922	0.5098
浙江省	0.4211	0.4366	0.4548	0.4817	0.5029	0.5388	0.5401	0.5598	0.5424	0.5602
安徽省	0.1856	0.2014	0.2235	0.2644	0.2746	0.2889	0.276	0.2801	0.2797	0.2796
福建省	0.3658	0.3468	0.3205	0.3417	0.3556	0.3737	0.3799	0.383	0.3792	0.3792
江西省	0.2455	0.2514	0.2374	0.2219	0.2463	0.2513	0.2694	0.2968	0.2705	0.2776
山东省	0.4236	0.4271	0.4414	0.4598	0.4625	0.4792	0.479	0.4913	0.4802	0.4835
河南省	0.1896	0.1954	0.2108	0.2365	0.2544	0.2615	0.2645	0.2831	0.2702	0.2709
湖北省	0.2825	0.2998	0.3059	0.3115	0.356	0.4102	0.4156	0.4215	0.4179	0.4201
湖南省	0.2784	0.2866	0.2965	0.2974	0.3021	0.2982	0.3118	0.3406	0.3358	0.3354
广东省	0.3314	0.3294	0.3299	0.3537	0.4195	0.4217	0.4268	0.4292	0.4014	0.4245
广西	0.2256	0.2144	0.2322	0.2216	0.2123	0.2098	0.2193	0.2382	0.2311	0.2308
海南省	0.2547	0.2697	0.271	0.2854	0.3199	0.3282	0.3108	0.3038	0.2987	0.3044
重庆市	0.2456	0.3288	0.3342	0.3486	0.3494	0.3697	0.3648	0.4089	0.3405	0.3498
四川省	0.2218	0.2413	0.2951	0.3039	0.3543	0.3478	0.3644	0.389	0.393	0.4033
贵州省	0.1036	0.1554	0.1624	0.2043	0.2217	0.2306	0.2466	0.2732	0.2688	0.2708
云南省	0.2621	0.2355	0.1956	0.2132	0.2561	0.2699	0.2689	0.2785	0.2798	0.2848
陕西省	0.3256	0.3362	0.3488	0.3704	0.3986	0.4012	0.4088	0.4145	0.3856	0.3675
甘肃省	0.1756	0.2046	0.2854	0.3025	0.3104	0.3244	0.3354	0.3655	0.3796	0.3898
青海省	0.3364	0.3247	0.3016	0.2981	0.3314	0.3215	0.366	0.3319	0.3345	0.3014
宁夏	0.3519	0.3627	0.3992	0.4438	0.4511	0.4615	0.4568	0.4787	0.4521	0.4776
新疆	0.3987	0.4288	0.4015	0.4564	0.4477	0.4596	0.4491	0.4321	0.4251	0.4397

(2)解释变量的选择

解释变量的选择主要结合前文的理论基础以及造成问题的原因来设定。首先，由于本模型主要关注财政投入机制对于基本公共服务的影响，所以选取财政支出、财政收入以及转移支付作为被解释变量。其次，由于地方政府的财政实力也同样影响基本公共服务的均等化，所以选取财政支出覆盖率作为解释变量，见表7-7。

(3)控制变量的选择

根据查阅的资料显示，中国地方政府提供基本公共服务的多寡同样取决于地区的人均GDP和常住人口。故选择人口密度和GDP作为控制变量，见表7-7。

模型中所使用的数据均来自《中国统计年鉴》《中国财政统计年鉴》等官方数据，其中剔除西藏自治区和港澳台地区，只研究剩余30个省(区、市)。

表7-7 实验变量

变量类型	变量名称	变量符号	计算公式
被解释变量	基本公共服务指数	Basic service	熵值法计算结果
解释变量	财政支出	expenditure	人均省级财政支出/(人均省级财政支出+人均中央财政支出)
	财政收入	income	人均省级财政收入/(人均省级财政收入+人均中央财政收入)
	人均转移支付	Transfer	(中央补助收入－中央财政支出)/各省常住人口
	财政支出覆盖率	Cover	一般预算收入/一般预算支出
控制变量	人均GDP	GDP	各省GDP/常住人口
	人口密度	People	常住人口/各省总面积

2)变量的描述性统计分析

首先对解释变量和被解释变量进行描述性统计，计算其均值、标准差、最大值和最小值。以此来进一步挖掘每个指标的特征、意义和其分布规律，见表7-8。

表 7-8　变量的描述性统计

变量类型	变量名称	均值	标准差	最大值	最小值
被解释变量	基本公共服务指数	0.388	0.141	0.747	0.102
解释变量	财政收入	0.514	0.138	0.831	0.274
	财政支出	0.842	0.032	0.953	0.716
	人均转移支付	0.092	0.096	0.580	0.000
	财政支出覆盖率	10.943	3.12	24.362	6.417
控制变量	人均 GDP	9.521	0.533	10.643	8.144
	人口密度	4.249	5.68	29.365	0.071

3)模型的选择和设定

面板数据具有横截面数据和时间序列的特点,同时在实际中也会产生时间效应和个体效应,所以选择固定效应模型进行检验。固定效应模型是指实验结果只想比较每一自变项之特定类目或类别间的差异及其与其他自变项之特定类目或类别间交互作用效果,而不想依此推论到同一自变项未包含在内的其他类目或类别的实验设计。固定效应回归是一种空间面板数据中随个体变化但不随时间变化的一类变量方法。

采用面板数据的固定效应模型,基本模型公式为 $Y=u+x\times b+e$。其中 Y 表示个体的效应,其结果仅与截面数据有关,与时间数据无关。

具体模型设定为:

$$\text{basic service}=u+a\times\text{expenditure}+b\times\text{income}+c\times\text{transfer}+d\times\text{cover}+e\times\text{people}+\text{f}\times\text{GDP}+e \tag{7-1}$$

4)实证结果分析与检验

采用 STATA 软件进行固定效应的估计,得到模型的估计结果如表 7-9 所示。

表 7-9　2009—2018 年面板数据固定效应模型的估计结果

解释变量	被解释变量:基本公共服务指数
expenditure	0.698***
财政支出	(0.23)
Income	−0.412***

续表

解释变量	被解释变量:基本公共服务指数
财政收入	(0.11)
Transfer	0.896***
人均转移支付	(0.33)
Cover	0.167**
财政支出覆盖率	(0.07)
People	−0.028**
人口密度	(0.01)
N	150
F1	25.33
P1	0.0000
F2	23.28
P2	0.0000
* p<0.1	** p<0.05

其中,表格中的数字为解释变量的系数,括号里的数字指代标准差。星号代表系数的显著性水平,* 表示在10%的显著水平下显著,** 表示在5%的显著水平下显著,*** 表示在1%的显著水平下显著。其中F1检验的是除了常数项以外的其他解释变量的联合显著性,F2检验的是个体效应是否显著。其中P1和P2的值均在0.0000,即可以认为本实验的个体效应显著。除此之外,由于GDP存在高度的共线性与相关性,在这一步将控制变量GDP进行了剔除。

因为面板数据具有横截面数据和时间序列的特点,所以要通过对面板数据进行异方差检验和序列相关检验,以此来避免遇到异方差问题和自相关问题,见表7-10。

表7-10　检验后的估计结果

解释变量	被解释变量:基本公共服务指数
expenditure	0.681***
财政支出	(0.204)
Income	−0.431**
财政收入	(0.069)
Transfer	0.858***
人均转移支付	(0.298)

续表

解释变量	被解释变量:基本公共服务指数
Cover	0.172
财政支出覆盖率	(0.039)
People	−0.041***
人口密度	(0.007)
N	150

注:* 表示 $p<0.1$,** 表示 $p<0.05$,*** 表示 $p<0.01$。

5)实证研究结论

第一,财政支出正向影响基本公共服务均等化。对于财政支出解释变量的结果在1%的显著性水平下显著,通过其系数之前的符号可以判断出财政支出对于基本公共服务水平的影响为正向。财政支出投入在基本公共服务方面的金额越多,对于基本公共服务均等化的推进作用也就越大。

第二,财政收入负向影响基本公共服务均等化。财政收入前的系数为负,也就是在1%的显著水平下,可以认为财政收入的提高反而降低了各地基本公共服务均等化。这也跟前文提到过的中国公共财政体制不完备有着一定的关系。由于中国的基本公共服务不均等现象是历史遗留下来的难题,早年间的财政收入主要用于刺激经济和GDP的增长,现在由于中国的财政体制不完善,导致财政收入虽然在逐年增加,但是落实到基本公共服务均等化方面的资金却非常不足,这些原因都在一定程度上导致了财政收入前的系数为负值。

第三,转移支付正向影响基本公共服务。对于转移支付来说,在1%的显著性水平下显著,同时转移支付的效果与财政支出和财政收入两个变量的效果相同,都对被解释变量有非常显著的影响。前文提及中国目前基本公共服务均等化存在的问题中还有转移支付制度不规范,中国的税收返还机制采取基数计算方法,即缴纳税款多的地区返还的金额高,缴纳税款少的地区返还的金额少。这种计算方法会加剧各地区之间基本公共服务的不均衡性,即造成税收额度较高的地区投入基础建设的资金也较高,而税收相对较少的地区投入的资金也较少。税收较少的地区一般为西北部地区和中部部分欠发达地区,这些区域的基本公共服务本就落后于其他地区,在投入比例减少的情况下,基本公共服务之间的差距只会越来越大。故而这样显著的结果也能证明转移支付制度对于基本公共服务均等化的作用之大,因此建立完备的转移支付制度刻不容缓。

第四,财政支出覆盖率正向影响基本公共服务。相较于前三个解释变量,财政支出覆盖率在修正后的结果中并不显著。但从结果可以看出，中国财政支出覆盖率可以正向影响基本公共服务，即财政支出覆盖率的提高可以提高中国基本公共服务均等化水平。

第五，人口密度正向影响基本公共服务。控制变量中的人口密度对于基本公共服务均等化水平的影响也很大，在1%的显著性水平下显著，即人口每增加1%，其基本公共服务均等化程度就会下降0.041分。在人口密集的区域，若是政府所提供的基本公共服务不足，就会出现供不应求的现象。同时由于公民存在用足投票的现象，这就导致人们倾向于到基本公共服务较高的地区生活。人口密度越大，基本公共服务的需求也就越大，人民对于公共服务的要求也日益升高，这些都导致了人口密度系数前符号为负数的结果。

7.2 转移支付制度对基本公共服务均等化的影响机制

7.2.1 财政转移支付促进基本公共服务均等化的机理分析

1)财政转移支付对地方财力均等化的影响

财政转移支付制度的设计初衷，是要在中央监管之下进行纵向和横向上的资金转移，这在客观上要求中央政府将经济发达地区的部分财政资金转移至经济落后地区，以满足其支出需要，要保证中央和地方政府之间财权、事权划分的合理性，减少财力不均衡的现状。

(1)转移支付金额的确定

为对各类转移支付的效果和作用进行分析，下面我们利用数学公式对转移支付的依据进行推导，来说明其促进财力均等化的机理。

在理想状况下，如果i地方政府的收入来源是某种单一的税收，且向公众提供的公共服务也只有一种，那么该地区对转移支付资金的需求量就等于标准财政收入和标准财政支出之差：

$$C_i \times P_i = A_i \times P_i - B_i \times P_i \qquad (7-2)$$

式中：A_i表示地方政府的人均标准财政支出；B_i表示地方政府的人均标准财政收入；C_i表示地方政府的人均标准财政缺口；P_i表示地方总人口数。

从中可以看出，地方政府能够获取的转移支付与标准财政支出正相关，与标准财政收入负相关。

如果进一步考虑区域特异性差异，结合全国人均财政收支，就可以将地区对转移支付资金的需求量表达为下式：

$$C_i \times P_i = A \times \alpha_i \times P_i - B \times \beta_i \times P_i \tag{7-3}$$

式中：A 表示全国人均标准财政支出；B 表示全国人均标准财政收入；α_i表示 i 地区向本地区公民提供标准公共服务时的成本差异系数；β_i表示 i 地区人均财政收入相较于全国人均标准财政收入的财力差异系数。

通过变形，上述公式还可进一步改写为下式：

$$C_i \times P_i = (A - B) \times P_i + A \times (\alpha_i - 1) \times P_i + B \times (1 - \beta_i) \times P_i \tag{7-4}$$

从中可以看出，转移支付产生的关键因素是纵向的财力差距，即$(A-B)$，此外也受地区公共服务成本差异(α_i-1)及财政收入财力差异$(1-\beta_i)$影响。这里应当重点关注纵向财力差距导致的$(A-B)$这一项，如果$A>B$，则说明地方政府财政收支不能达到平衡，需要通过转移支付获取财政补助；如果 $A\approx B$，则说明地方政府整体财政情况良好，无须中央政府协调转移支付，或只需要在同级政府间协商解决，即利用横向转移支付方式；$A<B$ 比较少见，只有在地方政府掌握大部分财权，中央政府缺乏资金难以自给的时候才会出现。

(2)转移支付的不同方式对地方财力均等化的影响

无论是一般转移支付还是专项转移支付，对地方财力均等化都有着积极的影响，但各自的效果有所区别。

一般转移支付具体包括均衡性、民族地区、农村税费改革、调整工资转移支付等。执行过程中，一般性转移支付采取因素法核定各地区人均财政标准收支、财政困难程度，针对性地拨付资金，给付的资金不受使用约束。与一般性转移支付不同，专项转移支付要按照中央规定用途使用，即专款专用，可以细分为配套性转移支付和非配套性转移支付两种。当中央政府向地方政府提供了一笔补贴，指定资金用途但不需要地方政府出资时，即为非配套性转移支付；如果中央政府提供补助但要求地方也按一定比例出资（如 50%），则是配套性转移支付。此外，配套转移支付也有封顶与不封顶的差异，两者区别在于中央政府的补助是否随地方花费的增加而不限量增加，如有最高数额限制则为封顶，否则为不封顶。

总的来看，一般性转移支付更能促进一般意义上的财力均等化，财政困难地区能够得到更多的一般性转移支付资金，而专项转移支付主要是激励地方按照中央对财政支出结构的偏好来使用资金，对财力均等化有一定作用但不显著。

2）财力均等化对基本公共服务均等化的影响

财力均等化无疑是基本公共服务均等化的前置条件，不同类型的转移支付对财力均等化，进而对基本公共服务均等化具有不同的功能和作用，具体来看是通过影响地方政府的支出激励，产生收入效应和替代效应，进一步促进基本公共服务均等化。

首先，转移支付使地方可支配财力增加，预算约束线发生变动，保证有足够的资金来提供更多的基本公共服务；其次，各类转移支付特别是专项转移支付，可以改变地方政府财政支出结构，降低其在指定用途及公共服务项目上的绝对、相对价格，使得更多的财政资源被配置在指定的项目上，对其他非指定补助类别的项目及服务产生一定程度的挤占或替代，发生替代效应。相比较而言，一般转移支付主要产生收入效应，不过由于不直接与基本公共服务提供相联系，能否促进公共服务均等化将由地方政府的偏好决定，因此更适用于对公共服务提供机制较为充足稳定的地区；专项转移支付对于受补助地方政府主要产生替代效应，特别是要求资金配套时，地方政府为争取更多的财政补助，会将其他非指定项目的资金尽量转移至中央指定项目上，从而造成不同项目间的替代和挤占。

3）转移支付促进基本公共服务均等化实现的路径分析

为找准政策落实的着力点，提高财政资金的使用效率，对转移支付促进基本公共服务均等化进行路径的明晰是十分有必要的。转移支付促进公共服务均等化应当分为两个步骤：一是投入，即财力均等化；二是产出，即各省基本公共服务均等化水平的提高。

地方政府的实际可支配财力由转移支付及地方本级财政收入组成，这些财力将会被运用至经济发展支出、公共服务均等化支出、政府债务支出等各个方面，并最终由公共投资、服务支出、消费来决定均等化水平，同时还要受当前公共服务供给成本、供给水平影响（见图 7－2）。因此，中央政府要仔细研判对于公共服务均等化起重要作用的各类因素，以转移支付对地方政府的公共服务提供水平进行干预来保障其均等化程度。

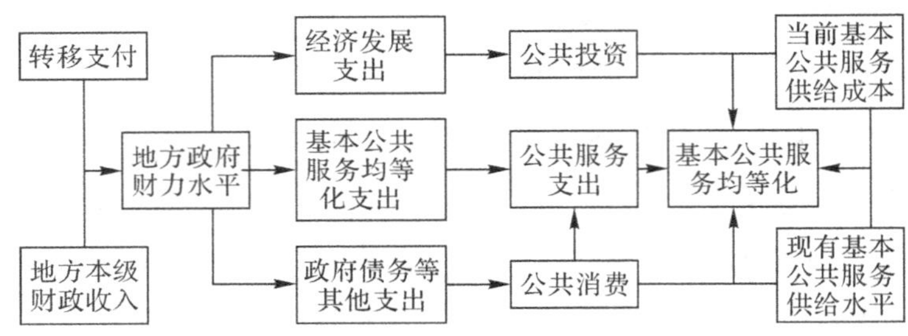

图 7-2 转移支付促进基本公共服务的实现路径

7.2.2 财政转移支付促进基本公共服务均等化的现状分析

1)财政转移支付促进基本公共服务均等化的成效

(1)中央财政在转移支付中的地位得到进一步巩固

1994 年分税制改革后,中央政府终于获得了自 20 世纪 80 年代财政分权包干之后不断向地方政府扩散的主体财政权力,在重要支出领域重新有了稳固的话语权。1987 年中央财政收入比重占全国财政收入的比重仅为15.5%,1993 年分税制改革后从 22.0%的低点,迅速跃升至 1994 年 55.7%的最高点,此后一直稳定在 45%以上(见图 7-3)。分税制改革一改中央政府财政预算窘困的不利局面,将财政调控的权力从地方政府手中收回,其具体措施包括:第一,在中央政

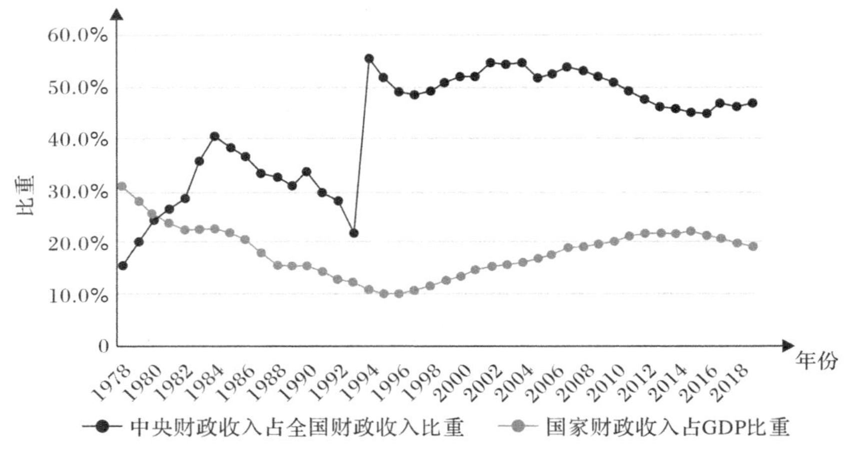

图 7-3 1978—2019 年中央财政及国家财政比重变化

府和地方政府间按照支出责任划分收入，将税收分为中央税、地方税及共享税；第二，执行转移支付制度。

财政改革显著增强了中央政府的经济地位，通过观察1990年至2019年中央和地方财政分配关系的变化情况（见表7-11）可以发现：①经过财政改革，中央政府在收入初始分配中的地位大大提高，同时支出责任在稳定下降，初始收入/最终支出的比率由1993年的77.7%上升至2019年的319.1%并保持稳定，可以看出整体改革趋势是财权高度上移与事权适度下放；②曾经在20世纪90年代占中央收入10%以上的地方上解收入，在21世纪已经逐渐消失，到2008年仅为946.37亿元，约占中央收入的2.81%，说明财权在初始分配时已经逐渐收拢于中央政府；③转移支付占财政总收入的比例稳定在30%至40%左右，是一股巨大的由上而下的资金流动，蕴含巨大的宏观调控与跨区域转移能力，分税制改革财政集权制十分明显；④中央财政转移支付规模及比例保持在高位，税收返还及转移支付占地方财政支出的比例在2019年为36.5%，其间持续分布在35%至50%之间，可见地方政府已经高度依赖转移支付来弥补财政收支缺口。

表7-11 1990—2019年中央和地方财政分配关系变化 单位：%

年份	财政收入初始分配		财政转移支付后二次分配		财政支出分配	
	中央	地方	中央	地方	中央	地方
1990	33.8	66.2	30.2	69.7	32.6	67.4
1991	29.8	70.2	28.0	72.0	32.2	67.8
1992	28.1	71.9	27.0	73.0	31.3	68.7
1993	22.0	78.0	23.3	76.7	28.3	71.7
1994	55.7	44.3	20.8	79.2	30.3	69.7
1995	52.2	47.8	21.7	78.3	29.2	70.8
2000	52.2	47.8	17.3	82.7	34.7	65.3
2001	52.4	47.6	15.7	84.3	30.5	69.5
2002	55.0	45.0	16.1	83.9	30.7	69.3
2003	54.6	45.4	16.6	83.4	30.1	69.9
2004	54.9	45.1	15.5	84.5	27.7	72.3
2005	52.3	47.7	16.0	84.0	25.9	74.1
2006	52.8	47.2	17.9	82.1	24.7	75.3
2007	54.1	45.9	18.7	81.3	23.0	77.0

续表

年份	财政收入初始分配		财政转移支付后二次分配		财政支出分配	
	中央	地方	中央	地方	中央	地方
2008	53.3	46.7	15.8	84.2	21.3	78.7
2009	52.4	47.6	10.7	89.3	20.0	80.0
2010	51.1	48.9	12.2	87.8	17.8	82.2
2011	49.4	50.6	11.0	89.0	15.1	84.9
2012	47.9	52.1	9.2	90.8	14.9	85.1
2013	46.6	53.4	9.4	90.6	14.6	85.4
2014	45.9	54.1	9.2	90.8	14.9	85.1
2015	45.5	54.5	9.3	90.7	14.5	85.5
2016	45.3	54.7	8.1	91.9	14.6	85.4
2017	47.0	53.0	9.3	90.7	14.7	85.3
2018	46.6	53.4	8.6	91.4	14.8	85.2
2019	46.9	53.1	7.9	92.1	14.7	85.3

数据来源:《中国财政年鉴》及财政部预算司《政府转移支付决算表》。

(2)财政转移支付数额及结构持续优化

1999年中央税收返还和转移支付规模为4086.61亿元,20年后的2019年,这一数额已经达到74359.86亿元,约为18.2倍,参考同期GDP增长倍数为10.9倍,可知转移支付占国民经济产出的比例也在不断上升(见图7-4)。

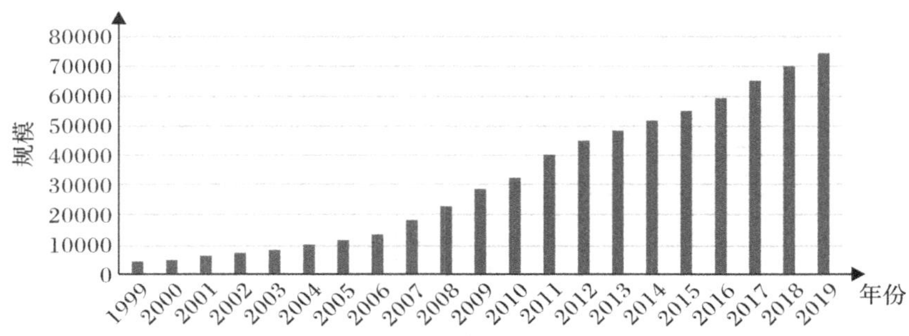

图7-4 1999—2019年中央税收返还和转移支付规模

一般转移支付、专项转移支付及税收返还共同构成了现行的转移支付体系,其比例结构在1994年至2020年间有较大的变动:①1994年时税收返还占比约为 75%，一般性转移支付仅为 10%左右，有着浓厚的改革过渡色彩；②1994 年专项转移支付仅占约 15%，但到了 2008 年占比变为 43.3%，已经是三个分类中的第一，此后持续稳定在 32%以上；③一般性转移支付比例持续上升，26 年间平均年增长在 2019 年达到最高值 56.6%，标志着转移支付平衡财力作用的主体地位已经形成(见图 7-5)。

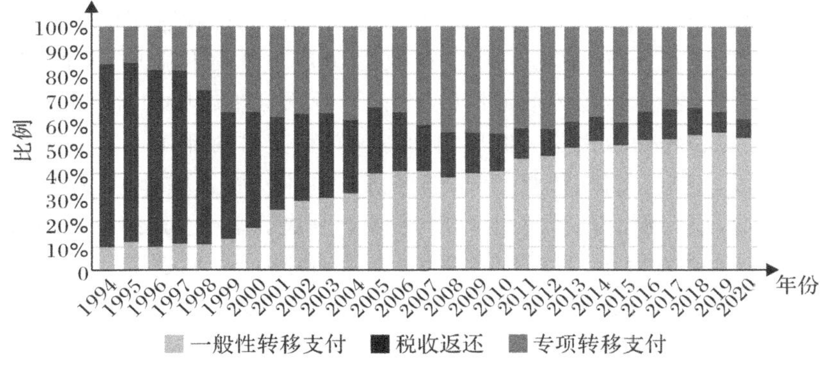

图 7-5 1994—2019 年中央对地方转移支付及税收返还构成

(3)基本公共服务均等化程度不断提高

本部分利用 2010—2019 年各类基本公共服务的基本统计数据，通过建立度量指标，将环境保护、基础设施建设、社会保障、文化传媒、医疗卫生、义务教育六大类项目加入观测模型，得到基本公共服务基尼系数走势图(见图 7-6)。

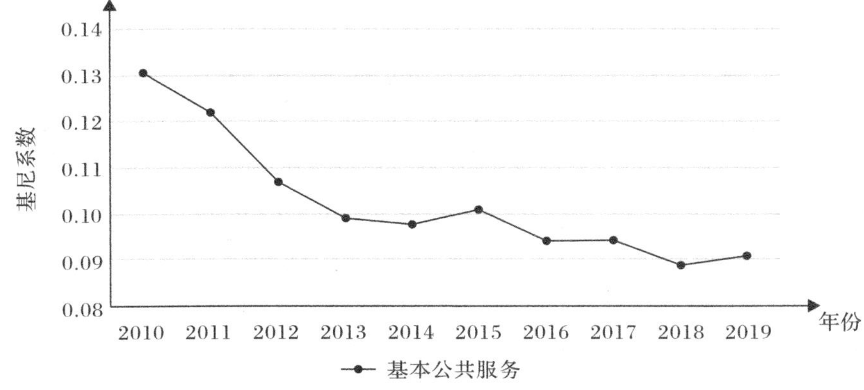

图 7-6 2010—2019 年基本公共服务基尼系数

从图 7－6 中可以看出，中国近十年来基本公共服务基尼系数从约 0.13 下降至约 0.09，降幅约为 31%，说明中国基本公共服务均等化程度在不断提高，各省基本公共服务提供差距在不断缩小。

2）财政转移支付促进基本公共服务均等化中存在的问题分析

（1）财政转移支付种类繁多不利于基本公共服务均等化

转移支付结构虽然在不断优化，但作为过渡政策的税收返还仍然存在，2020 年仍有约 6609.7 亿元的规模，实际上税收返还是对既得利益的一种保护性认可，不但不能缩小各区域地方政府财政差异性，反而会加剧财力分配"马太效应"的出现，应当尽快考虑取消这一制度。而专项转移支付内部体系过于复杂，广泛覆盖基础建设、卫生、文化、体育、环保等经济及事业发展领域，以及灾害补助、项目补助等细分项。例如在 2018 年政府转移支付决算表中，其细分项目就多达 67 个，包括就业补助资金、目标价格补贴、成品油补贴等（见表 7－12）。这些指定项目中，有的还需要地方政府在执行时提供配套资金，更加剧了地方政府的财力紧张程度，越向基层发展情况越严重。

繁多的转移支付种类加大了转移支付资金的管理难度，并且这些细分项多为专项转移支付，对基本公共服务均等化的促进效果不如一般转移支付。有很多种类的转移支付资金处在监管的盲区，实际并没有被投入在规定的用途上，而是被地方政府挪作平衡一般预算收支的"吃饭钱"，各种挪用、截流的现象相当普遍，导致最需要投入资金的基本公共服务领域缺少"水源"，这样的转移支付的均等化效果难以保证。

以上分析说明，目前转移支付中存在一定的结构不合理和项目繁多问题，应该在今后的改革中着力优化解决。

表 7－12 2018 年中央对地方税收返还和转移支付决算表 单位：亿元

项目	决算数	项目	决算数
一、一般性转移支付	38722.06	……	……
1. 均衡性转移支付	24442.28	55. 工业转型升级资金	92.16
2. 老少边穷地区转移支付	2132.83	56. 中小企业发展专项资金	69.15
3. 成品油税费改革转移支付	693.04	57. 电信普遍服务补助资金	33.94
4. 体制结算补助	1593.95	58. 服务业发展资金	74.25
5. 基层公检法司转移支付	470.86	59. 外经贸发展资金	110.54
6. 基本养老金转移支付	6664.41	60. 海岛及海域保护资金	20.61

续表

项目	决算数	项目	决算数
7.城乡居民医疗保险转移支付	2724.69	61.特大型地质灾害防治经费	50.00
二、专项转移支付	22927.09	62.土地整治工作专项资金	154.53
1.监狱和强制戒毒补助资金	54.75	63.农村危房改造补助资金	264.44
2.支持学前教育发展资金	149.00	64.重要物资储备贴息资金	2.95
3.特殊教育补助经费	4.10	65.粮食风险基金	179.81
4.学生资助补助经费	422.72	66.基建支出	4108.67
5.支持地方高校改革发展资金	367.32	67.其他支出	28.95
6.国家文物保护专项资金	53.32	三、中央对地方税收返还	8031.51
7.非物质文化遗产保护专项资金	7.24	1.增值税返还	6113.29
8.文化产业发展专项资金	30.26	2.消费税返还	1010.92
9.困难群众救助补助资金	1396.34	3.所得税基数返还	910.19
10.就业补助资金	468.78	4.成品油税费改革税收返还	1531.10
11.优抚对象补助经费	439.34	5.地方上解	—1533.99
12.中央自然灾害生活补助资金	70.79	四、合计	69680.66

数据来源:《中国财政年鉴》及财政部预算司《政府转移支付决算表》。

(2)财政转移支付预算管理低效造成基本公共服务非均等化

目前中国转移支付体系逐渐完善,规范性日益增强,具有“稳定增长,目的性强,分类众多,点面结合”的特点,但由于我国的特殊国情和改革中的经验积累不足,也会存在诸如主观臆断、责权不清、预算管理效率低下的问题。

根据一般性转移支付和专项转移支付资金额的确定方法来看,实践中多采用的是基数法或经验判断法,真正应用到公式法及因素法的项目并不多见,这就导致转移支付的数额缺乏科学依据(见表7-13)。转移支付的预算管理本应贯穿整个资金分配及应用于基本公共服务均等化的过程中,但每年的全国财政会议上,各省份的转移支付往往是通过和中央财政部门一一谈判确定,这样的过程是半透明或不透明的,结果也不尽如人意,常演变为“会哭的孩子有奶吃”,导致转移支付资金未能流向最能促进基本公共服务均等化的领域。由于预算内容粗泛、编制不够公开、执行比较随意,地方政府往往倾向于更多的占有转移支付资金,认为“争取来的资金是自己辛苦的成果,不能无偿分享”。考虑到促进基本公共服务均等化的支出往往由基层政府完成,但转移支付预算管理的低效使得资金配置在一定程度上失效,这就会造成转移支付额度上升,但基本公共服务均等化未能有效改善的现象。

表 7-13 部分一般性转移支付项目规模确定及测算办法

转移支付项目	确立时间	规模确定机制	测算办法描述	特点
调整工资转移支付	1999	据实计算	根据供养人员和调资标准计算	基数性质
农村税费改革转移支付	2000	预算安排	根据农村税费改革减收情况测算	基数性质
成品油价格和税费改革转移支付	2009	根据成品油价格和税费改革新增	根据成品油消耗量、公路里程、公路密度等计算确定	特定用途

资料来源:李萍《财政体制简明图解》(2010)。

(3)财政转移支付人均额度较少导致基本公共服务供给不足

在经历了数十年高速经济增长之后,中国实现了从生存型社会向发展型社会的跨越,人民群众对于高质量基本公共服务的需求也在日益增加。但由于经济发展及财政体制限制,政府在多个公共服务领域的提供方面仍存在诸多不足,未能尽到应有的义务和责任,导致公共服务的供需矛盾,本部分就三个重点公共服务项目进行分析。

第一,公共医疗卫生供给不足。地方政府对医疗服务的重视程度普遍弱于经济建设。以 2016 年为例,中国医疗支出占国内生产总值的比重为 5.0%,人均医疗卫生支出 398.3 美元,到了 2019 年医疗支出仍未突破 7.0%,对比 2016 年同期世界高收入国家,其医疗支出达到了 12.6%,人均医疗支出 5179.7 美元,同期比重差异绝对值 7.6%,人均医疗支出比值约 13 倍,以上数据都说明中国政府对于公共医疗卫生资源的财政投入有所欠缺,仍有很大的提升空间。

第二,基础教育投入不足。考虑到中国人口众多,多项数据落实到人均时就凸显出缺陷与不足,比如 2017 年中国中等教育入学率为 94.3%,而世界高收入国家在 2005 年时已经达到 100%;2017 年中国财政性教育经费占 GDP 的比例为 4.14%,同期全球范围的中位数已经达到 4.7%;中小学生师生比长期过高,且在东中西部各区域分布不平衡(见图 7-7)。长期以来,各级地方政府在基础教育方面的投入机制都有不明确、不科学、主观性强的特点,不仅总量仍显不足,还存在教育支出责任缺失的问题,目前基层财政承担了义务教育 80%以上的投入,而发达国家的中央政府往往直接负责义务教育最大比例的支出,这说明中国仍需在财政机制上加强对基础教育的支持。

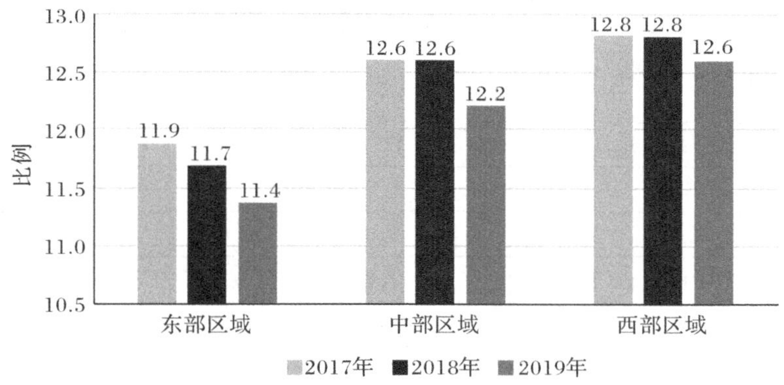

图 7-7 2017—2019 年中国各区域初中师生比

第三，社会保险覆盖率及额度不足。人均社会保障支出的绝对值情况不容乐观，根据 2017 年国家统计局统计科学研究所做的研究报告《我国与欧盟社会保障支出对比分析》，可以看出，中国与发达国家的社会保障支出规模及人均支出水平都有较大差距。2014 年，中国社会保障支出为 64388.8 亿元，与 GDP 之比为 10.0%，比欧盟低 18.7 个百分点；中国人均社会保障支出为 4719.7 元，按官方汇率计算，约为欧盟的 1/13；政府投入占社会保障支出比重为 39.0%，比欧盟平均水平低 14 个百分点。

(4)转移支付激励失效造成基本公共服务供给结构不平衡

除去之前分析的提供数量和规模不足以外，中国基本公共服务还存在供给结构不平衡的问题，这在一定程度上造成了一种国家经济增长但公民未能享受国家发展红利的现象，是影响社会稳定的因素之一。根据高培勇先生的研究（见表 7-14），中国的经济建设支出比重达到了 34.1%，而 OECD 成员中发达国家的这一比重往往都在 10%左右，即使是从计划经济转向市场经济的匈牙利、捷克和奥地利，其经济建设支出比重也未超过 15%；就社会福利性支出而言，中国科教文卫及就业保障的合计支出仅为 36.5%，远低于 OECD 国家 60%至 70%的平均水平。虽然出于统计口径的不同，数据有效性可能受到局限，但对比之下中国重经济建设，轻社会福利与公共服务的发展思路仍然显露无遗，这固然能使中国从经济落后国家一跃而成为最大的工业化国家，但对于普通公民生活质量和发展权利的保障是不利的。

表 7－14　中国与其他 OECD 成员国的财政支出结构比较　　单位：%

支出分类		中国	美国	法国	德国	英国	日本	北欧三国	转型三国
基本政府职能支出	一般公共服务	13.5	11.7	12.2	12.8	10.6	11.5	12.2	14.1
	国防	5.9	11.9	3.7	2.3	5.4	2.2	2.9	2.6
	公共安全	6.6	5.4	3.0	3.4	5.2	3.2	2.3	4.2
	环境保护	3.3	—	1.8	1.5	2.0	2.9	1.0	1.7
	合计	29.3	29	20.7	20	23.2	19.8	18.4	22.6
经济建设性支出	经济事务	22.8	9.6	6.0	9.9	6.2	9.6	8.1	13.0
	住房与社区设施	11.3	2.3	3.4	1.5	2.6	2.0	1.2	1.7
	合计	34.1	11.9	9.4	11.4	8.8	11.6	9.3	14.7
社会福利性支出	教育	17.4	15.7	10.6	9.0	13.7	8.8	13.4	11.5
	文化体育传媒	2.3	0.7	2.7	1.7	2.2	1.0	2.6	3.2
	医疗卫生	6.3	20.8	14.2	15.0	16.3	17.0	14.9	13.1
	社会就业保障	10.5	21.6	42.7	43.2	35.7	42.3	41.4	34.9
	合计	36.5	58.8	70.2	68.9	67.9	69.1	72.3	62.7

资料来源：高培勇《中国财政政策报告（2013/2014）：将全面深化财税体制改革落到实处》。

（5）转移支付缺乏监管导致基本公共服务供给质量不高

实际上，由于发展历史短，积累经验少，外部限制较多，中国尚未形成完整全面的公共服务质量监管体系，相关法律法规存在一定缺陷，因此服务质量缺乏标准化、统一化的考量。如何协调政府机关和社会组织等资源来高效有序地提供公共服务，并进行服务后成效综合评估反馈，是当下需要考虑的问题。基本公共服务质量应当遵循以下框架图（见图 7－8）的逻辑进行改进。

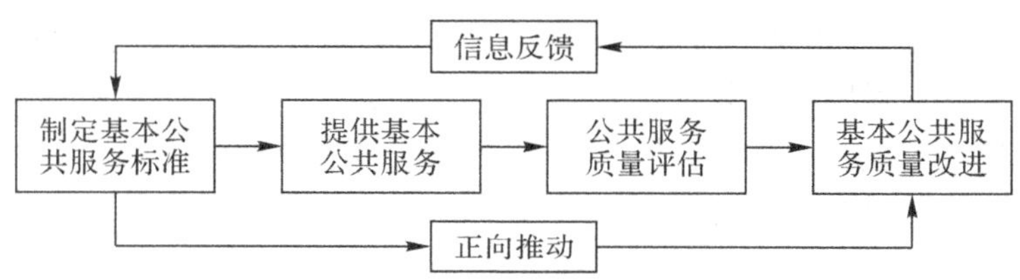

图 7－8　基本公共服务质量改进逻辑框架

首先，制定基本公共服务标准，提纲挈领；其次，由各层级政府提供基本公共服务；再次，通过建立专业的评估部门或者聘用社会审计机构，来考量基本公共服务的提供质量，经研究给出修改的方法和路径；最终建立包括信息反馈、正向推动在内的完整的基本公共服务质量改进体系，以此作为施政的逻辑参考。

除政府机构外，社会公共组织所提供的公共服务也是重要的一环，但由于中国社会组织发展历程短，其提供服务的范围和质量都很有限，政府应当考虑借助市场来提供服务，也就是引入市场竞争机制倒逼质量提升改革，以此谋求效率提升和成本控制。目前，中国的社会公共组织数量仍然不足，在公民日常生活中影响力有限，且缺乏足够的良性竞争环境，这显然不利于公共服务提供的多元化。究其原因，还是中国商品经济发展的实践和经验有所欠缺，政府管理的范围过于宽广，政府与市场的界线不明晰，导致社会组织存在的必要性下降，从而形成管理水平低、规模较小、社会影响力弱的局面。

7.2.3 财政转移支付对基本公共服务均等化影响的实证分析

1)评价指标体系构建

(1)评价指标选取

对中国31个省市的基本公共服务均等化水平进行测度，关键是要构建科学合理的指标评价体系。本部分将基本公共服务作为一级指标，将环境保护、基础设施建设、社会保障、文化传媒、医疗卫生和义务教育各单项基本公共服务作为二级指标，共选择6个二级指标35个三级指标构成完整的指标评价体系(见表7-15)，数据时间跨度为2010—2019年，数据来源包括《中国统计年鉴》《中国财政年鉴》《中国教育统计年鉴》《中国教育经费年鉴》等。

表 7－15 基本公共服务供给评价指标体系

一级指标	二级指标(k)	三级指标(i)	指标方向
基本公共服务(FS)	环境保护(EP)	生活垃圾无害化处理率(%)	正相指标
		建成区绿化覆盖率(%)	正相指标
		每万人拥有公厕数(个)	正相指标
		人均公园绿地面积(m^2)	正相指标
		环境保护财政支出比重(%)	正相指标
		人均环境保护支出(元)	正相指标
	基础设施建设(IC)	城市用水普及率(%)	正相指标
		城市燃气普及率(%)	正相指标
		每万人拥有公共交通车辆数(标台)	正相指标
		人均城市道路面积(m^2)	正相指标
		住房保障财政支出比重(%)	正相指标
		交通运输财政支出比重(%)	正相指标
		人均住房保障支出(元)	正相指标
		人均交通运输支出(元)	正相指标
	社会保障(SS)	养老保险参保率(%)	正相指标
		人均养老保险支出(元)	正相指标
		医疗保险参保率(%)	正相指标
		人均医疗保险支出(元)	正相指标
		每千人社会福利机构床位数(张)	正相指标
		社会保障与就业财政支出比重(%)	正相指标
		城镇失业登记率(%)	负向指标
	文化传媒(CM)	人均拥有公共图书馆馆藏量(册)	正相指标
		广播电视覆盖率(%)	正相指标
		文化体育与传媒财政支出比重(%)	正相指标
		人均文化体育与传媒支出(元)	正相指标
	医疗卫生(MCPH)	每万人口医疗卫生机构数(个)	正相指标
		每千人口医疗卫生机构床位数(张)	正相指标
		每千人口卫生技术人员数(人)	正相指标
		医疗卫生财政支出比重(%)	正相指标
		人均医疗卫生支出(元)	正相指标
	义务教育(CE)	初中以上学历人口比例(%)	正相指标
		小学师生比(教师人数=1)	负相指标
		初中师生比(教师人数=1)	负相指标
		小学人均经费支出(元)	正相指标
		初中人均经费支出(元)	正相指标

(2)评价指标数据处理

本部分采用综合评价法(CE)进行基本公共服务提供水平的评价,具体做法是:首先确定各次级指标的面板数据,然后为次级指标赋权再合并为一个主要指标,以主要指标数值作为参评依据。不过由于各项二级指标的计量单位并不相同,为了能够进行指标合成,首先必须进行数据的无量纲化处理,因此,考虑到不同年份数据连续可比性和正负相关性指标影响,给出无量纲化计算公式如下:

$$B_{i,t} = \frac{A_{i,t} - A_{i,\min(2010)}}{A_{i,\max(2010)} - A_{i,\min(2010)}} \times 10 \tag{7-5}$$

$$B_{i,t} = \frac{A_{i,\max(2010)} - A_{i,t}}{A_{i,\max(2010)} - A_{i,\min(2010)}} \times 10 \tag{7-6}$$

式中:第一个式子为正向指标,第二个式子为负向指标,$A_{i,t}$是某省级具体三级指标数据,表示 t 年份的第 i 个指标,$A_{i,\max(2010)}$ 和$A_{i,\min(2010)}$ 分别指基期年度,即2010 年的第 i 个指标的最大值和最小值,这一设定的目的是为了借助基期来观察 2010 年至 2019 年各项基本公共服务指标的相对变化情况,$B_{i,t}$是无量纲化之后的数值(分数),乘以 10 是为了使结果更易于观察,此外各项涉及价格的四级指标均通过当年该省份居民消费价格指数进行平减,以消除物价上涨因素影响。

在对三级指标作无量纲化处理后,还需要进一步合成二级指标,这里涉及加权的问题,查阅文献可知常用的方法有主观赋权、简单加权平均法以及熵值客观赋权等。虽然根据信息论而言,熵值客观赋权有较强的客观性和准确性,但为了保证权重稳定,使各年度各指标互相可比,本部分决定采取主观赋权法,具体计算公式如下:

$$C_{k,t} = \sum_{i=1}^{n} \frac{B_{i,t}}{n} \tag{7-7}$$

这里的$B_{i,t}$即为之前计算所得的无量纲化三级指标数据,$C_{k,t}$则是加权合成的第 k 个二级指标(分数),n 为该二级指标包含的三级指标个数,权重均取 $1/n$,采取同样的办法可以得到最终的一级指标,即基本公共服务D_t的分数:

$$D_t = \sum_{k=1}^{n} \frac{C_{k,t}}{n} \tag{7-8}$$

经过以上的三步计算之后,可以得到包括基本公共服务在内的 7 个指标分值面板数据,因为是 31 个省份在 2010 年到 2019 年间的数据,所以均为 31×10 矩阵规格,至此已经基本完成了对各区域不同年份各类基本公共服务的指标化度量,下面需要做的是测度各类数据的非均等化程度。

文献中广泛采取的相关计算方法有两种,一种是泰尔指数,其优势在于能够对不均等水平进行人口分组分解或子样本分解,但缺点是对数据结构敏感,容易高估不平等；另一种是基尼系数，其优势在于原理简洁，使用广泛，数据适应性强，缺点是无法分组分析。本部分经过计算实证比较后，发现基尼系数更能适应各类公共服务指标数据，故加以采用，具体计算方法为：

$$G=\frac{1}{2n(n-1)u}\sum_{i=1}^{n}\sum_{j=1}^{n}|B_{i,t}-B_{j,t}| \tag{7-9}$$

式中：G 为基尼系数；n 为 31；u 为测算数据列的均值；$|B_{i,t}-B_{j,t}|$ 表示任何一对指标样本差。

按照以上公式可以计算出包括基本公共服务在内的 7 个指标的 2010—2019 年基尼系数得分。

(3)评价指标结果展示

第一，供给水平分析。图 7-9 展示的是 2010—2019 年中国基本公共服务、环境保护、基础设施建设、社会保障、文化传媒、医疗卫生、义务教育的评价水平得分。显然，各指标整体上都呈现上升趋势，但具体细节不一而同，整体基本公共服务分数在 2010 年仅为 3.284，到 2019 年时已增长至 5.856，增长幅度 78.3%，年均增长率约 6.6%。

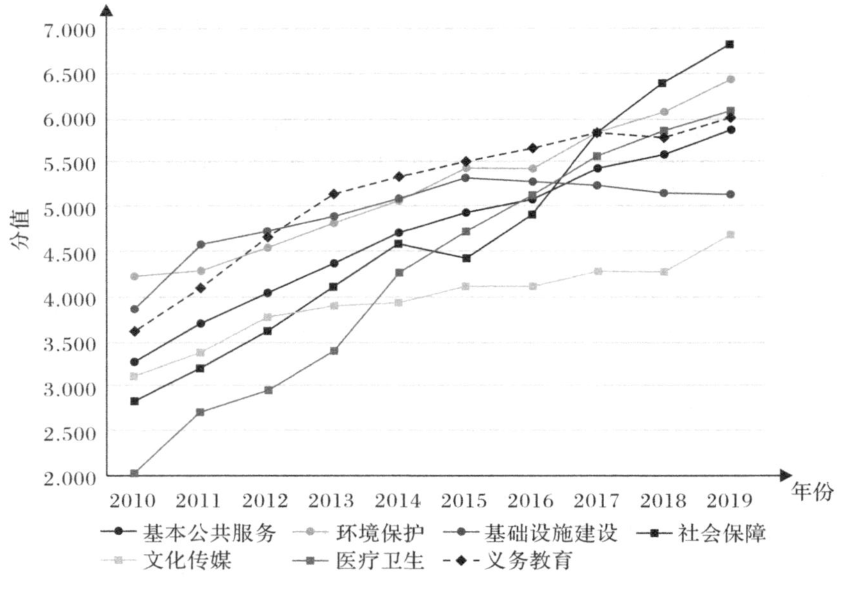

图 7-9　2010—2019 年基本公共服务供给水平得分

具体到二级指标，环境保护供给水平得分从 4.238 增长至 6.41，增长幅度 51.3%，年均增长率达 4.7%；基础设施建设供给水平得分从 2011 年的 3.875

增长至 2015 年达到最大值 5.334,此后进入下滑区间,但仍保持在 5.0 分以上;社会保障供给水平得分增长较快,从 2.839 增长至 6.820,增长幅度达 140.2%,年均增长率 10.2%;文化传媒供给水平得分的增长幅度较小,从 2010 年的 3.114增长至 2019 年的 4.694,幅度为 50.7%,年均增长 4.7%;医疗卫生供给水平得分进步最大,从 2010 年的 2.030 上升至 2019 年的 6.062,增长了 198.6%,年均增长高达 12.9%;义务教育供给水平得分从 2010 年的 3.605 上升至 2019 年的 6.007,增长幅度为 66.6%,年均增长率 5.8%,总体来看,社会保障、环境保护、义务教育对拉升总体基本公共服务分数起到了关键作用。

第二,均等化水平分析。图 7－10 展示的是 2010—2019 年度各项基本公共服务的基尼系数,总体来看,除文化传媒外,其余所有单项基本公共服务的基尼系数都在不同程度上有所降低,这意味着虽然中国基本公共服务的非均等化情况持续存在,但非均等程度在缩小,社会公平在逐渐得到实现,不过需要注意的是近几年基础设施建设和医疗卫生的非均等程度有所上升,说明这两个领域仍需加大对于均等化措施的实施力度。

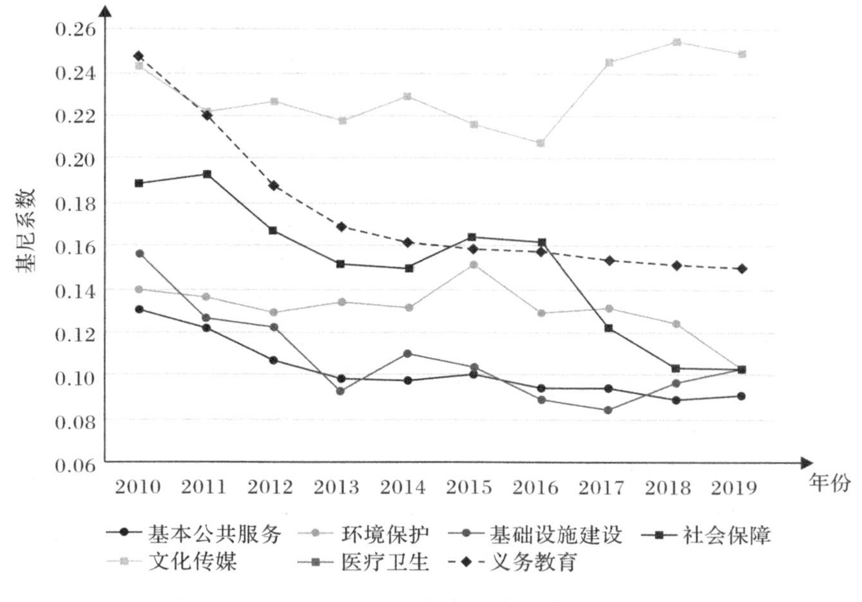

图 7－10 2010—2019 年各类基本公共服务基尼系数

具体来看,总体基本公共服务的基尼系数从 2010 年的 0.131 下降至 2019 年的 0.091,下降幅度为 30.6%,年平均下降 4.0%;环境保护的基尼系数除在 2015 年有反弹之外,总体呈下降趋势,2010—2019 年降幅为 25.7%;基础设施建设的基尼系数经历两次反弹，整体年均下降 4.6%；社会保障的基尼系数变化明显，从 2010 年的 0.189 下降至 2019 年的 0.103，幅度为 45.6%，年均下降 6.5%；但文化传媒的差异度反而在增大，其基尼系数从 2010 年的 0.244 略微上涨至 2019 年的 0.249，增幅 2.2%；医疗卫生的基尼系数先下降后上升，总体降幅为 43%，年均下降 6.0%；义务教育的情况也有所改善，从 2010 年的 0.248 持续下降至 2019 年的 0.150，下降 39.4%，年均值 5.4%。

2)计量模型、指标选择与数据说明

这里包含两部分内容，一是对于基本公共服务供给水平绝对值的计量模型、指标选择及数据说明，二是对于转移支付对基本公共服务均等化影响的计量模型、指标选择及数据说明，下面进行分析：

(1)基本公共服务供给水平绝对值

综合考虑各方面影响后，本部分将计量回归模型设定为：

$$\ln(Y_{i,t})=\alpha_0+\alpha_1\ln(FS_{i,t})+\alpha_2\ln(TP_{i,t})+\alpha_3\ln(DFR_{i,t})+\alpha_4\ln(UR_{i,t})+\alpha_5\ln(PCGDP_{i,t})+\alpha_6\ln(DP_{i,t})+\beta_i+\varepsilon_{i,t} \quad (7-10)$$

这里的下标 i 和 t 分别指地区 i 和第 t 年，α 是各变量的系数，β_i 表示不同地区的截距，$\varepsilon_{i,t}$ 为残差项。被解释变量 $Y_{i,t}$ 指不同的基本公共服务供给水平的评价分数，包括基本公共服务 $PS_{i,t}$、环境保护 $EP_{i,t}$、基础设施建设 $IC_{i,t}$、社会保障 $SS_{i,t}$、文化传媒 $CM_{i,t}$、医疗卫生 $MCPH_{i,t}$ 以及义务教育 $CE_{i,t}$ 7 个变量，解释变量包括财政供养系数 $FS_{i,t}$、人均转移支付 $TP_{i,t}$、财政收入分权度 $DFR_{i,t}$、城镇化率 $UR_{i,t}$、人均国内生产总值 $PCGDP_{i,t}$，以及人口密度 $DP_{i,t}$。

解释变量的选取遵循以下考量：①财政供养系数＝供养人口/总人口，供养人口指的是某地区由财政支出给付工资薪酬的劳动力数量，如机关公务员、公立院校教师、公立医院医生等，该系数用以考察行政及事业人员比例对于基本公共服务提供的影响；②人均转移支付＝转移支付总额/总人口，是本部分着力考察的研究对象，用以观察财政转移支付的成效；③财政收入分权度＝各省预算内人均财政收入/全国预算内人均财政收入，该解释变量旨在考察地方与中央的财政收入分配博弈对基本公共服务提供的影响；④城镇化率＝城镇人口/总人口，这一项变量是为了考察城镇化程度对各类公共服务的偏好，比如对医疗卫生敏感等；⑤人均国内生产总值＝GDP/总人口，这是为了观察经济发展程度对基本公共服务的影响；⑥人口密度＝总人口/地区面积，因为高人口密度意味着单位公共产品成本的下降，因此引入人口密度可以考察公共服务供给的规模效应，见表 7－16。

表 7-16 被解释变量与解释变量说明

变量分类	变量名称	变量代码	指标选择	指标单位
被解释变量	基本公共服务	PS	各地区基本公共服务分数	1
	环境保护	EP	各地区环境保护分数	1
	基础设施建设	IC	各地区基础设施建设分数	1
	社会保障	SS	各地区社会保障分数	1
	文化传媒	CM	各地区文化传媒分数	1
	医疗卫生	MCPH	各地区医疗卫生分数	1
	义务教育	CE	各地区义务教育分数	1
解释变量	财政供养系数	FS	各省供养人口/总人口	%
	人均转移支付	TP	各省转移支付总额/总人口	元/人
	财政收入分权度	DFR	各省预算内人均财政收入/全国预算内人均财政收入	%
	城镇化率	UR	各省城镇人口/总人口	%
	人均国内生产总值	PCGDP	各省国内生产总值/总人口	元/人
	人口密度	DP	各省总人口/地区面积	人/km^2

按照研究惯例,为了减少经典计量中偏态分布的影响,所有的变量都取对数,并且涉及价格的变量均采取当年当地区居民消费价格指数(CPI)平减的办法,以期消除通货膨胀的干扰。考察期限为2010—2019年,样本涵盖中国31个省级行政区域,根据表7-17的Hausman检验结果,在考虑充分利用面板数据的基础上,选择固定效应模型(fixed effects model)进行回归。

表 7-17 模型选择检验

模型检验	基本公共服务	环境保护	基础设施建设	社会保障
Hausman 检验	54.84*** (0.0000)	25.71*** (0.0003)	29.46*** (0.0000)	36.36*** (0.0000)
模型检验	文化传媒	医疗卫生	义务教育	—
Hausman 检验	5.14 (0.5262)	120.23*** (0.0000)	14.84** (0.0216)	—

注:***、**、*分别表示在1%、5%、10%的显著性水平上显著,括号中为P值。

(2)转移支付对基本公共服务均等化的影响

综合考虑各方面影响后，本部分将计量模型设定为：

$$\ln(G_t)=\alpha_0+\alpha_1\ln(TP_t)+\varepsilon_t \tag{7-11}$$

这里的 t 指的是 t 年度，被解释变量 G_t 指的是全国各类基本公共服务的基尼系数，但为了计算方便采用的是百分数形式，解释变量人均转移支付同前所述，只是范围扩大为全国人均转移支付，见表 7－18。实证部分将对 2010—2019 年的时间序列数据进行回归分析。

表 7－18　被解释变量与解释变量说明

变量分类	变量名称	变量代码	指标选择	指标单位
被解释变量	基本公共服务	GPS	全国基本公共服务分数的基尼系数	%
	环境保护	GEP	全国环境保护分数的基尼系数	%
	基础设施建设	GIC	全国基础设施建设分数的基尼系数	%
	社会保障	GSS	全国社会保障分数的基尼系数	%
	文化传媒	GCM	全国文化传媒分数的基尼系数	%
	医疗卫生	GMCPH	全国医疗卫生分数的基尼系数	%
	义务教育	GCE	全国义务教育分数的基尼系数	%
解释变量	人均转移支付	TP	全国转移支付总额/全国总人口	元/人

3)实证研究结论

(1)实证结果

第一，基本公共服务供给水平绝对值。回归中各变量的基本统计描述见表 7－19，解释变量和被解释变量均已在各自原始数据基础上取对数处理。

表 7－19　变量统计描述

变量名称	观察值	均值	标准差	变异系数	最大值	最小值
lnPS	310	1.6175	0.2565	0.1586	2.3808	0.6234
lnEP	310	1.6546	0.2655	0.1604	2.5508	0.8795
lnIC	310	1.6049	0.2306	0.1437	2.3533	0.5127
lnSS	310	1.6106	0.3780	0.2347	2.5259	0.4513

续表

变量名称	观察值	均值	标准差	变异系数	最大值	最小值
lnCM	310	1.3990	0.4413	0.3154	2.6248	−0.9423
lnMCPH	310	1.5721	0.3539	0.2251	2.3684	0.3232
lnCE	310	1.6923	0.3686	0.2178	2.6387	−0.3470
lnFS	310	1.2567	0.2399	0.1909	2.0570	0.8506
lnTP	310	8.2913	0.6428	0.0775	10.6924	6.9049
lnDFR	310	3.9148	0.5417	0.1384	5.4352	2.9805
lnUR	310	3.9985	0.2405	0.0602	4.4954	3.1210
lnPCGDP	310	10.6225	0.4286	0.0404	11.7751	9.4818
lnDP	310	5.3018	1.4621	0.2758	8.2505	0.8936

表 7 - 20 为总体基本公共服务的回归结果。

表 7 - 20　基本公共服务的回归结果(一)

解释变量	基本公共服务(lnPS)	解释变量	基本公共服务(lnPS)
lnFS	−0.0728(0.0984)	lnDP	0.3035(0.2153)
lnTP	0.3165*** (0.0445)	R-squared	0.9479
lnDFR	−0.0296(0.0383)	Adjusted R-squared	0.9410
lnUR	0.7768*** (0.1289)	F-statistic	137.9406
lnPCGDP	0.3936*** (0.0483)	Prob(F)	0.0000

注：***、**、* 分别表示在 1%、5%、10%的显著性水平上显著，括号中为稳健标准误。

表 7 - 21 为环境保护、基础设施建设及社会保障三项基本公共服务的回归结果。

表 7-21 基本公共服务的回归结果(二)

解释变量	环境保护(lnEP)	基础设施建设(lnIC)	社会保障(lnSS)
lnFS	−0.2340(0.1888)	−0.1394(0.2054)	−0.0831(0.1758)
lnTP	0.2312*** (0.0853)	0.5828*** (0.0928)	0.4207*** (0.0794)
lnDFR	0.0167(0.0735)	0.2328*** (0.0799)	−0.3775*** (0.0684)
lnUR	0.4265* (0.2474)	−0.3147(0.2691)	1.4787*** (0.2303)
lnPCGDP	0.2037** (0.0927)	0.1991* (0.4495)	0.4909*** (0.0863)
lnDP	1.7131*** (0.4133)	−0.6219(0.4495)	1.216*** (0.3847)
R-squared	0.8227	0.7230	0.9234
Adjusted R-squared	0.7993	0.6865	0.9133
F-statistic	35.1886	19.7954	91.4179
Prob(F)	0.0000	0.0000	0.0000

注:***、**、*分别表示在1%、5%、10%的显著性水平上显著,括号中为稳健标准误。

表 7-22 为文化传媒、医疗卫生及义务教育三项基本公共服务的回归结果。

表 7-22 基本公共服务的回归结果(三)

解释变量	文化传媒(lnCM)	医疗卫生(lnMCPH)	义务教育(lnCE)
lnFS	0.0134(0.2573)	−0.3545(0.2054)	0.4169** (0.1755)
lnTP	0.1583(0.1163)	0.3028*** (0.0992)	0.2862*** (0.0793)
lnDFR	0.2937*** (0.0735)	−0.4500*** (0.0854)	0.2370*** (0.0683)
lnUR	0.5182(0.3372)	1.2681*** (0.2875)	0.9228*** (0.2300)
lnPCGDP	0.3641*** (0.0927)	0.9311*** (0.1077)	0.3664*** (0.0862)
lnDP	0.0806(0.5632)	−0.4514(0.4802)	−0.7506* (0.3842)
R-squared	0.8816	0.8610	0.9206
Adjusted R-squared	0.8659	0.8426	0.9102
F-statistic	56.4402	46.9576	87.9521
Prob(F)	0..0000	0.0000	0.0000

注:***、**、*分别表示在1%、5%、10%的显著性水平上显著,括号中为稳健标准误。

第二,转移支付对基本公共服务均等化的影响。回归中各变量的基本统计描述见表 7-23,解释变量和被解释变量均已在各自原始数据基础上取对数处理。

表 7－23 变量统计描述

变量名称	观察值	均值	标准差	变异系数	最大值	最小值
lnGPS	10	2.3195	0.1203	0.0519	2.5704	2.1833
lnGEP	10	2.5667	0.0927	0.0361	2.7135	2.3331
lnGIC	10	2.3665	0.1786	0.0755	2.7517	2.1263
lnGSS	10	2.6869	0.2162	0.0805	2.9587	2.3277
lnGCM	10	3.1392	0.0663	0.0211	3.2386	3.0325
lnGMCPH	10	2.3321	0.2259	0.0969	2.8633	2.0909
lnGCE	10	2.8522	0.1633	0.0573	3.2095	2.7091
lnTP	10	8.1266	0.1677	0.0206	8.3549	7.7882

表 7－24 为各类基本公共服务基尼系数的回归结果。

表 7－24 基尼系数(lnG)的回归结果

被解释变量	Coefficient	标准误差	t Stat	P-value	Significance F
基本公共服务(lnGPS)	－0.6811***	0.0797	－8.5507	0.0000	0.0000
环境保护(lnGEP)	－0.3138*	0.1607	－1.9530	0.0866	0.0866
基础设施建设(lnGIC)	－0.8751***	0.2146	－4.0777	0.0035	0.0035
社会保障(lnGSS)	－1.1258***	0.2219	－5.0724	0.0010	0.0010
文化传媒(lnGCM)	0.1055	0.1346	0.7838	0.4558	0.4558
医疗卫生(lnGMCPH)	－1.0760***	0.2864	－3.7569	0.0056	0.0056
义务教育(lnGCE)	－0.9157***	0.1169	－7.8339	0.0001	0.0000

注：***、**、* 分别表示在1%、5%、10%的显著性水平上显著。

(2)分析说明

第一，基本公共服务供给水平绝对值。总体来看，财政供养系数对于各类基本公共服务供给水平的影响十分有限，多数情况下并不显著，仅在义务教育这一方面有影响力，系数为正。推测其原因是高财政供养系数意味着某一地区有更大比例的教育事业单位职工，也就意味着更低的师生比和更好的教育资源，因此地方政府应当考虑在响应中央号召精简政务人员数量时多保留教育事业单位岗位，以促进基础教育的发展。

转移支付在理论上对于基本公共服务供给水平的增益作用，在除文化传媒外的其余五个单项公共服务上均得到了明显的体现，系数均为正，在总体基本公共服务供给分数的回归中也呈1%概率下显著。根据回归结果，lnTP每增长1个单位，lnPS平均增长0.3165，也就是说当转移支付增长约1%时，基本公共服务评分就能增长约0.32%。由此看来，自1994年分税制改革后不断优化的转移支付制度是一项相当成功的举措，在使部分发达地区让渡财政收入后，增进了全国范围内各地区的基本公共服务供给能力。今后应当在现有制度基础上持续改革，多采用因素法和公式法来进一步提升转移支付的福利增进效果。

财政分权系数虽然在总体基本公共服务分数回归中影响不明显，但在除环境保护外的其余五个单项基本公共服务中均呈1%概率下显著。具体到各单项来看，社会保障、医疗卫生的系数为负，基础设施建设、文化传媒、义务教育的系数为正，说明占财政收入相对优势的地方政府更偏向于前两者，而财政收入劣势地区往往更倾向于后三者，中央政府可以利用这一特点进行财政收入分配调节，以期改善特定地区相应基本公共服务提供水平。

城镇化率作为衡量人口集聚程度和现代化程度的指标，在本次回归中对整体基本公共服务、环境保护、社会保障、医疗卫生以及义务教育都有显著影响，且均为正相关，这充分说明中国持续推进城镇化建设的正确性，以及人口集聚后所能带来的规模效应现象。

人均GDP是衡量一个国家经济发展水平的重要指标，理论上其数值的增加对于基本公共服务提供水平应该有明显的提升作用，而回归结果的确与预期相同，人均GDP与包括整体基本公共服务分数在内的7个单项变量都显著正相关。因此，中国应当继续坚持进行以产业升级、供需结构改革、缩小地区发展差异为主题的经济建设，以期获取更加充裕的财政收入，为人民群众提供高水平的基本公共服务。

人口密度高低对于基本公共服务提供的单位成本有显著影响，其提供效率也会随各地区自然资源及经济现状而变化。本次回归中人口密度和整体基本公共服务相关性不显著，但和环境保护、社会保障有正相关性，和义务教育有负相关性，推测原因是高密度人口地区对于环境保护和社会保障有更强偏好，但会导致义务教育中的师生比失衡。

第二，转移支付对基本公共服务均等化的影响。在这一简单的线性回归中，转移支付变量lnTP和文化传媒的基尼系数不显著相关，其余均呈现较强的负相关关系，其中总体基本公共服务的回归系数为−0.6811，说明在平均情况下，如果转移支付金额TP增长1%，那么基本公共服务的基尼系数会下降约0.68%。这项回归验证了财政转移支付增加的确有助于降低基本公共服务水平的基尼系数，即能够降低非均等程度，但在目前复杂的宏观经济形式下，政府应当合理控制财政转移支付规模,优化转移支付的效率,使相关收益大于成本,从而增进整体社会福利水平。

7.3 实现基本公共服务均等化目标的财政政策建议

7.3.1 明晰事权财权激发各级政府提供基本公共服务的积极性

基本公共服务具有非竞争性与非排他性的特征,加之其建设周期长和投资回收慢等特点,私人部门难以有效提供,政府成为基本公共服务供给的主要主体。另一方面,当前中国财政分权体制中的财政收入与支出责任之间不匹配的问题非常突出。特别是营改增后地方政府的财力受到很大冲击,财权与事权不相匹配。这一方面增加了地方政府的财政压力,迫使地方政府不得不通过增加实际税负、扩大非税收入规模以及寻租等方法来缓解财政压力,加重了地区企业和劳动力的税费负担;另一方面,财权与事权不匹配也制约了地方政府的公共服务供给效率,不利于抑制地区隐性经济规模。因此,必须明确划分中央政府和地方政府的事权和财权,努力打破地方政府事权重大但财力薄弱的现状,确保准确计算收入与支出,使各级政府履行职责具有充足的资金保障,从而激发各级政府提供基本公共服务的积极性。

从理论上来说,各级政府间事权支出的责任划分应以事项所产生"外溢性"的大小作为标准,即受益人群的涉及范围仅在本辖区内的公共服务事项的支出权责应由本区域内的政府承担,而外溢范围较大的公共服务事项则应由管辖范围覆盖更广的上级政府来提供支出保障。基本公共服务整体来说是一项正外部性不那么明显、外溢性较差的公共服务,各地政府理应为本辖区的基本公共服务负责,然而基本公共服务不仅"外溢性"较差,而且这部分资金在财政支出中易被挤占,当地方基层政府难以保证完成既定标准以上的基本公共服务供给时,可考虑由上级政府承担部分相关的基本公共服务的支出事权。与此同时,将基本公共服务各项具体的支出责任都明确和细化到各级政府,并根据每一级的财政能力妥善核定各自应承担的支出比例,尽量避免"财力逐级上移,支出责任层层下放"的旧模式,旧模式会使地方政府缺乏供给激励,不利于基本公共服务适度供给和均等化程度提升。

因此,建议事权划分应该坚持总体分权的基本格局,让地方政府在履行政府职能和提供公共服务的过程中拥有更大的自主权,但财政支出责任应该适度上移,减轻地方政府,尤其是基层政府的财政压力。具体来说,一是由中央政府制定基本公共服务水平的全国标准和指导性政策，但赋予地方政府在公共产品供给过程中的自主权，最大限度发挥地方政府的积极性和信息优势，减少对地方政府财政支出具体用途的过多限定，坚持政府间事权划分总体分权的基本原则；二是将基础性教育和公共医疗卫生支出等社会性支出责任适度上移，提高社会保障统筹层次，逐步实现由省级与中央政府统筹，减少基层政府繁重的社会性支出事务，同时，这也可以缓解因为地方政府财政支出偏好而导致的基本公共服务供给不足的问题，通过提高公共服务供给水平来提升企业和居民的税收遵从意愿。

7.3.2　提高地方政府重视程度，调整支出结构与政绩激励模式

1)提高地方政府的重视程度

中国地方政府近年来在基本公共服务方面的投入远远不够，投资规模的不足也是造成中国基本公共服务存在纵向不均等和横向不均等的根本原因。提高地方政府的重视程度可以加大其在基本公共服务方面的投入规模，不仅能有效缓解中国基本公共服务不均等的现象，同时也能有效提升各地区基本公共服务的评价指数。

同时现阶段中国各地区政府之间存在投资偏好不同、税收收入差距较大以及资金使用效率低等问题。故政府应当加大其对于基本公共服务建设的财政支出，同时要避免出现投资偏好的现象，将资金用到刀刃上，解决本地区基本公共服务的短板问题。同时政府应该积极组织民间组织加入基本公共服务的建设，利用民间的闲散资金来建设基本公共服务，努力缩短地区间的横向差异。做到统筹政府财政支出和民间闲散资金的有效利用，共同推进中国基本公共服务均等化的发展。

2)调整地方政府支出结构与政绩激励模式

为将财力均等化转化为基本公共服务均等化，促进地方财政支出结构转型是应有之义，必须从根源上消除对于地方财政支出偏好扭曲性激励的不合理体制安排，才能实现经济建设和公共服务质量提升的双赢，保证财政深化改革成功。

(1)以财政体制改革助推地方财政支出结构调整

要优化考核机制，增加基层民主反馈，使地方政府重视基本公共服务。一是要在承认经济发展优先的基础上，补充对于医疗卫生、科技文化、教育就业等领域的政绩计量指标，进行定期绩效考核；二是要重点推进基层民主建设，建立人

大对于财政支出结构的监督监管机制，引导公民参与对地方政府的政绩评价和服务效果反馈，从而形成结果导向，公民满意的公共服务提供体系。

(2)优化公共投资结构并加大社会福利性支出

要在编制年度预算时优先保证基本公共服务项目，争取相关支出在已有基础上适度增长，落实预算时由中央和省级政府监管和帮助县乡镇政府维持财政收支平衡。已经精简的专项转移支付项目继续简化合并，将各类涉及民生的资金补助直接下放到县级财政部门，并监督其使用。

7.3.3 改革财政投入机制，增加投入资金来源

公共财政是与市场经济相适应的政府为纳税人提供公共产品的法治财政。公共财政是指市场经济条件下的财政，在市场经济条件下，相对市场机制而言，政府的职能是弥补市场的缺陷，满足社会公共需要，财政则是实现政府职能的物质基础。

公共财政的本质是体现国家的意志，同时能够做到调控国家的经济脉络以及民生状况。完善的公共财政机制对于基本公共服务均等化的推动作用是正向的，且完善的公共财政投入机制可以避免政府的资金浪费、占用等现象的发生，提高资金的使用效率。政府应当调整财政支出的结构，把更多的资金投放到基本公共服务领域；进一步明确中央和地方的事权，健全财力与事权相匹配的财税体系。

中国基本公共服务的主要资金来源为税收，政府应该发挥出市场应该有的力量，将社会的闲置资金投入到基本公共服务的建设中来，这一举措不禁能够推动中国基本公共服务均等化，同时还能利用社会的闲置资源，避免了资源的浪费。

7.3.4 完善转移支付制度，加强监督管理

转移支付是政府将纳税人缴纳的税款返还给纳税人的一种方式。无论是从财政理论还是各国的实际经验出发，政府间的转移支付制度都是财政分权体制下政府调控区域财政能力和优化基本公共服务空间格局的主要手段。中国各地区经济发展水平和财政汲取能力存在较大差距，要优化基本公共服务空间格局、全面提高基本公共服务水平，必须充分发挥转移支付制度调节政府财力的作用，其基本公共服务建设也是政府归还纳税人缴纳税款的一种方式。由本章7.2的实证分析可以看出，转移支付对于基本公共服务的影响非常显著，同时，对转移支付制度的调整，也能够在一定程度上弥补税收分配上的不均衡，因而通过调整

财政转移支付的范围与方式等也是解决税收与税源背离问题可以考虑的方向，从而间接影响各地基本公共服务的供给。所以完善中国转移支付制度对于推进基本公共服务均等化有着深远的影响和意义。

第一，转移支付制度的改革要遵循三个基本原则，即公开透明性、规范性以及法制性。公开透明性要求政府在转移支付的过程中时刻公开其执行过程，方便公民实行其监督的权力，对政府工作提出宝贵的建议。同时政府还应当公开转移支付的预算与决算，这样能有效防止资金被占用以及资金浪费的现象。规范性是指转移支付的过程中应当对每一笔支出做到量化和标准化，设置合理的计算方式来进行转移支付的计算。有效改善中国之前税收返还机制中基数计算法的不足之处。法制性要求政府建立健全相应的法律体系以及出台相应的法律制度，以此来规范转移支付中的每一个过程和步骤。有了法律的约束和规范作用，转移支付中的资金浪费现象也能得到缓解。

第二，明确转移支付模式，转移支付制度分为纵向转移支付与横向转移支付，中央可以通过一般性转移支付与专项转移支付等纵向模式为地方基本公共服务“输血”。由于中国地区间财力差异较大，在平衡中央与地方财政能力的基础上，可以通过规范地区间的横向转移支付制度以平衡地方基本公共服务能力。可以直接通过财政横向转移的方式，探索建立并完善一套由地方政府对地方政府进行平行转移的机制，实现资金由较发达的地区横向转移至相对欠发达的地区以均衡各地区政府间的财力水平差异。财政横向分配可以由上一级政府或调解委员会集中或协调，再按照税收与税源相匹配的原则制定相应的分配办法在地区间分配执行，通过财政的间接性手段弥补税收分配缺陷带来的财力不均问题，进而保证各地基础性公共服务均等化。在转移支付的基础上，中央财政可以对关系到全国布局和跨区域的大型交通基础设施、公共服务设施等领域进行直接投资，并且中央政府的直接投资应起到平衡地区间经济发展水平的作用。

第三，精简转移支付种类，优化转移支付结构。如前文实证结果，财政转移支付金额的增加对各类基本公共服务的提供水平及整体均等化都有正相关作用，但实际上如果单纯依靠转移支付资金规模增长，必然会落入资金使用边际效率大幅下降的困境，转移资金的“大水漫灌”将造成各种直接和非直接的效率损失。此外，如果仅强调增加一般转移支付规模，而忽略其他经济阶段性目标，认为单一措施能够解决基层财政困境的弊病，也是不现实的，只有从精简支付形式、提升资金使用效率入手才能解决问题。需要考虑的方面如下：一是精简转移支付种类。减少不必要的专项转移支付细分类，将不符合发展趋势，不利于基本公共服务均等化的专项转移支付剔除，节约资金善用资金，使得转移支付资金流向最急需的领域。二是优化转移支付结构。要继续消除体制补助、税收返还等过渡性转移支付的规模和影响力，争取在未来十年实现一般性转移支付对过渡性转移支付的完全替代。

第四，提高人均财政转移支付额度。中国各类财政转移支付总额度在近十几年来大幅增长，但人口增长稀释了这一效应，造成人均财政转移支付额度与期望值有较大差距。根据2019年转移支付资金数据显示，除西藏、青海、宁夏、新疆、内蒙古五省外，其他各省人均转移支付均低于10000元人民币，低于国际高收入国家人均转移支付金额，这一情况需要从以下几个方面改善：持续提高各省转移支付总额度。由于人均财政转移支付＝财政转移支付总额/人口总数，在短期内人口总数是稳定的，因此要提高转移支付总体额度，只有将蛋糕整个做大，分给每个人的一份才能尽可能满足所需；根据各省人口适当考虑转移支付政策照顾。各少数民族地区因区位和资源禀赋落后的原因，往往受到各类政策照顾，但各人口大省也需要一定的政策倾斜，例如河南、四川等，要将人口因素纳入考虑范围，适当提高人口密集地区的转移支付收入。

第五，加强转移支付的预算管理。针对财政转移支付预算管理，有以下几点改良建议：一是采用“因素法”完善预算方式。要根据当下转移支付资金的使用方向及类型，设计较为科学合理的资金使用效益评价指标、体系，据此对转移支付资金的使用效益进行考核和评价。二是将财力性转移支付强制性编入本级政府预算。中央转移支付资金随年度不断增长，这些资金一定要按照地方政府上年执行数字或者上级下达的预估数编入年初预算。三是完善专项转移支付的预算编制与执行。在前述归并清理的基础上，财政部要将保留的专项预算分项目、分地区进行编制，并将数字准确下达给地方各省，这样上级给予的专项转移支付资金在各级政府的使用情况就能得到清晰的反应。

第六，建立更规范的转移支付监管制度。转移支付资金规模占地方支出比重很大，资金多寡直接关乎当地政府财政利益甚至机构人员个人收入、福利，因此各地区有充分的动机以合法或违规的形式争取多获得拨款。相关资金审批周期长，下放环节多，涉及范围广，使用规则复杂且不统一，因此资金闲置、挤占、截留甚至贪污现象时有发生，严重影响了转移支付促进公共服务均等化的效率。当下的关键是尽快建立多渠道、多主体、多环节的转移支付复合监督框架，将转移前、转移中、转移后的各类监管整合在一个有机的体系中，使各方面的监督力量形成合力，有效提高中国转移支付资金的使用效率。监督框架设计可以参考图7－11。

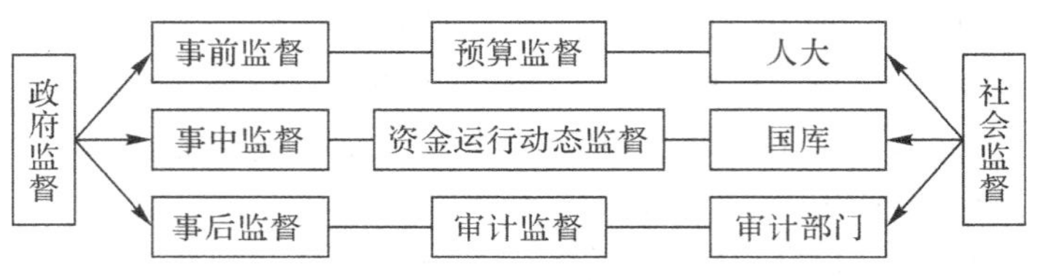

图 7-11 中国转移支付监督框架设计

具体转移支付监管制度包括:首先,由人大进行更加完备的预算监管,目的在于对转移资金的规模、形式、使用范围进行更细致的考察。我们可以推举部分人大代表,与社会监督机构的专业审计人员组成预算审议委员会,增加财政专业人员的决策建议话语权,独立编制转移支付预算计划并交多方审议。其次,增加国库作为资金运行状态监督方的权力,建立全国统一的转移支付资金风控系统,即国库单一转移支付账户体系,将对结果的监管前移至对过程的监管。最后,要加大审计部门对于转移支付的审计监督力度。应对项目设置、资金分配方案、转移支付效果等做全面审计,以期得到转移支付从拨付到执行再到生效的全方位效率数据,确保基本公共服务均等化的加强得到制度保障。

7.3.5 建立有效且完善的法律监督机制与考评机制

官员绩效考核体系和政治晋升竞争是中国地方政府之间出现财政支出竞争以及税收竞争的重要原因。长期以来,中国对官员的绩效考核和晋升考核都是以 GDP 增长作为核心指标,在这一考核机制的驱动下,中国地方政府之间为了争夺相对稀缺的资本要素而展开激烈的竞争,其中,通过扩大财政支出来完善基础设施建设是中国地方政府的常用手段,而财政支出竞争带来的财政压力又迫使地方政府提高实际税收负担水平,因而,也间接导致地方政府之间出现正向税收竞争。在当前中国的科层制组织体系下,地方政府之间以及政府官员之间展开竞争不可避免,但上级政府可以完善政府官员绩效考核和政治晋升机制来对下级政府之间以及政府官员之间的竞争行为进行调整、优化,即建立有效且完善的法律监督机制与考评机制。完善的法律监督机制可以约束政府的行为,同时考评机制可以刺激政府努力工作,以此来促使政府提供更好的基本公共服务。只有建立相应的法律监督机制与考评机制,各级政府之间在执行任务的时候才不会出现职责不明确,转移支付资金被浪费以及办事效率低下的情况。

具体说来,一是在考核指标体系中要体现出对人民群众追求美好生活愿望的要求,即将科教文卫以及社会保障等民生性公共服务供给水平纳入政府官员的绩效考核指标体系中。在以往以追求 GDP 增长速度的考核指标体系下,政府财政支出行为具有明显的“生产性偏向”，即大量财政支出都集中在基础设施建设中，而民生性公共产品的供给水平则普遍偏低，但当前中国社会的主要矛盾已经转化为人民群众对美好生活的需要与当前经济社会发展不充分不均衡之间的矛盾，因此，地方政府财政支出也应该要跟多地关注与民生生活息息相关的非经济类公共产品和服务。二是要在考核指标中重视城乡均衡发展水平。在中国经济高速发展过程中，城市的中心聚集作用非常明显，这一方面是因为城市地区经济基础较好，更容易吸引资本和劳动力，另一方面也是因为中国财政支出长期以来都有明显的“城市偏向”，而这又进一步扩大了中国的城乡差距，导致中国产生了严重的城乡发展不平衡问题。因此，应该通过调整绩效考核指标引导地方政府官员更多地向农村地区发展。三是要加强社会的绩效评价和反馈机制，提高政府透明度，扩大民众的知情权和监督权，一方面，切实提高地方政府及其官员的公共服务水平，减少政府官员的寻租行为，从而增强民众对政府的信任感，这将有利于提高民众的税收道德和税收遵从度，减少企业和个人逃税的动机。另一方面，保证社会偏好的落实，提供更符合人民期望的基本公共服务。

特别注意政府可以在考评机制上建立投入与产出两类指标，投入类指标可以避免政府的投资偏好问题，解决其仅投资一类基本公共服务的难题，同时也能衡量政府对基本公共服务均等化的资金投入和可持续性。产出类指标可以衡量政府对于基本公共服务投入的作用和资金的使用效率，避免了资金的浪费，同时还能评价政府的资金使用情况。

8 现行税收制度对基本公共服务均等化的影响机制分析

8.1 现行税收政策对基本公共服务均等化的影响机制

8.1.1 现行税收政策与基本公共服务均等化的内在逻辑关系

1)财力均衡是基本公共服务均等化的前提条件

地方政府的财力均衡对基本公共服务均等化产生重要影响,基本公共服务支出主要由地方政府负担,地方政府的财力直接影响本地区基本公共服务供给,财力的均衡为基本公共服务均等化目标的实现提供了物质保障,财力增加使地方政府有能力提高基本公共服务水平,从而实现地区间基本公共服务水平均等化。但是由于不同地方政府的独立性,其财政支出偏好以及基本公共服务供给成本不同,财力完全同等的政府供应的基本公共服务并不会完全一致。首先应该明确,财力均衡是针对地方政府的概念,而基本公共服务均等化是针对国民感受的概念,目的是让所有公民享受大致相等的基本公共服务,这取决于国民的满足感,所以财力均衡和基本公共服务均等化其实是两个范畴的概念。不同地方政府之间,基本公共服务供给成本往往不同,中国社会科学院财经战略研究院研究员杨志勇指出:人均财力不能决定公共服务水平,在人均财力水平相同的情况之下,人口、面积、气候、地理等都会成为影响基本公共服务供给成本的重要因素,从而会影响基本公共服务水平,中国幅员辽阔、国情复杂,不同的地区在提供同一种基本公共服务时的成本也会差异悬殊,比如东部地区提供就业机会的成本远低于西部地区,因此基本公共服务均等化需要考虑基本公共服务的供给成本。另外政府偏好也是一个影响因素,有的政府利用本地财力更倾向于基本公共服务之外的事业(如经济建设)发展,所以具有相同财力的政府所提供的基本公共服务水平未必相同。财力均衡与基本公共服务均等化之间是一种递进关系,财力均衡是实现基本公共服务均等化之前的不可或缺的一步,是实现基本公共服务均等化的前提条件。

2)税收政策改革的方向是解决财力不均衡问题

地方税收收入是地方政府收入的主要来源,地方税收收入增加会提高地方政府财力,且对地方财政收入的影响要大于对地方公共预算支出的影响,有利于区域财力均衡的实现,因此税收政策改革是解决财力不均衡问题的重点。一方面,目前中国解决财力不均衡的主要制度是转移支付制度,由于地方间经济社会发展程度差异所导致的地区间财力不均衡在短期内无法消除,所以中国逐步建立纵向转移支付制度,目的就是缩小地区间财力差距,但是目前的纵向转移支付制度对于促进地方财力均衡所起到的作用并不充分,且横向转移支付体系尚未建立,转移支付制度对于解决财力均衡问题从而促进基本公共服务均等化作用甚微。另一方面,地方税缺乏主体税种是造成地方政府收入不足的重要因素,分税制改革二十多年来,虽然对房产税、资源税等地方税推进立法,但是目前依旧不完善,仍处于试点阶段,中国依然没有地方税主体税种。1994 年分税制改革后全面营改增的完成,使地方税收的主要来源从原先属于地方税的营业税变为增值税、所得税等中央共享税,增值税分享制度导致增值税收入更加由欠发达地区流向发达地区。另外中国税收政策存在“马太效应”,发达地区的政府为了争取更多的税收收入,出台更优惠的税收优惠政策吸引资本流入,从而财政收入更充足,相反欠发达地区财政收入更匮乏,地方财力均衡进一步受损,不利于财力均衡和基本公共服务均等化。因此,地方税收与财力均衡存在相互作用,要实现区域财力均衡,就要积极完善地方税体系从而增加地方税收入,进而实现财力均衡。

3)优化税收政策促进基本公共服务均等化的实现

根据公共财政理论,必须由政府制定相应的财政政策,为公民提供大致均等化的基本公共服务,因此财政政策的设计对促进中国基本公共服务均等化必然起着重大的作用。财政政策是实现基本公共服务均等化的制度基石和基本手段,由于基本公共服务供给需要大量财力投入,而大量财力投入需要通过财政资金与政府转移支付等手段才能得以保证。根据公共产品理论,税收是公民为公共产品所付出的成本,政府税收能力很大程度上决定了区域内基本公共服务供给能力,地方税收为本地区基本公共服务供给提供主要财力保障,因此税收政策的制定是财政政策制定中的重要组成部分。税收政策与公共产品供给的关系如图 8－1 所示。

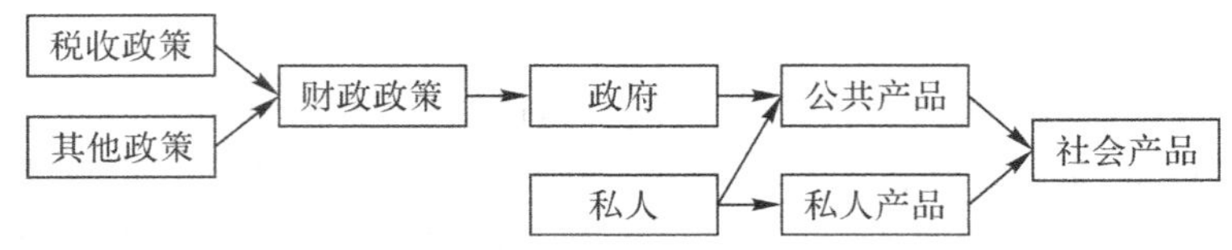

图 8-1 税收政策与公共产品供给的关系

现行增值税共享制度使得中国地区间财力差距加大，现行转移支付制度也没有很好地解决财力不均衡问题，不利于基本公共服务均等化的实现，因此优化税收政策的目标是为了促进基本公共服务均等化的实现。

8.1.2 现行税收政策促进基本公共服务均等化的现状分析

1)分税制改革对基本公共服务均等化的影响

1994 年进行的分税制财政体制改革，直接增加了中央政府在财政分配中的控制权，同时减少了中央政府公共服务等事务权限，强化了基本公共服务提供能力的地区差别性。基本公共服务具有非竞争性与非排他性的特征，加之其建设周期长和投资回收慢等特点，私人部门难以有效提供，地方政府成为基本公共服务供给的主体。因此，地方经济实力成为制约基本公共服务均等化的重要因素。

作为分税制的重要补充制度，转移支付制度在中国经历了从无到有，从初步建立到逐步完善的过程。近几年来转移支付规模持续扩大和结构不断优化是国家重视转移支付制度对基本公共服务均等化作用的表现。问题是发达国家转移支付制度有效缩小基本公共服务的差距，而中国转移支付制度并未产生明显的基本公共服务均等化效应，主要原因是制度设计侧重于转移支付对地区财力的均衡效果，忽略了转移支付对基本公共服务的影响机制。地方缺乏稳定的、持续的主体税种，基层政府只得依靠上级转移支付维持运转，尤其是县级政府，财政支出大部分依靠上级转移支付，大额的转移支付会使地方财政丧失自主性，降低地方政府处理公共服务的积极性，影响地方政府理财积极性，不利于基本公共服务均等化的实现。转移支付资金规模调整和结构优化为基本公共服务提供能力均等设定制度条件，而转移支付资金使用效率地区差异的客观存在成为转移支付制度中影响基本公共服务均等化不可回避的问题。

2)营改增对基本公共服务均等化的影响

随着中国全面营改增逐渐推进并完成，地方政府逐渐失去了原先作为地方主要财政收入的税种——营业税，地方税收的最大来源已成为增值税和企业所得税，而这两大税种都是中央与地方共享税，地方税缺乏独立、稳定的主体税种，税收的稳定性将受到影响。地方税收入规模较小，地方政府税收收入占地方一般公共预算支出的比重正在逐年下降。与此同时，一方面，地方基金性收入所占比重逐年上升，地方基金性收入的主要来源是土地出让金，如果长此以往，必定会助长“土地财政”的风气，而其引发的高房价高物价问题已经影响到了群众的生活。另一方面，伴随着国家逐步放开地方政府举债，地方债务负担沉重，财政风险也不断加大。基本公共服务均等化发展趋势取决于地方政府财政实力增强的可持续性，而地方政府税收收入缺乏导致财力不足和不均衡，不利于基本公共服务均等化。可以发现，营改增、地方债务等改革总体上弱化地方政府财政能力，改革效应在不同地区存在的差别性成为基本公共服务失衡发展的助推力量。

另外，营改增对落后地区政府收入的影响大于发达地区。各地区产业结构存在一定的差异性，欠发达地区第一和第二产业占比较高，发达地区第三产业占比较高。营改增将部分服务业划转至增值税征税范围，短期表现为发达地区税收减少较快，然而发达地区财政基础坚实，财政收入下降并不会对财政运行产生很大压力；相反欠发达地区财力基础薄弱，即使收入减速缓慢，也会对财政运行形成较大压力。此外，欠发达地区财力上行空间较发达地区更差，发达地区服务业快速发展带来增值税规模的扩大，提升地方政府的税收分享规模，财政收入上行空间大；欠发达地区不具备类似的产业基础，财政收入上行速度较慢，这一问题引起财政收入差距进一步扩大，或可成为基本公共服务差距扩大的新推动因素。

3)减费降税对基本公共服务均等化的影响

2017 年伴随着特朗普税改，国际减税浪潮再次袭来，欧洲国家如德国、法国、澳大利亚等国竞相降低所得税税率，加剧了国际社会对流动资本和高技术人才的竞争趋势。面对美国特朗普的《减税与就业法案》和欧洲各国联动的减税政策以及中国经济下行的压力，为了进一步增强企业和各种市场主体的信心，激发中国市场活力，2018 年 11 月，习近平总书记在民营企业座谈会上提出了落实“实质性减税”的政策方向，即实施更大规模的减税降费。中国 2017 年减税降费达 1 万亿，2018 年 1.3 万亿，2019 年 2.36 万亿，2020 年 2.6 万亿，2021 年 1.1 万亿，“十三五”以来的 6 年间，中国累计新增减税降费超过 8.6 万亿元。

减税降费具体包括“税收减免”和“取消或停征行政事业性收费”两部分。

减税对地方政府财力影响是不言而喻。不容忽视的是，行政事业收费及基金纳入规范管理对落后地区财力影响特别大，改革开放以来，行政事业性收费和政府基金成为地方政府重要的收入来源。收费和基金项目在不同地区表现出差异性：欠发达地区对收费与基金的依赖性强于发达地区；欠发达地区收费和基金支出偏好与发达地区不同；欠发达地区收费与基金收支的不规范性强于发达地区。因此，对行政事业性收费和基金的规范管理将对落后地区财力产生更大的冲击，进一步加大提供基本公共服务的地区财力差距。

因此，可以说减费降税直接减少了地方财力来源，从而间接弱化了基本公共服务均等化发展的实现基础和物质条件。

4)其他因素对基本公共服务均等化的影响

事权不断下移到地方，导致地方财政赤字问题越来越严重，政府间事权划分及支出责任主体界定不清晰导致事权履行职责被逐级下放，低层级政府承担与其财力不相匹配的支出责任，形成“事权与支出责任倒挂”的局面。基本公共服务提供主体最终落至基层地方政府一级，受财力不足限制导致基本公共服务提供不足，而中央政府和高层级地方政府未承担应有的支出责任，支出责任错配不利于基本公共服务供给机制的良性运行。

地方政府行为偏好的地区差别更加突出，不利于基本公共服务均等化。欠发达地区在财税改革中受到的冲击较大，经济主体的活跃适应性不足，政府扮演经济主体角色的重要性远超发达地区，财政支出结构安排中倾向于经济性项目。尽管发达地区政府财力同样有所削弱，但是在原有财力基础和市场活跃度较高的背景下，受到的财力冲击度和弥补财力缺口的压力远小于欠发达地区。故而不同地区地方政府行为倾向性表现出明显的不一致，落后地区地方政府短期经济行为倾向较发达地区更为明显。

另外，地方税立法层次较低，法律规范不足，中国现有地方税制结构中，各税种立法层次较低，法律规范不足。目前，除了企业所得税和个人所得税外，其他地方税专享税以及中央和地方共享税基本都以暂行条例为依据，立法层次明显偏低。此外，中国目前尚没有税收基本法、地方税法通则等能够从法律的高度来合理界定税收性质、作用、立法原则、管理体制、税收法律关系主体、客体以及主客体之间的权利与义务、中央与地方税收立法权与管理权、各级税务机关职责、政府与税务机关权限划分、地方税税种开征以及调节范围等重大问题的法律文件，地方税体系建设缺少科学、合理的法律依据和规范。

8.1.3　现行税收政策与基本公共服务均等化关系的实证研究

1)变量选取及数据描述

(1)变量选取

为建立税收政策和基本公共服务间的直接联系，选取各项基本公共服务水平作为被解释变量。税收政策涉及诸多税种，税种分为中央税、中央地方共享税、地方税，基于"税收政策-财力均衡-基本公共服务均等化"的思路，为探究对基本公共服务的影响变量选取主要取决于哪些税种影响地方财力，因此，变量选取集中在共享税与地方税种上。这里选择增值税、企业所得税、个人所得税、资源税及房产税、地方税其他税种、印花税七大变量进行分析，见表8-1。

表8-1　变量名称及解释说明

变量名称	单位	解释说明
Score	—	基本公共服务水平综合评价指数
VAT	万元/人	增值税
CorIncT	万元/人	企业所得税
PerIncT	万元/人	个人所得税
ResTHouT	万元/人	资源税与房产税
Difang	万元/人	其他地方税
PriT	万元/人	印花税
GovInc	万元/人	人均财政收入

①人均增值税。

增值税按照"属地原则"进行中央地方共享，2016年营改增全部完成，营业税退出历史舞台，增值税成为地方政府税收收入最大的部分，使得地方主体税种缺失、财政受到重大冲击，难以满足地方经常性支出的需要。另外，增值税分享改革在一定程度上缓解了营改增造成的纵向财政失衡，但加剧了横向财政失衡，拉大了区域财力差距。为保证数据稳健，2016年之前数据采用增值税与营业税之和。

②人均企业所得税。

企业所得税属于中央地方共享税，区域企业所得税实际负担是指某一地区的企业所得税中观税负，是国家企业所得税政策对地区经济作用的反映，企业所得税政策调整会反映到区域企业所得税负担上来，并对地方经济社会发展产生影响，发达地区由于具备更好的营商环境及税收优惠政策，对于企业来说比欠发达地区更有吸引力，可能对于地方财力均衡造成影响，进而影响基本公共服务水平。

③人均个人所得税。

个人所得税是针对个人获得的收入缴纳的税收，属于中央地方共享税，公民作为社会当中拥有社会属性的个体，需要国家各级部门提供公共服务，这会消耗国家的财政支出，所以个人所得税可以认为是公民个人为取得公共服务所承担的成本，且对于调节贫富差距，实现共同富裕具有重要意义，而基本公共服务均等化恰是实现共同富裕的着力点。

④人均资源税及房产税。

作为地方税，资源税和房产税改革是地方税体系建立的重点，必将对中国社会经济发展和财政管理体制产生重大影响。资源税改革对地方财力的整体增收效应较为显著，但在不同地区有着很大差别，对于中西部的资源性省份增收明显，而对于东部资源匮乏的省份增收有限。随着城镇化的加快，房产税收入将会成为拓宽地方政府财政收入的渠道，但是东西部差异也很明显，与资源税相反，房产税对于房地产市场更为发达的东部发达省份增加财力水平远高于西部。考虑二者均是地方税体系试点的重点，且为了排除上海的资源税与西藏的房产税数据为零的影响，这里将二者之和作为一个解释变量。

⑤人均地方税其他税种。

直接划归地方政府财力的税种，包括城市维护建设税、城镇土地使用税、耕地占用税、土地增值税以及车船税、烟叶税、环境保护税和其他地方税收收入。

⑥人均印花税。

从 2016 年 1 月 1 日起，证券交易印花税全部调整为中央收入。除证券交易印花税以外的其他印花税为地方政府收入，印花税具有调控市场作用，有利于配合和加强经济合同的监督管理，有利于增加财政收入，可以影响到地方政府的财力收入。

⑦人均财政收入。

本部分用地方公共财政收入与常住人口的比值作为人均财政投入，以此衡量地方财力。以政府为代表的公共部门是基本公共服务供给的主力，分税制改革之后基本公共服务主要由地方政府提供，地方财政收入成为影响基本公共服务供给的重要因素。财政收入越高的地区往往拥有更为雄厚的财力，从而提供更高水准的基本公共服务，其基本公共服务水平也相对较高。

(2)数据描述

本部分以中国31个省级经济单元为研究对象，样本期间为2011—2020年，相关数据来自2012—2021年《中国统计年鉴》及各省统计年鉴。变量的描述性统计结果如表8-2所示。

表8-2　变量的描述性统计

变量名称	均值	标准差	最小值	最大值	样本数
Score	0.2809	0.0933	0.0720	0.5791	310
VAT	0.1763	0.1431	0.0576	0.7992	310
CorIncT	0.0839	0.1117	0.0112	0.6136	310
PerIncT	0.0327	0.0537	0.0043	0.3323	310
ResTHouT	0.0287	0.0268	0.0022	0.1767	310
Difang	0.0963	0.0619	0.0049	0.3723	310
PriT	0.0081	0.0078	0.0013	0.0419	310
GovInc	0.6503	0.5025	0.1764	2.8880	310

2)模型选择与模型估计

(1)模型构建

考虑自变量X对因变量Y的影响，如果X除了自身直接影响Y，还通过影响变量M来影响Y，则称M为中介变量。假设Y与X的相关显著，意味着回归系数c显著(即$H0:c=0$的假设被拒绝)，在这个前提下考虑中介变量M。温忠麟、张雷等人总结了各种检验方法，提出了一个中介效应检验程序，该程序的第一类和第二类错误率之和通常比单一检验方法小，既可以做部分中介检验，也可以做完全中介检验。基础公式及检验程序如下

$$Y = cX + \beta \mathrm{Control} + e \tag{8-1}$$

$$M = aX + \beta \mathrm{Control} + e \tag{8-2}$$

$$Y = c'X + bM + \beta \mathrm{Control} + e \tag{8-3}$$

基于"税收收入—财力水平—基本公共服务水平"的逻辑，构建如图8-2所示的中介效应计量模型：

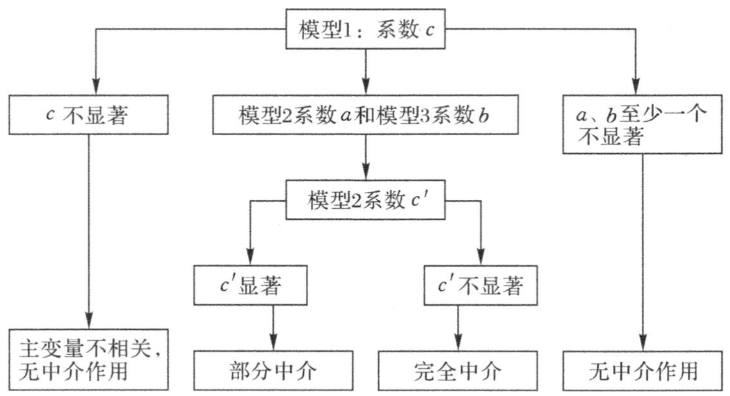

图 8-2 中介效应判断依据

$$Score_{it} = \alpha_1 VAT_{it} + \alpha_2 CorIncT_{it} + \alpha_3 PerIncT_{it} + \alpha_4 ResTHouT_{it} + \alpha_5 DifangT_{it} + \alpha_6 PriT_{it} + \varepsilon_{it} \quad (8-4)$$

$$GovInc_{it} = \beta_1 VAT_{it} + \beta_2 CorIncT_{it} + \beta_3 PerIncT_{it} + \beta_4 ResTHouT_{it} + \beta_5 DifangT_{it} + \beta_6 PriT_{it} + \varepsilon_{it} \quad (8-5)$$

$$Score_{it} = \alpha'_1 VAT_{it} + \alpha'_2 CorIncT_{it} + \alpha'_3 PerIncT_{it} + \alpha'_4 ResTHouT_{it} + \alpha'_5 DifangT_{it} + \alpha'_6 PriT_{it} + b_2 GovInc_{it} + \varepsilon_{it} \quad (8-6)$$

式中：$Score_{it}$ 表示第 i 地区第 t 年的基本公共服务水平；VAT_{it}、$CorIncT_{it}$、$PerIncT_{it}$、$ResTHouT_{it}$、$DifangT_{it}$、$PriT_{it}$、$GovInc_{it}$ 分别表示 i 地区第 t 年的人均增值税、人均企业所得税、人均个人所得税、人均资源税与房产税、人均其他地方税收、人均印花税、人均财政收入，ε 代表随机误差。

(2)模型估计

根据中介效应判断依据步骤，对各类税种通过影响财力水平从而影响基本公共服务水平的计量结果如下。

第一，公式(8-4)结果见表 8-3。

表 8-3 回归结果

变量名	固定效应	随机效应
VAT	−0.361*** (0.00)	−0.240*** (0.00)
CorIncT	0.148(0.43)	0.210(0.23)
PerIncT	−1.711*** (0.00)	−1.317*** (0.00)
ResTHouT	0.37** (0.04)	0.540*** (0.00)

续表

变量名	固定效应	随机效应
Difang	0.633*** (0.00)	0.515*** (0.00)
PriT	16.000*** (0.00)	14.254*** (0.00)

注：*** 表示 $p<0.01$，** 表示 $p<0.05$，* 表示 $p<0.1$。

Hausman 检验用于检验固定效应与随机效应，二者的区别在于代表个体影响的变量与解释变量是否相关。一般而言，分别建立固定效应模型与随机效应模型，然后通过 Hausman 检验是否应该接受模型为随机效应模型的原假设。检验统计量为 31.84，P 值为 0.0000，在 1%的显著性水平下均拒绝原假设，因此选择固定效应模型，结果见表 8－4。

表 8－4　Hausman 检验结果

变量	统计量	p 值
Hausman	31.56	0.0000

第二，公式(8－5)结果见表 8－5。

表 8－5　回归结果

变量名	固定效应	随机效应
VAT	0.784*** (0.00)	0.457*** (0.00)
CorIncT	1.447*** (0.00)	0.583*** (0.01)
PerIncT	1.669*** (0.00)	1.466*** (0.00)
ResTHouT	1.313*** (0.00)	1.317*** (0.00)
Difang	1.841*** (0.00)	1.859*** (0.00)
PriT	17.975*** (0.00)	24.553*** (0.00)

注：*** 表示 $p<0.01$，** 表示 $p<0.05$，* 表示 $p<0.1$。

Hausman 检验统计量为 82.93，P 值为 0.0000，在 1%的显著性水平下均拒绝原假设，因此选择固定效应模型，结果见表 8－6。

表 8－6　Hausman 检验结果

变量	统计量	p 值
Hausman	82.93	0.0000

第三，公式(8－6)结果见表8－7。

表8－7　回归结果

变量名	固定效应	随机效应
VAT	－0.487*** (0.00)	－0.231*** (0.00)
CorIncT	－0.084(0.67)	0.177(0.32)
PerIncT	－1.979*** (0.00)	－1.197*** (0.00)
ResTHouT	0.167(0.39)	0.572*** (0.00)
Difang	0.338** (0.01)	0.477*** (0.00)
PriT	13.121*** (0.00)	13.465*** (0.00)
GovInc	0.160*** (0.00)	0.010(0.83)

注：*** 表示 $p<0.01$，** 表示 $p<0.05$，* 表示 $p<0.1$。

Hausman检验统计量为55.48，P值为0.0000，在1%的显著性水平下均拒绝原假设，因此选择固定效应模型，结果见表8－8。

表8－8　Hausman检验结果

变量	统计量	p值
Hausman	55.48	0.0000

综上，根据三次固定效应计量结果，可以得到如下结论：目前税收政策中涉及地方财力的税种均会显著影响地方财力水平，绝大部分税种会影响基本公共服务水平。具体来看，增值税、个人所得税、资源税及房产税、其他地方税种、印花税均存在通过影响财力水平进而影响基本公共服务水平的中介效应，其中增值税、个人所得税、其他地方税种、印花税部分中介效应显著，资源税及房产税完全中介效应显著。现行税收制度下，增值税、个人所得税对基本公共服务水平起到负向作用，而资源税及房产税、其他地方税种以及印花税对基本公共服务水平起到正向作用。

8.2　增值税共享制度对基本公共服务均等化的影响机制

8.2.1　增值税共享制度与基本公共服务均等化的内在逻辑关系

1)财力均衡是实现基本公共服务均等化的前提和保障

中国学者对于均等化内涵有着两种不同的理解,第一种观点从结果出发,认为结果上让所有居民享受到了基本一致的基本公共服务就是均等化;第二种观点则将均等化问题与地区间财力分配问题结合在一起,认为只要实现了地区间财力的公平分配,均等化问题便可以得到解决。将两种观点对比可以发现,前者将注意力放在结果上,后者则体现了实现均等化的过程,即通过平衡地区间财力以实现均等化。

从发达国家的历史经验来看我们可以得到相似的结论,即地区间财力的差距越小,其在基本公共服务水平上的差异就越小。提供公共服务是政府的职能之一,政府的财力会对其提供公共服务的质量和数量产生显著影响,只有各地区政府间财力大致相同的时候,才有可能为居民提供大致相同的基本公共服务。

中国幅员辽阔,人口分布范围较大,各地区发展水平和财政状况差距较大,因而各地区居民所获得的基本公共服务差异也较大。产生这种现象的重要原因之一便是各地区间的财力差距。只有用科学的办法加大对环境恶劣地区、欠发达地区的财力支持,促进全国各地区财力的均等化,才能使得各地区都有提供大致相同的基本公共服务的基础,从根本上缓解中国目前存在的地区间财力不均、基本公共服务均等化程度较低的现状。

2)增值税共享制度是实现地区财力均衡的制度保证

地区间财力均衡指的是各地方政府拥有的财力较为平衡,税收收入是地方财力的最主要来源,增值税在税收收入中所占比重最大,因而对增值税如何进行分配以及分配的均衡程度会对地区间财力均衡状况产生较大影响。增值税的合理分配可以对欠发达地区的财力进行弥补,以实现地区间财力水平的均衡,地区间财力均衡,才有可能缩小地区间基本公共服务水平的差距,中国基本公共服务均等化水平才能逐步提高。如前面中国学者对增值税共享制度与财力均衡之间关系的研究所述,科学合理且重点突出的增值税共享制度对于促进地区间财力均衡，从而促进中国基本公共服务均等化水平意义重大。因此，我们认为增值税共享制度是实现地区间财力均衡的制度保证。

8.2.2 增值税共享制度促进基本公共服务均等化的路径分析

1）优化增值税共享制度以促进地区间财力均衡

税收收入是中国财政收入的重要来源，现行税制按归属权将中国税种划分为三个类型，分别为地方税、共享税以及中央税，在共享税中，增值税占据最大比重。同时，如图 8－3 所示，2019 年增值税在中国税收收入中占比也高达 45.1％。

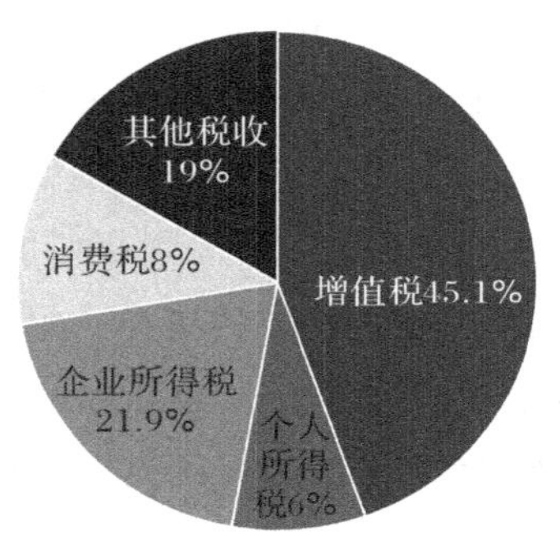

图 8－3　2019 年全国税收收入主要税种情况

数据来源：2020 年《中国税务年鉴》。

同时，本部分对 2020 年中央与地方财政收入的组成进行了详细分析，具体结果见表 8－9。从结果中我们可以看出，在全国财政收入中，增值税所占比重高达 31.06％，具体到中央和地方的财政收入，其所占比重分别为 34.30％以及 28.37％，遥遥领先于其他税种。在共享税中占据较大比重的增值税、企业所得税和个人所得税之和在全国财政收入中占比高达 57.30％，具体到中央和地方的财政收入，其所占比重分别为 70.89％以及 46.06％。进一步分析可知，增值税在这三项大规模共享税中的占比在中央和地方分别为 48.38％和 61.59％。我们可以看出，无论在中央还是地方的财政收入中，共享税均占据了较大比例，且增值税在共享税中所占比重均较大。

表 8-9 2020 年两级政府财政收入的具体项目统计

项目	全国		中央		地方	
	规模/万亿元	比重/%	规模/万亿元	比重/%	规模/万亿元	比重/%
合计	18.29	100	8.28	100	10.01	100
税收收入	15.43	84.36	7.96	96.14	7.47	74.63
国内增值税	5.68	31.06	2.84	34.30	2.84	28.37
进口货物增值税	1.39	7.60	1.39	16.79	—	—
出口货物退增值税	−1.36	−7.44	−1.36	−16.43	—	—
国内消费税	1.20	6.56	1.20	14.49	—	—
进口消费品消费税	0.06	0.33	0.06	0.72	—	—
出口消费品退消费税	0	0	0	0	—	—
企业所得税	3.64	19.90	2.33	28.14	1.31	13.09
个人所得税	1.16	6.34	0.70	8.45	0.46	4.60
关税	0.26	1.42	0.26	3.14	—	—
资源税	0.18	0.98	0.01	0.12	0.17	1.70
城镇土地使用税	0.21	1.15	—	—	0.21	2.10
车船税	0.09	0.49	—	—	0.09	0.90
耕地占用税	0.13	0.71	—	—	0.13	1.30
城市维护建设税	0.46	2.52	0.02	0.24	0.44	4.40
烟叶税	0.01	0.05	—	—	0.01	0.10
船舶吨税	0.01	0.05	0.01	0.12	—	—
房产税	0.28	1.53	—	—	0.28	2.80
车辆购置税	0.35	1.91	0.35	4.23	0	0
契税	0.71	3.88	—	—	0.71	7.09
印花税	0.31	1.69	0.18	2.17	0.13	1.30
土地增值税	0.65	3.55	—	—	0.65	6.49
环境保护税	0.02	0.11	—	—	0.02	0.20
其他税收收入	0.01	0.05	0.005	0.06	0.005	0.05
非税收入	2.86	15.64	0.31	3.74	2.55	25.47

数据来源:2021 年《中国统计年鉴》。

通过以上分析我们可以知道，税收收入在中央和地方两级政府的财政收入中均占据了较大比重，且共享税在税收收入中所占比重在两级政府中均较大。同时，增值税无论在中央还是地方，在共享税中都占据最大份额，因此增值税收入会对本地区财力规模造成至关重要的影响，建立更加合理、科学和规范的增值税共享制度，可以使得各地区间财力差距缩小，促进财力均衡的实现。

2）均衡地区财力为基本公共服务均等化提供基础保障

一些国外学者在最早的研究中体现出了公共服务均等化的思想，认为居民所缴纳的税收应当与其获得的公共服务相匹配，在实现均等化的过程中，应将税收分配作为一种平衡机制，使得各地区财力实现均等，从而缩小地区间基本公共服务水平的差距。

这里我们统计了2019年中央与地方财政支出与占比，具体结果见表8－10。据表8－10显示，全国预算支出中，中央占比15.02%，而地方占比则高达84.98%。在城乡社区支出、社会保障和就业支出、卫生健康支出、教育支出等与人民生活息息相关的公共服务支出上，地方财政占比均在90%以上，大多数甚至高达95%以上，几乎可以说是承担了所有这些方面的支出，而地方政府财政支出主要依靠地方政府财力，因此本部分认为，当地方政府间财力均衡程度提高时，各地区间基本公共服务水平的差距会减小。

表8－10　2019年两级政府财政支出的具体项目统计

项目	财政支出/亿元	中央		地方	
		规模/亿元	比重/%	规模/亿元	比重/%
合计	233235.07	35037.64	15.02	198197.43	84.98
公共安全支出	13778.79	1797.80	13.05	11980.99	86.95
科学技术支出	9133.61	3543.12	38.79	5590.49	61.21
一般公共服务支出	18971.28	1990.46	10.49	16980.82	89.51
外交支出	645.42	627.10	97.16	18.32	2.84
国防支出	12114.06	11898.76	98.22	215.30	1.78
教育支出	34800.38	1835.13	5.27	32965.25	94.73
文化体育与传媒支出	4151.01	309.54	7.46	3841.47	92.54
社会保障和就业支出	29042.42	1135.71	3.91	27906.71	96.09
卫生健康支出	16562.18	243.58	1.47	16318.60	98.53
城乡社区支出	23870.90	83.40	0.35	23787.50	99.65

续表

项目	财政支出/亿元	中央		地方	
		规模/亿元	比重/%	规模/亿元	比重/%
农林水支出	22246.16	451.66	2.03	21794.50	97.97
资源勘探信息等支出	4592.35	326.35	7.11	4266.00	92.89
商业服务业等支出	1231.12	87.21	7.08	1143.91	92.92
金融支出	1488.23	947.72	63.68	540.51	36.32
援助其他地区支出	461.88	0	0	461.88	100.00
节能环保支出	6785.51	362.68	5.34	6422.83	94.66
交通运输支出	11752.08	1355.18	11.53	10396.90	88.47
自然资源海洋气象等支出	2138.58	314.33	14.70	1824.25	85.30
住房保障支出	6834.83	560.22	8.20	6274.61	91.80
粮油物资储备支出	1887.49	1177.15	62.37	710.34	37.63
债务付息支出	8224.98	4994.23	60.72	3230.75	39.28
债务发行费用支出	66.54	43.52	65.40	23.02	34.60
其他支出	2455.27	952.79	38.81	1502.48	61.19

数据来源:2020 年《中国财政年鉴》。

综上所述,财力均衡是实现基本公共服务均等化的前提和保障,增值税共享制度是实现地区财力均衡的制度保证,通过优化增值税共享制度,以促进地区间财力均衡,从而为实现基本公共服务均等化提供财力和基础保障。

8.2.3 增值税共享制度与基本公共服务均等化关系的实证研究

1)研究假设

转移支付、税收收入以及非税收入是地方政府财政收入的主要来源,这里的实证部分主要分析现行增值税共享制度使得各地增值税收入存在的差异与基本公共服务均等化之间的关系。

根据上文分析我们可以知道,地方政府是基本公共服务的主要供给者,为了完成这一职责,地方政府需要充足的财力作为物质保障,当地方政府间财力存在差距时,其提供的基本公共服务水平便会出现差异,即各地方政府间财力越均衡,其所提供的基本公共服务水平差距就越小。

税收是本地居民为其获得的公共服务所付出的代价,税收收入是各级政府财力的重要来源,当税收收入越多时,该地区财力越充足,该地区基本公共服务供给水平就会越高。之前也有学者研究表明税收收入会对基本公共服务供给产生显著影响。结合增值税在中国税收收入中所占的重大比例，本部分提出假设：增值税收入差异程度与基本公共服务差异程度正相关，即增值税收入分配越均衡，基本公共服务均等化程度越高。

1）变量与数据选取

这里以 2010—2019 年 31 个省份财政收入以及基本公共服务支出等相关数据作为研究样本，其来源包括各年各省份的统计年鉴、《中国统计年鉴》以及《中国税务年鉴》，运用 STATA 等工具进行数据处理和研究。

（1）被解释变量选取

这里主要从支出角度衡量基本公共服务的均等化程度，并不将重点放在基本公共服务的不同项目，因此这里选择了以各省人均基本公共服务支出与全国人均基本公共服务支出差的绝对值作为被解释变量。其中基本公共服务支出以节能环保支出、交通运输支出、社会保障和就业支出、城乡社区支出、教育支出、医疗卫生与计划生育支出以及文化体育和传媒支出这七项支出之和来表示，做人均处理时，具体人数采用常住人口指标。

（2）解释变量选取

这里主要研究增值税收入在地区间分配的差异程度会对各地区间基本公共服务水平的差异程度产生怎样的影响。考虑到增值税在地区间分配差异的产生是由增值税共享制度导致的，因此这里选取各地区人均增值税收入与全国人均增值税收入差的绝对值作为增值税共享制度的代理变量。考虑到基本公共服务主要服务于常住人口，因而在做人均处理时，具体人数采用常住人口指标。

（3）控制变量选取

一般而言，基本公共服务供给主要集中于城市地区，当常住人口中城镇人口越多时，其需要的基本公共服务就越多，即城镇化率越高，所需基本公共服务的水平就越高，因此本部分选取城镇化率（UR）作为控制变量。各地 GDP 水平的不同显示各地经济发展状况的不同，其也在一定程度上也显示出了各地财力水平，因此实证中将人均 GDP 这一指标加入模型中进行回归分析。同时，在实证中将人均所得税收入（SDS）加入本部分的控制变量中，这是因为所得税作为税收收入的组成部分，其规模也会影响到地方财力水平，从而对本部分的研究产生一定影响。当地区财政对中央依赖程度较低时，其可以完全在了解当地居民需求的基础上，更加高效且有目的性地提供基本公共服务，从而影响地区间基本公共服务水平的差异程度，所以本部分选取财政自给率（FSS）作为控制变量。最后，王晨等研究表明，当一个地区获得更多的转移支付收入时，该地区基本公共服务水平也会得到提高[88]，因此这里将人均转移支付(TRA)选入控制变量。上述实证研究变量汇总如表 8 - 11 所示。

表 8 - 11　实证变量汇总

类型	符号	名称	计算式
被解释变量	BPS	基本公共服务差异程度	|各省人均基本公共服务支出－全国人均基本公共服务支出|
解释变量	VAT	增值税收入差异程度	|各省人均增值税收入－全国人均增值税收入|
控制变量	UR	城镇化率	城镇人口/常住人口
	GDP	人均 GDP	GDP 总额/常住人口
	SDS	所得税收收入	所得税收入/常住人口
	FSS	财政自给率	一般预算收入/一般预算支出
	TRA	人均转移支付	中央对地方转移支付/常住人口

3)模型选择

通常在进行实证研究时有三种备选模型来对面板数据进行回归，分别为混合、随机以及固定效应模型，这三种模型之间存在一些区别，具体分析如下：从截面上看，混合效应没有结构变化和个体影响，可将模型简略地看作截面数据直接堆砌而成的模型。而固定效应模型则与混合效应模型的区别在于，在对应不同的截面和时间序列时其截距会发生变化。而随机效应模型其实就是把固定效应模型的截距拆分为两个部分，即时间随机变量以及截面随机变量。这三个模型各有其适用的情形，接下来通过一些检验对实证模型进行选择。

(1)*F* **检验**

F 检验的假设为：

H_0：个体变化无法对模型截距产生影响，应当选择混合效应模型而非固定效应模型。

H_1：个体变化会对模型截距产生影响，应当选择固定效应模型而非混合效应模型。

F 统计量为：

$$F=\frac{\frac{(\mathrm{RSS}_R-\mathrm{RSS})}{(n-1)}}{\frac{\mathrm{RSS}}{(nT-n-K)}}\sim F(n-1,nT-n-K) \tag{8-7}$$

式中：RSS 为固定效应模型的残差平方和；RSS_R 为混合效应模型的残差平方和。

F 检验结果如下：

$$\mathrm{Prob}>F=0.0000$$

由 F 检验的结果显示，其 P 值小于 0.001，因而本部分选择固定效应模型进行回归。

(2)Hausman 检验

该检验的假设为：

H_0：个体效应与自变量间不相关，应当选择随机效应模型而非固定效应模型。

H_1：个体效应与自变量间相关，应当选择固定效应模型而非随机效应模型。

这里运用 STATA 进行了 Hausman 检验，其结果如下所示：

$$\mathrm{Prob}>\mathrm{Chi2}=0.0000$$

检验结果显示 P 值小于 0.001，应拒绝假设，即与随机效应模型相比，本研究更宜采用固定效应模型。

(3)模型选取

综上所述，这里最终选取固定效应模型进行回归分析，在对年度虚拟变量进行联合显著性检验后，结果显示拒绝“无时间效应”的假设，因此本部分构造了如下所示的双向固定效应模型。

$$\mathrm{BPS}_{i,t}=\alpha_0+\beta\,\mathrm{VAT}_{i,t}+\gamma X_{i,t}+\mu_t+S_i+\varepsilon_{i,t} \tag{8-8}$$

式中：$\mathrm{BPS}_{i,t}$ 为 i 省在第 t 年基本公共服务差异程度；$\mathrm{VAT}_{i,t}$ 为 i 省在第 t 年的增值税收入差异程度；$X_{i,t}$ 为控制变量；μ_t 为时间固定效应；S_i 为省份固定效应；$\varepsilon_{i,t}$ 为随机干扰项。

4)实证结果分析与检验

(1)描述性统计

这里运用 STATA 软件计算测定了样本数据各个变量的平均数、中位数、最大值、最小值以及标准差，同时为了更便捷地发现数据之间的关系，在计算时，将解释变量以及控制变量取自然对数，具体结果见表 8-12。

表 8－12　描述性统计

Variable	Mean	Mid	Max	Min	Sd
BPS	2.6656	1.9710	21.2719	0.0204	2.8672
VAT	1.1392	0.8158	8.9469	0.0025	1.4033
UR	3.9979	4.0028	4.4954	3.1210	0.2445
GDP	10.7486	10.7032	12.0090	9.4818	0.4629
SDS	6.5350	6.3837	9.1531	4.8001	0.8268
FSS	3.7946	3.8131	4.5341	1.8947	0.4795
TRA	8.3921	8.3460	10.8114	6.9828	0.6608

注：本部分控制变量均取自然对数。

根据表 8－12 所列示的描述性统计结果可以看出，被解释变量 BPS 最大值为 21.2719，最小值为 0.0204，说明基本公共服务差异程度在各省之间差别较大，平均数为 2.6656 大于中位数 1.9710，说明有一半以上的省份基本公共服务差异程度在平均水平之下，有个别省份差异程度较高。解释变量 VAT 其最大值为 8.9469，最小值为 0.0025，可以看出增值税收入差异程度在各省之间差别也较大，同时其中位数为 0.8158，小于平均值 1.1392，这说明有超过一半省份的增值税收入差异程度低于全国平均水平，有个别省份增值税收入差异程度较高。

对于控制变量来说，UR 的最大值为 4.4954，最小值为 3.1210，中位数为 4.0028，平均数为 3.9979，说明有个别省份城镇化率较低，与其他省份差距较大。GDP 的最大值为 12.0090，最小值为 9.4818，中位数为 10.7032，平均数为 10.7486，标准差为 0.4629，中位数与平均数较为接近，且标准差较小，这表明各省份的人均 GDP 虽然存在差异但其分布较为均匀。SDS 最大值为 9.1541，最小值为 4.8001，中位数为 6.3837，平均数为 6.5350，这说明人均所得税收入在不断增长，且有一半以上的省份其人均所得税收入没有达到全国平均水准，SDS 的标准差为 0.8268，在所有变量中也属于较大的值，说明各省份人均所得税收入差异较大。FSS 最大值为 4.5341，最小值为 1.8947，平均值为 3.7946，这说明各省份之间财政自给率存在一定差距，且有个别省份财政自给率较低，与其他省份有明显差距。TRA 最大值为 10.8114，最小值为 6.9828，中位数为8.3460，平均数为 8.3921，说明各省份的转移支付收入相差较大，重点地区可能会得到更多转移支付收入，且有超过一半的省份转移支付收入达不到平均水平，可以看出转移支付重点较为明确，政策性较强。

(2)回归结果分析

在回归中采用了聚类稳健标准误的方法，一定程度上降低了自相关以及异方差的问题对回归结果造成的影响。具体回归结果见表 8－13。

表 8－13 增值税共享制度与基本公共服务均等化水平的回归结果

变量	回归系数	t统计值
VAT	1.5234***	3.82
UR	－4.3005	－0.73
GDP	2.0131	0.91
SDS	－2.9087*	－1.70
FSS	9.2840*	1.90
TRA	5.1208**	2.36
_CONS	－62.3192*	－1.84
PROVINCE	已控制	
YEAR	已控制	
Observations	310	
R-squared	0.5235	

注：表中*、**和***分别表示在10％、5％和1％的水平下显著。

回归结果显示，各省与全国人均增值税收入的差异程度与各省与全国人均基本公共服务水平的差异程度在5％的水平下显著正相关，即一省的增值税收入差异程度越高，其基本公共服务差异程度就越高，与本部分假设一致。

对于控制变量来说，城镇化率 UR 与基本公共服务整体水平 BPS 负相关，但并不显著。人均 GDP 与基本公共服务差异程度 BPS 正相关但并不显著。财政自给率 FSS 与基本公共服务差异程度 BPS 显著正相关，即一地的财政自给率越高，其基本公共服务差异程度就越高，财政自给率越高说明一地财政收支情况较好，其基本公共服务差异程度较高是符合逻辑的。人均所得税收入 SDS 与基本公共服务差异程度 BPS 在10％的水平上显著负相关，即人均所得税收入越多，其基本公共服务差异程度就越低。人均转移支付 TRA 与基本公共服务差异程度 BPS 在5％的水平上显著正相关，即一地获得转移支付数量越多，其基本公共服务差异程度就越高，这说明当前中国转移支付制度在均等化这一目标上并未发挥显著效果。

(3)稳健性检验

营改增于2016年5月1日在中国全面推开，考虑到其对实证部分的影响，这里以各省人均增值税与营业税之和与全国人均增值税与营业税之和差的绝对值(VAT1)作为解释变量，其余变量不变，对实证进行了稳健性检验，检验结果见表8-14，可以看出，VAT1与基本公共服务差异程度BPS在1%的水平下显著正相关。

表8-14 替换解释变量的稳健性检验回归结果

变量	回归系数	t统计值
VAT1	1.3334***	9.33
UR	4.4681	1.28
GDP	−0.0515	−0.03
SDS	−2.8603*	−2.00
FSS	8.4688*	1.74
TRA	2.6676	1.29
_CONS	−51.9066	−1.51
PROVINCE	已控制	
YEAR	已控制	
Observations	310	
R-squared	0.6081	

注：表中*、**和***分别表示在10%、5%和1%的水平下显著。

同时，为了进一步检验结果的稳健性，这里将基本公共服务差异程度BPS包含的具体项目进行了缩减，由原来的7个项目缩小至3个最基础的基本公共服务项目，即教育支出、社会保障和就业支出、医疗卫生与计划生育支出，得到的结果如表8-15所示，观察结果可知，各省与全国人均增值税收入的差异程度和各省与全国人均基本公共服务水平的差异程度在5%的水平下显著正相关。

表8-15 替换被解释变量的稳健性检验回归结果

变量	回归系数	t统计值
VAT	0.3868**	2.66
UR	−0.1782	−0.09

续表

变量	回归系数	t 统计值
GDP	0.3596	0.45
SDS	−1.2060*	−1.85
FSS	3.5851*	1.87
TRA	1.3147**	1.84
_CONS	−19.3721	−1.36
PROVINCE	已控制	
YEAR	已控制	
Observations	310	
R-squared	0.4665	

注：表中*、**和***分别表示在10%、5%和1%的水平下显著。

综上所述，本部分实证结果在经过上述两种稳健性检验之后仍然显著成立，可信度较高。

5)实证研究结论

我们利用2010—2019年中国31个省的面板数据，实证检验了增值税共享制度会如何作用于地区间基本公共服务的均等化程度，得出结论如下：

实证结果表明当增值税共享制度使得增值税收入在地区间分配的差异程度越大时，各地区间基本公共服务均等化水平就会越低，且相关关系非常显著。因此当增值税共享制度使得各地区间增值税收入更加平衡时，各地区间基本公共服务均等化水平就越高。而目前中国增值税制度在纵向分享机制上会导致两极分化，横向分享机制上存在背离效应，其均会使得增值税在各地区间分配不均，从而拉大各地区间存在的基本公共服务水平的差异。

在关注控制变量时发现，人均所得税收入与基本公共服务差异程度存在显著负相关的关系，也就是说一省人均所得税收入的提高，可以使其基本公共服务差异程度变低。同时，转移支付规模与基本公共服务差异程度存在显著正相关关系，这说明中国当前转移支付制度存在一些问题，并未发挥应有的作用。

综上所述，我们可以通过优化增值税共享制度，促进增值税收入在各地方政府间的合理分配，以缩小各地区间存在的基本公共服务水平差异。

8.3 税源背离对基本公共服务均等化的影响机制

8.3.1 税源背离与基本公共服务均等化的内在逻辑关系

在现代市场经济条件下，税收收入一直作为财政收入中最重要的来源在财政收入中的占比达80%左右，而高度依赖于税收收入的财政收入正是各级政府进行基本公共服务供给的保障，一个地区的税收收入与当地的基本公共服务供给水平有着密不可分的关系，那么税收非合理化的转移是否也在某种程度上促使基本公共服务在地区间发展的不均衡？为了突破原有的体制束缚，优化与完善中央政府与地方政府以及各地方政府间的财政分配关系，以使其在中国特色社会主义市场经济中将财政职能应有的积极作用充分体现，中国自1994年起实施了一次较为彻底的财政体制变革——分税制改革，这次关于财政分权体制的变革适应了中国进一步改革开放与市场经济深入的需要并取得了卓越的成效，从上到下各级政府的财政收入相较之前都有了相当大幅度的提高。但是，随着中国市场经济的改革迈入更加高级的阶段，现行的分税制体制在一些方面所存在的问题逐步浮现，这严重阻碍了中国特色社会主义市场经济向“深水区”的进发。加之各地区之间有意或无意的恶性税收竞争、总部经济与跨区域经营、对资源性产品初级定价偏颇乃至税制设计不完善等一些因素的存在，税收在各地区间产生了不合理的流动，形成了税收的非正常转移，致使税收与税源背离。

税源背离的问题会直接导致不同地区间的财力非均衡性被进一步加剧，特别是在经济发展水平相较不那么发达的区域，不论是在税收收入的总额上或是税收收入的增收幅度上都与经济发展较为充分的地区有着相当大的差距。中国现阶段的基本公共服务供给可以说基本依靠政府公共部门即公共财政的支持，而税收作为中国财政收入最重要的收入形式，税源背离问题必然会对基本公共服务实现地区间的均等化带来不利影响。下面我们以陕西省为例来说明。

8.3.2 税源背离与基本公共服务的现状分析

1)陕西省税收概况

陕西省位于中国大地的中心，为西部地区的排头省份，区域内总面积占地20.56万平方千米，下辖10个地级市(省会为西安)。至2018年，陕西省的常住人口为3864.40万人，地区生产总值为24438.32亿元，人均生产总值63477元，完成财政收入2243.14亿元，其中税收收入1774.29亿元。

陕西又称三秦大地，可以从地理气候差异由南向北分为：陕南、关中和陕北，其中地级市的分布为陕南有汉中、安康、商洛三市，关中有西安、铜川、宝鸡、咸阳、渭南五市，陕北有延安、榆林二市[①]。由于产业结构、地理位置、资源藏量、人口密度、政策差异等因素的影响，各地区的经济发展水平也或多或少的存在一些差距，那么由于各地区的税源情况各不相同，因而其纳税能力也就不同，因此有必要先简要了解一下各地市近年来的经济发展情况，再对税源背离的具体情况进行测度与分析。各市2009—2018近10年的经济与税收收入情况如表8-16、表8-17所示。

表8-16 2009—2018年陕西省各地市GDP总额 单位：亿元

地区	2009	2010	2011	2012	2013	2014	2015	2016	2017	2018
西安	2724.88	3242.86	3869.84	4394.47	4924.97	5492.64	5801.20	6282.65	7471.89	8349.86
铜川	154.40	187.73	232.63	273.31	323.27	325.36	307.16	311.61	348.43	327.96
宝鸡	806.54	976.09	1175.75	1374.33	1545.91	1642.90	1787.63	1932.14	2191.61	2265.16
咸阳	873.20	1098.68	1361.32	1573.68	1860.39	2085.15	2152.92	2390.97	2292.51	2376.45
渭南	636.96	801.42	1028.97	1157.32	1321.81	1423.75	1430.41	1488.62	1650.63	1767.71
延安	728.26	885.42	1113.35	1271.02	1354.14	1386.09	1198.27	1082.91	1312.59	1558.91
汉中	415.64	509.70	647.48	754.57	890.31	1002.83	1059.61	1156.49	1333.30	1471.88
榆林	1302.31	1756.67	2292.25	2669.88	2779.46	2920.58	2491.89	2773.05	3361.29	3848.62
安康	274.95	327.06	407.17	496.91	604.55	689.44	755.05	842.86	974.66	1133.77
商洛	224.47	285.90	362.95	423.31	510.88	574.99	618.52	692.13	757.06	824.77

数据来源：根据陕西省统计年鉴整理。

表8-17 2009—2018年陕西省各地市税收收入总额 单位：万元

地区	2009	2010	2011	2012	2013	2014	2015	2016	2017	2018
西安	1491384	2072713	2615050	3220756	3760879	4233880	4086911	3932049	4489896	5565811
铜川	57359	75992	101817	120030	127412	136208	130225	118806	142264	175198
宝鸡	232713	298138	360165	416590	463841	483293	475806	255934	591702	673641
咸阳	221183	311870	413639	482646	546874	581983	532717	607477	601092	725104

① 由于杨凌示范区的数据资料不连续，故本部分中评价所选取的样本城市不包括杨凌示范区。

续表

地区	2009	2010	2011	2012	2013	2014	2015	2016	2017	2018
渭南	186006	232747	300316	389558	445079	422313	425500	414645	540346	697211
延安	380869	494751	629346	868059	931025	915802	729282	704408	835047	1015489
汉中	115423	149908	188133	229705	272025	298853	312536	301444	324542	373663
榆林	709027	966680	1414144	1721112	1774816	1859115	1592556	1485768	2642014	3202676
安康	71310	98223	129275	136342	167220	182086	186026	173479	185985	224240
商洛	62267	86773	104959	123641	154969	170992	157720	125519	131694	147627

数据来源:陕西省财政厅网站。

近 10 年来,10 个地市不论是经济发展水平还是税收收入都有了十分显著的增加,但从表格中也能够看出各市无论是经济总量还是增量上,都有显著的不同。如从经济角度来看,2018 年西安市的 GDP 总额最高为 8349 亿元,与铜川市 328 亿元相差达 8021 亿元,且在 10 年间西安的 GDP 增长了 5625 亿元,增长率达到了 206%,而铜川市的增量只有 173 亿,增长率仅为 112%,但在西安市的税收增长率为 273%的情况下,铜川市的税收增长率却能达到 205%;但从税收角度来看,铜川市 2018 年的税收收入为 175198 万元,占当年 GDP 的 5%,同期商洛市的税收收入只占到 GDP 的 1.8%,无论是经济发展的总量还是经济发展的增量上来看,商洛市的数量都大于铜川市。可见,税收收入的增长速度并不一定是完全同步于经济发展的速度。

2)税源背离测度及评价

(1)数据选取

在以往对于税收与税源进行背离情况的测度和评价研究中,多采用某一地区税收收入与相应 GDP 进行比较得出结论。中国自取消农业税之后,第一产业的生产总值几乎不能对税收收入造成直接的影响,即第一产业的经济增量并不能成为有效的经济税源,因而本部分在衡量某个地区与税收相关的经济水平时将不直接采用生产总值作为指标,而是选取第二产业与第三产业之和作为衡量地区经济的指标以准确的体现出经济税源与税收之间的关系。本部分中所涉及 2009—2018 年陕西省 10 个地级市的生产总值以及税收收入的数据,主要来源于陕西省统计年鉴、陕西省财政厅网站及各地市提供数据。

(2)分析方法

测量税源背离情况将分为绝对数额和相对数额分析。绝对数额分析是从量的角度进行分析评价，可以直观地看出税收的转移总量；相对数额分析侧重于税源背离的程度，其结果便于进行比较，并能在本书第 4 章与基本公共服务进行回归分析。

绝对数额和相对数额的分析都将以“经济平均含税量法”为基础，即某一地区实际的税收收入与该地区可税 GDP 相对应的税收收入的差额。此方法，还需要在以下两个假设前提下进行：各地区等量的可税 GDP 可以提供等量的税收收入，不会因为经济结构、行业差别的不同产生巨大变化；各地区的税收征管能力相同，在相同经济税源的情况下可以收到的税额也是相同的。由此可得税源背离的绝对额可采用如下的计算公式：

$$\mathrm{td}_i = t_i - \left(\frac{g_i}{g}\right)t \tag{8-9}$$

式中：td_i表示 i 市的税源背离额；t_i表示 i 市的实际税收收入；t 表示区域内税收收入总额（在本部分的测度中，即指 10 个市的税收收入之和）；g_i 表示 i 市的 GDP 总额（在本部分的测度中，实为可税 GDP，后同）；g 表示区域内（可税）GDP 总额（在本部分的测度中，即指 10 个市的可税 GDP 之和）；$\left(\frac{g_i}{g}\right)t$ 即表示无税源背离情况下的理想税收收入。如果计算结果为正值，则代表该地区有税收移入的现象，该地区的实际税收收入大于理论上的税收收入；如果计算结果为负值，则代表该地区产生了税收的移出，该地区的实际税收收入小于理论上的税收收入。

相对数额分析法即测度某一地区税收收入的背离程度，具体来说即某一地区的税源背离额与无税源背离情况下的理想化税收收入的比值，可得公式如下：

$$\mathrm{ptd}_i = \mathrm{td}_i / \left(\frac{g_i}{g}t\right) \tag{8-10}$$

式中：ptd_i表示 i 市的税源背离度；其余的符号与式（8－9）中的含义相同。

3）结果与评价

根据公式（8－9）和公式（8－10），以陕西省 10 个地市的税收收入和可税 GDP（第二产业与第三产业 GDP 之和）作为计算基础，计算可得 2009—2018 年间 10 个地市的税源背离情况，如表 8－18、表 8－19 所示。

表 8-18 2009—2018 年陕西省各市税源背离额 单位:万元

地区	2009	2010	2011	2012	2013	2014	2015	2016	2017	2018
西安	81.76	97.93	116.96	127.74	144.79	102.22	69.89	108.79	71.39	88.02
铜川	−1.16	−1.55	−1.76	−3.01	−5.09	−3.96	−2.30	−1.64	−2.78	−0.04
宝鸡	−11.36	−16.15	−22.09	−31.15	−35.48	−37.70	−39.83	−57.17	−46.71	−54.35
咸阳	−12.24	−16.02	−20.16	−28.07	−37.35	−44.20	−45.00	−35.41	−43.88	−48.61
渭南	−7.15	−12.18	−18.16	−19.35	−22.05	−28.41	−22.99	−17.94	−20.54	−15.46
延安	5.77	6.55	5.97	17.37	19.44	17.70	14.35	25.07	20.97	19.27
汉中	−4.01	−6.06	−9.22	−12.23	−15.18	−17.66	−15.51	−14.55	−26.53	−35.97
榆林	11.75	8.92	20.43	21.65	21.53	24.75	32.75	25.86	96.50	110.77
安康	−2.92	−3.88	−5.67	−10.97	−13.70	−16.42	−16.90	−17.57	−26.99	−36.10
商洛	−2.31	−3.33	−5.73	−7.97	−9.61	−11.01	−12.61	−15.44	−21.43	−27.52

资料来源:根据 EXCEL 计算得出。

表 8-19 2009—2018 年陕西省各市税源背离度 单位:%

地区	2009	2010	2011	2012	2013	2014	2015	2016	2017	2018
西安	0.6514	0.5987	0.5702	0.5144	0.5197	0.3335	0.2325	0.3825	0.1891	0.1879
铜川	−0.1679	−0.1694	−0.1474	−0.2005	−0.2853	−0.2252	−0.1500	−0.1215	−0.1635	−0.0023
宝鸡	−0.3280	−0.3514	−0.3802	−0.4279	−0.4334	−0.4382	−0.4557	−0.6908	−0.4412	−0.4466
咸阳	−0.3563	−0.3393	−0.3277	−0.3677	−0.4058	−0.4316	−0.4579	−0.3683	−0.4220	−0.4013
渭南	−0.2777	−0.3435	−0.3768	−0.3319	−0.3313	−0.4022	−0.3507	−0.3020	−0.2754	−0.1815
延安	0.1785	0.1526	0.1048	0.2502	0.2639	0.2395	0.2449	0.5524	0.3349	0.2342
汉中	−0.2578	−0.2879	−0.3289	−0.3474	−0.3582	−0.3715	−0.3317	−0.3255	−0.4498	−0.4905
榆林	0.1986	0.1016	0.1689	0.1439	0.1381	0.1536	0.2589	0.2108	0.5754	0.5287
安康	−0.2905	−0.2834	−0.3049	−0.4458	−0.4503	−0.4742	−0.4760	−0.5031	−0.5907	−0.6168
商洛	−0.2706	−0.2776	−0.3530	−0.3921	−0.3826	−0.3918	−0.4442	−0.5516	−0.6194	−0.6509

资料来源:根据 EXCEL 计算得出。

从表 8-18 和表 8-19 可以看出,陕北地区的延安和榆林两个市近 10 年来一直作为税收收入移入地,陕南地区的汉中、安康、商洛 3 个市以及除西安以外的关中大部地区近 10 年来一直作为税收收入的移出地,其中陕南地区的税源背离情况最为严重,宝鸡、咸阳两市次之,且这几个地区的税源背离情况从趋势上看有加重的趋势。可以根据上表推断出,西安、延安、榆林以及铜川四市,相较其他六市来说，税源背离情况较为乐观，其中西安市的税收收入移入主要是由于其作为省会城市的经济发达，对周边城市的吸引能力较强；而在税收收入中所占比例较大的是资源税收入，使得延安、榆林和铜川较多的保留住本地的税收收入因而产生了税收收入的移入（或较少的移出），如表 8-20 所示。

表 8-20　2018 年陕西省各市资源税占税收收入比重

西安	铜川	宝鸡	咸阳	渭南	延安	汉中	榆林	安康	商洛
0.32%	17.97%	3.28%	10.3%	9.62%	22.77%	1.78%	25.57%	1.94%	4.12%

资料来源：根据各市一般公共预算收支表整理。

8.3.3　税源背离与基本公共服务均等化关系的实证研究

1）变量选取及模型构建

(1)变量选取与说明

①被解释变量的选取。

被解释变量共有 6 个，即基本公共服务、基本医疗卫生、社会保障与就业、基本公共教育、公共文化体育、市政基础建设，具体指标的选取与基本公共服务综合水平的测度，依据本书 3.1 基本公共服务均等化水平测度指标体系的构建和 3.2 基本公共服务均等化测度方法与权重的确定的具体内容，此处不再赘述，这里仅给出陕西省各地市基本公共服务综合评价得分，见表 8-21。

表 8-21　2009—2018 年陕西省各地市基本公共服务综合评价

地区	2009	2010	2011	2012	2013	2014	2015	2016	2017	2018
西安	0.5324	0.5375	0.4764	0.4930	0.5534	0.5620	0.5281	0.5227	0.4632	0.4869
铜川	0.5295	0.5522	0.5196	0.5496	0.5504	0.5779	0.5504	0.5371	0.5643	0.6313
宝鸡	0.4075	0.3858	0.3290	0.3582	0.3526	0.3443	0.3732	0.3673	0.3593	0.3868
咸阳	0.2735	0.3073	0.3113	0.3116	0.3603	0.3468	0.3500	0.3684	0.3995	0.3929
渭南	0.2821	0.2945	0.2633	0.3183	0.2416	0.2322	0.2296	0.2618	0.2685	0.2776
延安	0.5296	0.5110	0.4433	0.4329	0.4667	0.4386	0.4206	0.4823	0.4661	0.4501
汉中	0.2758	0.2688	0.2625	0.3194	0.3196	0.2809	0.2688	0.2890	0.3171	0.3399
榆林	0.4099	0.4537	0.4409	0.4643	0.4826	0.5019	0.5321	0.4818	0.5162	0.5662
安康	0.2641	0.2733	0.3558	0.1980	0.2622	0.2887	0.2760	0.3298	0.3217	0.3421
商洛	0.2608	0.2628	0.2418	0.1810	0.1805	0.2560	0.2540	0.2178	0.2328	0.1797

数据来源：根据 EXCEL 计算得出。

陕西省各地市各项基本公共服务综合评价得分，见表 8－22 至表 8－26。

表 8－22 2009—2018 年陕西省各地市基本医疗卫生综合评价

地区	2009	2010	2011	2012	2013	2014	2015	2016	2017	2018
西安	0.5890	0.6028	0.6278	0.6642	0.6866	0.6631	0.6775	0.5957	0.4399	0.4297
铜川	0.7322	0.7486	0.7411	0.6992	0.7154	0.7300	0.7239	0.7272	0.8279	0.8820
宝鸡	0.4081	0.3818	0.4295	0.4585	0.4621	0.4758	0.5246	0.4519	0.4233	0.3464
咸阳	0.4231	0.4099	0.4269	0.4500	0.5247	0.5398	0.5415	0.4611	0.4839	0.4187
渭南	0.0000	0.0000	0.0000	0.0000	0.0004	0.0111	0.0094	0.0266	0.0583	0.0779
延安	0.5788	0.5878	0.4848	0.5679	0.6142	0.6268	0.6781	0.5585	0.4412	0.4434
汉中	0.3625	0.3734	0.3956	0.4625	0.5299	0.5246	0.5482	0.3768	0.3921	0.3112
榆林	0.3978	0.5116	0.5297	0.5879	0.6090	0.5392	0.5835	0.5746	0.5437	0.4708
安康	0.1583	0.2214	0.1234	0.1811	0.2455	0.3117	0.3404	0.2773	0.2852	0.2901
商洛	0.1157	0.1334	0.1351	0.1625	0.2264	0.2482	0.2805	0.1142	0.1863	0.1511

数据来源：根据 EXCEL 计算得出。

表 8－23 2009—2018 年陕西省各地市社会保障与就业综合评价

地区	2009	2010	2011	2012	2013	2014	2015	2016	2017	2018
西安	0.5232	0.4497	0.4682	0.4555	0.4862	0.6399	0.5293	0.5754	0.5851	0.5343
铜川	0.5177	0.6846	0.5179	0.5286	0.5003	0.7358	0.5915	0.5669	0.6646	0.6480
宝鸡	0.5461	0.5339	0.3383	0.3119	0.5173	0.5726	0.6266	0.5263	0.5289	0.5666
咸阳	0.4821	0.4504	0.5352	0.3999	0.5211	0.5486	0.5021	0.5184	0.5715	0.5759
渭南	0.4996	0.5041	0.3889	0.4236	0.3399	0.4228	0.2265	0.4891	0.4890	0.4106
延安	0.6142	0.5430	0.2761	0.2989	0.4645	0.3604	0.2837	0.1387	0.3706	0.4080
汉中	0.2515	0.4071	0.3693	0.5238	0.5354	0.5396	0.5017	0.5409	0.5598	0.5298
榆林	0.4169	0.3869	0.2869	0.3160	0.3154	0.4816	0.4395	0.4353	0.5645	0.5960
安康	0.4650	0.5439	0.3528	0.2410	0.3361	0.5482	0.3634	0.5291	0.5261	0.5378
商洛	0.4679	0.4954	0.4572	0.3086	0.3152	0.4940	0.3446	0.3761	0.3475	0.3412

数据来源：根据 EXCEL 计算得出。

表 8－24　2009—2018 年陕西省各地市基本公共教育综合评价

地区	2009	2010	2011	2012	2013	2014	2015	2016	2017	2018
西安	0.3144	0.2694	0.2496	0.0073	0.0204	0.0329	0.0489	0.1220	0.1502	0.3866
铜川	0.7680	0.7321	0.8470	0.7918	0.7970	0.8022	0.7651	0.7266	0.8194	0.8633
宝鸡	0.5417	0.5797	0.5522	0.5227	0.5015	0.4945	0.5289	0.5176	0.4882	0.5837
咸阳	0.2373	0.2673	0.3507	0.3553	0.4701	0.5271	0.5583	0.5897	0.5910	0.5499
渭南	0.5286	0.5877	0.5712	0.5742	0.5538	0.5330	0.5294	0.5487	0.5558	0.5656
延安	0.6462	0.5490	0.5039	0.4801	0.4347	0.4580	0.4050	0.3653	0.3086	0.4744
汉中	0.4317	0.3674	0.3835	0.2785	0.3171	0.3274	0.3240	0.3907	0.3800	0.5691
榆林	0.6133	0.7699	0.7401	0.7592	0.8061	0.7399	0.6956	0.6451	0.6347	0.6154
安康	0.3507	0.3382	0.3959	0.2992	0.3774	0.3813	0.3888	0.4148	0.4053	0.5747
商洛	0.4158	0.4257	0.3829	0.2161	0.2388	0.6016	0.6111	0.5421	0.4903	0.1711

数据来源：根据 EXCEL 计算得出。

表 8－25　2009—2018 年陕西省各地市公共文化体育综合评价

地区	2009	2010	2011	2012	2013	2014	2015	2016	2017	2018
西安	0.1427	0.2666	0.2611	0.3160	0.5083	0.4140	0.4327	0.4928	0.4897	0.5223
铜川	0.7889	0.8825	0.8033	0.8121	0.9658	1.0000	1.0000	1.0000	1.0000	1.0000
宝鸡	0.2910	0.2622	0.3323	0.1707	0.2457	0.2479	0.2955	0.2626	0.2429	0.2380
咸阳	0.1742	0.1525	0.1907	0.0976	0.2228	0.1895	0.1837	0.3125	0.3789	0.3366
渭南	0.0373	0.0513	0.0436	0.0175	0.0748	0.0657	0.0271	0.0245	0.0324	0.1510
延安	0.5884	0.6528	0.5811	0.5754	0.8444	0.6242	0.6075	0.6586	0.5211	0.6202
汉中	0.0951	0.0942	0.1585	0.0689	0.1149	0.0729	0.0596	0.0895	0.1142	0.0238
榆林	0.4451	0.5150	0.4337	0.3561	0.5667	0.5929	0.4584	0.4755	0.5796	0.6362
安康	0.1426	0.1583	0.1721	0.0909	0.1646	0.1094	0.0855	0.1095	0.1065	0.1030
商洛	0.1839	0.1948	0.1595	0.0795	0.1314	0.0538	0.0815	0.1072	0.0905	0.0483

数据来源：根据 EXCEL 计算得出。

表 8-26　2009—2018 年陕西省各地市市政基础建设综合评价

地区	2009	2010	2011	2012	2013	2014	2015	2016	2017	2018
西安	0.5841	0.7180	0.7639	0.8366	0.7898	0.6732	0.7178	0.9122	0.8316	0.7655
铜川	0.5345	0.5745	0.4792	0.4824	0.3332	0.3412	0.4193	0.4939	0.3296	0.4979
宝鸡	0.4902	0.4720	0.5607	0.4084	0.4341	0.4786	0.2815	0.4658	0.4074	0.3645
咸阳	0.4463	0.4430	0.5470	0.4783	0.5750	0.4715	0.2679	0.4719	0.5348	0.4957
渭南	0.4154	0.4633	0.5485	0.4115	0.3208	0.2561	0.1896	0.4457	0.4501	0.3319
延安	0.3747	0.3255	0.3813	0.3268	0.3025	0.4145	0.4663	0.4464	0.4075	0.4198
汉中	0.4217	0.4529	0.6329	0.3351	0.4098	0.3286	0.1493	0.5559	0.5540	0.3701
榆林	0.4854	0.3703	0.5320	0.4259	0.4663	0.7849	0.6051	0.7965	0.7621	0.7714
安康	0.4104	0.4797	0.2670	0.4126	0.4720	0.4367	0.2680	0.7095	0.5357	0.2905
商洛	0.4669	0.4267	0.5297	0.2331	0.1847	0.0948	0.0574	0.1394	0.3488	0.1240

数据来源：根据 EXCEL 计算得出。

②核心解释变量的选取。

这里研究的是税源背离对基本公共服务供给水平均衡性的影响，因而这里的核心解释变量即表 8-18 与表 8-19 中测量出的陕西省各地市近 10 年税收与税源的背离度。

③控制变量的选取。

基本公共服务的综合水平的高低是一系列复杂的因素构成的，除了税源背离之外，还有其他诸多因素都有可能影响基本公共服务的供给，如上级的补助情况、经济发展水平、人口分布以及需求水平等。基本公共服务作为一项主要由政府提供的公共产品，其主要来源即公共财政支出，而在财政支出中又可分为本级政府的预算收入部分和预算平衡部分，其中预算平衡中占绝对数量的便是上级政府的补助，因而上级政府补助在财政支出中所占的比重也是一项重要影响因素，列为本部分的一项控制变量；经济发展水平的测量指标较多，有 GDP、工业生产指数、人均可支配收入等，在此处关于经济水平的控制变量，我们就选取采用最为广泛的人均 GDP；在前文的分析中显示基本公共服务和人口拥挤程度有关，根据公共产品相对于私人物品所独有的非竞争性与非排他性的特点，基本公共服务在人口密度变大时，其质量也会相应下降，因而在此处将人均地域面积作为一项控制变量；另外，需求水平对供给水平也有重要的影响作用，社会公众对基本公共服务在质量、种类、数量等方面需求程度的提升，会促使政府在考虑基本公共服务的供给问题时不得不更谨慎，社会公众对基本公共服务在质量和数量等方面的要求，会影响到政府在这方面的供给的充分性，因而公众的需求水平也可以作为一项控制变量进行列示检验。具体如表 8-27 所示。

表 8-27 模型变量说明

变量类型	变量名称	变量符号	相关数据
被解释变量	基本公共服务	ps	表 8-21ps 计算值
	基本医疗卫生	yw	表 8-22yw 计算值
	社会保障与就业	shbz	表 8-23shbz 计算值
	基本公共教育	jy	表 8-24jy 计算值
	公共文化体育	wh	表 8-25wh 计算值
	市政基础建设	szjs	表 8-26szjs 计算值
解释变量	税源背离度	ptd	8.3.2 税源背离度计算值
控制变量	上级补助	ss	上级补助占财政支出比重
	经济发展水平	pgdp	人均 GDP
	人口分布	pd	常住人口/辖区面积
	需求水平	es	人均社会消费品零售额

(2)模型构建

我们已经选取了基本公共服务以及 5 项具体的公共服务评价水平作为被解释变量(ps、yw、shbz、jy、wh、szjs)，税收与税源的背离度作为解释变量(ptd)，并选择上级补助(ss)、经济发展水平(pgdp)、人口分布(pd)以及需求水平(es)作为控制变量。在计量分析时，陕西省 10 个地市的相关数据作为截面个体，2009—2018 跨度 10 年的期限作为时间序列，共同构成面板数据进行分析。

计量模型中所有的数据来源于中国统计年鉴、中国城市统计年鉴、陕西省财政厅网站提供数据、陕西省各市统计公报、陕西省统计年鉴和陕西省区域统计年鉴。对各变量的平均值、标准差等统计量进行描述，如表 8-28 所示。

表 8－28　各变量统计性描述

变量	面板数量	平均值	标准差	最小值	最大值
ps	100	0.3667	0.1298	0.1511	0.6317
yw	100	0.4213	0.2175	0.0000	0.8820
shbz	100	0.3472	0.2442	0.0000	0.9379
jy	100	0.4831	0.1916	0.0093	0.8633
wh	100	0.3305	0.2787	0.0175	1.0000
szjs	100	0.4547	0.1690	0.0574	0.9122
ptd	100	－0.1595	0.3405	－0.6908	0.6514
ss	100	0.6405	0.1770	0.2790	0.8870
pgdp	100	40080.11	21133.97	9383	112845
pd	100	267.2026	242.5786	58.6169	989.8773
es	100	1.1711	0.8728	0.2847	4.6731

数据来源：根据 STATA 软件计算得出。

2）实证分析

（1）税源背离对基本公共服务综合水平影响的实证分析

通常在这种面板数据回归中有固定效应模型或随机效应模型两种模型可以纳入考虑，Hausman 检验是进行模型选择较为常用的参考依据。在检验中，先假定模型为随机效应模型，若最终检验的 W 统计量小于设定的阈值，那么就可以接受该假设，选定随机效应模型；若 W 统计量大于设定的阈值，则要拒绝随机效应的假设，应设定为固定效应模型。根据公式检验被解释变量 ps、解释变量 ptd 以及控制变量 ss、pgdp、pd、es 可得表 8－29。

表 8－29　Hausman 检验结果

chi2(5)＝(b－B)′[(V_b－V_B)^(－1)](b－B)	7.25
Prob＞chi2	0.2029

检验结果中 p 值明显大于 0.1，则可以接受原假设，选择随机效应模型对样本进行回归。构建模型如下：

$$ps_{it}=\alpha_1+\beta_{1it}ptd_{it}+\beta_{2it}ss_{it}+\beta_{3it}pgdp_{it}+\beta_{4it}pd_{it}+\beta_{5it}es_{it}+\varepsilon_{1it} \quad (8-11)$$

式中：α 为常数项，β 为系数，ε 为误差项，下标 i 代表陕西省具体的 10 个地市、t 代表 2009—2018 年 10 年的具体时间年份；ps_{it} 为被解释变量，分别代表 i 市的基本公共服务在 t 年的综合评价得分；ptd_{it} 为解释变量，代表 i 市在 t 年的税源背离度；ss_{it}、$pgdp_{it}$、pd_{it}、es_{it} 为控制变量，分别代表 i 市在 t 年时，上级补助、经济发展水平、人口分布和需求水平的情况。

根据构建的回归模型，使用 STATA 软件进行随机效应对总体样本进行回归，回归结果如表 8－30 所示。

表 8－30　基本公共服务回归结果

变量	Coef.	z
ptd	0.0824***	2.93
ss	−0.3208***	−4.09
pgdp	5.53E−07	1.11
pd	−0.0002***	−2.01
es	0.0070	0.50
_cons	0.6344***	8.61

注：***、**、* 分别表示在 1%、5%、10%的显著性水平下显著。

数据来源：根据 STATA 软件回归结果整理。

根据回归结果可以看出，税源背离度对基本公共服务的综合评分有着显著的正向影响，其参数估计值为 0.0824，即代表税源背离度正向增加 1 个百分点，基本公共服务的综合评分可以提高 0.0824。另外，经济发展水平和消费水平从总体上看对基本公共服务没有显著的影响作用，而上级补助所占比重和人口分布情况都对基本公共服务产生了显著的影响。具体的影响机制可以通过对各项公共服务分别探究。

(2)税源背离对各类基本公共服务水平影响的实证分析

同基本公共服务综合评价一样，根据 Hausman 检验结果，基本医疗卫生、社会保障与就业、基本公共教育、公共文化体育和市政基础建设也选择随机效应模型，Hausman 检验结果如表 8－31 所示。

表 8－31　Hausman 检验结果

变量	yw	shbz	jy	wh	szjs
chi2(5)	4.85	5.24	3.55	0.79	7.49
Prob>chi2	0.3032	0.3873	0.4700	0.9404	0.1120

检验结果中 p 值全部都明显大于 0.1，都不能拒绝原假设，选择随机效应模型对样本进行回归。构建模型如下：

$$y_{it}=\alpha_2+\beta_{6it}\,\mathrm{ptd}_{it}+\beta_{7it}\,\mathrm{ss}_{it}+\beta_{8it}\,\mathrm{pgdp}_{it}+\beta_{9it}\,\mathrm{pd}_{it}+\beta_{10it}\,\mathrm{es}_{it}+\varepsilon_{2it}$$

其中　$y=\mathrm{yw、shbz、jy、wh、szjs}$　(8－12)

式中：α 为常数项，β 为系数，ε 为误差项，下标 i 代表陕西省 10 个地市、t 代表 2009—2018 的时间年份；y_{it} 为被解释变量，分别代表 i 市的基本医疗卫生、社会保障与就业、基本公共教育、公共文化体育和市政基础建设水平在 t 年的综合评价得分；ptd_{it} 为解释变量，代表 i 市在 t 年的税源背离度；ss_{it}、pgdp_{it}、pd_{it}、es_{it} 为控制变量，分别代表 i 市在 t 年时，上级补助、经济发展水平、人口分布和需求水平的情况。

根据构建的回归模型，使用 STATA 软件进行随机效应对总体样本进行回归，回归结果如表 8－32 所示。

表 8－32　样本回归结果

变量	yw	shbz	jy	wh	szjs
ptd	－0.0007 (－0.01)	－0.0401 (－0.55)	－0.1907** (－2.33)	0.1486*** (2.66)	0.1557* (1.80)
ss	－0.3734** (－2.27)	－0.0707 (－0.38)	－0.3659 (－1.64)	－0.4904*** (－3.02)	－0.1141 (－0.53)
pgdp	9.40E-07 (0.90)	2.26E-07 (0.17)	2.58E_06* (1.73)	－1.01E-06 (－1.00)	－4.51E-08 (－0.03)
pd	－0.0006** (－2.13)	－4.84E-06 (－0.03)	－0.0001 (－0.41)	－0.0003 (－0.88)	0.0002 (1.40)
es	－0.0141 (－0.49)	0.0393 (1.08)	－0.0708* (－1.72)	0.1100** (3.90)	0.0299 (0.77)
_cons	0.7950*** (4.95)	0.4522*** (3.06)	0.6964*** (3.61)	0.6514*** (3.74)	0.4701*** (2.75)

注：***、**、* 分别表示在 1%、5%、10%的显著性水平下显著，括号内的数字表示对应参数估计值的 z 统计值。

数据来源：根据 STATA 软件回归结果整理。

从回归结果也可以证明，税源背离度对基本公共服务具有显著的影响，但同时我们也能发现，并非是所有的公共服务项目都具有显著的影响，也并非所有的影响都是具有相同的正向效应。具体来说，基本公共教育、公共文化体育以及市政基础建设都表现出了显著的影响关系。其中,税源背离的情况对公共文化体育和市政建设都产生了显著的正向影响,其参数估计值分别为 0.1486 和 0.1557,分别解释为,税源背离度正向增加 1 个百分点,相对应的公共文化体育的综合评分会增加 0.1486、市政基础建设的综合评分会增加 0.1557;而税源背离度的变动对基本公共教育的影响是负向的,税源背离度正向增加 1 个百分点,基本公共教育水平的综合评分反而会下降 0.1907;而另一方面,税源背离度对基本医疗卫生和社会保障与就业的综合评分影响并不显著。

3)实证研究结论

通过对陕西省税收与税源背离以及基本公共服务供给现状的分析,结合对税源背离和基本公共服务水平进行计回归分析可以得出结论,即税源背离的程度变化对陕西各地市基本公共服务的整体水平产生了显著的正向影响,并对各个项目的基本公共服务存在差异化的影响,其中,税源背离与基本公共教育具有负向相关的关系,同时税源背离在基本医疗卫生和社会保障与就业方面的影响并不显著,而对公共文化体育及市政基础建设则产生了显著的正向影响。

首先,税源背离与各地区基本公共服务的供给水平之间存在密切的联系,税源背离的程度显著影响了基本公共服务的均衡供给,税源背离的程度越大,对基本公共服务均衡性程度的影响也越大。

其次,税源背离对基本医疗卫生和社会保障与就业产生的影响关系并没有在相应的显著性水平下表现出来,一方面,由于在医卫及社保与就业领域的政府投入属于生存性基本公共服务投入,政府需要根据全省统一的相关保障政策以及当地实际情况提供相应的供给,而没有太大可以选择的空间,即无论是否有意愿和能力促使供给水平的提高,都不得不维持与实际相符的基本公共服务,因而税收的背离情况并不会显著影响到相应的供给水平;另一方面,这两项公共服务有专项的社会保险基金相对应,财政税收在这两项中所起到的作用更多是辅助性的,由税源的背离所造成的财力均衡性问题并没有对基本医疗卫生和社会保障与就业产生显著的影响。

再次,税源背离在公共文化体育和市政基础建设方面有着显著的正向效应,这说明地方政府通常在公共文化体育和市政基础建设方面有较强的供给意愿,这可能是由于各地政府可以在结合当地的需求的基础上,根据政府对区域内未来一段时间的发展规划进行合理范围内的供给,在这两方面的供给水平与当地政府的财政自主权关系较大,由于这两项公共服务对一个城市的城市形象、招商引资等经济建设方面具有重要意义,文化建设与市政供给方面的供给水平的增加有利于吸引外来资本的流入,对地方的经济发展有着较为直接的提升作用,因而当供给能力提升后，地方政府便会主动选择提升这些项目的供给水平。

最后，较为值得关注的一点是，基本公共教育随着税源背离度的正向变化，其综合评价并没有出现正向提升的趋势反而下降了，即供给意愿并没有随供给能力的提高同比提高反而下降，这里可能存在的解释是，当地方政府可自主支配的财力增加时，地方政府更加倾向于将资金和精力投入对经济发展有即时影响的项目，相比于其他如公共体育文化和市政基础建设这样的基本公共服务的项目来说，对于公共教育方面投入的增加较少（这里同样是指相对增长量而非绝对量的减少，由于基本公共教育的水平测度方式是通过各个地市之间的对比得出，因而只能说明税源正向背离的地区的各项指标发展程度不及其他地区）；当社会发展中的各项发展指标都逐渐提升时，城市中经济、人口以及消费水平的增量使得基本公共教育变得拥挤，同样的拥挤在医疗与社会保障中是刚性兑付的支付无法避免，而在教育上的拥挤并没给予地方政府足够的动力去提升相应的服务水平，基本公共教育中的教育资源增长缓慢甚至流失，消费能力得到提升的人转而选择了私立教育机构来替代或补充基本公共教育的不足，这也从某种程度上解释了现实中私立教育在教育资源较为拥挤的区域盛行的原因。

8.4 实现基本公共服务均等化目标的税收政策建议

本部分运用 2011—2020 年省级面板数据，利用中介效应对中国现行税收政策对基本公共服务水平影响进行了实证分析。研究发现，增值税、个人所得税、资源税及房产税、其他地方税种、印花税通过影响财力水平进而影响基本公共服务水平的中介效应显著。现行税收制度下，增值税、个人所得税等共享税对基本公共服务水平起到负向作用，并不利于基本公共服务均等化，而资源税、房产税、消费税以及印花税等地方税种对基本公共服务水平的正向促进作用更明显。因此，要提高中国基本公共服务水平及调整其均等化情况，必须完善现行税收政策，建立科学合理的地方税体系，保证地方财力均衡，最终促进基本公共服务均等化的实现。基于上述研究结论，本部分提出以下政策建议。

8.4.1 建立健全地方税体系

在中国目前的财政收入划分体系中，地方政府财权偏低，财政收入集权特征明显，这一方面是由于中国自分税制以来不断上调中央税收比例，另一方面是因为中国地方财政收入还未形成稳定的收入来源，尤其是地方税体系构建还不完善。地方政府缺乏稳定的财政收入来源不仅会影响地区公共产品供给，而且会迫使地方政府通过提高税收负担和寻租行为来获取财政收入，这将驱使更多的资本和劳动力向隐性经济部门流动，扩大地区隐性经济规模。

1）健全地方税收法律体系

（1）加快立法进程，提升立法层次

中国税收制度没有税收母法——税收基本法，有必要尽快出台税收基本法作为中国税收法律体系的根本大法，用以明确中央政府和地方政府的权利和义务，明确政府各部门之间的权利和义务。另外，加快提升地方税收的立法层次也是非常重要的。应尽快完成地方各税的立法程序，提升其法律级次，提高法律效力。

（2）优化税制，争取税收权限

鉴于中国国情，中国的历史、政治、文化以及各地所处的地理位置、资源禀赋的差异导致的各地经济发展水平、法治水平、社会综合管理水平等也有明显差异，完全由中央政府统一立法确定征收统一的地方税种，难以满足各地的实际需求，也不符合各地的实际情况，更不利于调动各地方政府的积极性。比如，依靠中央统一立法征收统一的地方税种，有些地方可能缺乏相应的税源，或者相应的税源偏小，而征收成本过大，有些地方拥有一些具有地区特色的税源但因为不具有普遍性，中央立法无法将其确立为地方税种，这都极大地打击了地方政府的积极性。因而赋予省级政府适当的税收立法权十分必要。各省级地方政府根据自身经济社会发展的实际情况和现有的税源情况，在合理的范围内科学制定适合本地发展的税收法律法规，对调动地方经济发展的积极性、合理配置有限社会资源、满足社会居民对基本公共服务的需求将起到积极促进作用。

费茂清、石坚建议从保障税制的统一性、完整性角度考虑，将税收基本立法权集中于中央政府，可以考虑赋予地方政府一定的税收立法权，如税种的开征权、税种的设计权、税收征管权，让其拥有控制税源的能力。但赋予地方政府的权利不宜过大，毕竟中国是单一制国家，应保证税收基本立法权仍集中于中央政府，保障税制的统一性，为市场经济体制的有序运行创造公平的税收环境，同时也要保证中央政府的控制力，可以辅之以严格的审批制度[89]，如中央政府具有对地方税权的否定权，可以对地方税设置与开征税种的否定全，税目的调整权，税率的设定权以及减免权等。一将全国统一开征的，对国家宏观经济影响较小，但对地方经济影响较大的税种，如个人所得税、房产税等，地方在不违背中央基本法律的前提下，可以因地制宜地确定具体的实施办法或者有权选择、调整税率。二将不具有广泛影响，税源零星分散，税收成本较高、地区差异较大的税种，如，车船税，资源税等的开征停征权、立法权、解释权和征管权下放给地方。三将现行的各项暂行条例升级为法律法规，对税收各相关事项以立法的形式加以确定。加强法律约束力，确保各项税收活动有法可依、有法必依。税务人员是具体贯彻执行国家税法、税收政策，从事税收管理工作的专职人员，是税法和税收制度的直接执行者，是进行税收管理必不可少的因素。在完善立法的同时，应加强税务执法队伍建设，提高税收征管人员包括思想素质和业务素质在内的综合素质，组织对税收征管人员综合素质和税收工作专业知识的培训辅导，增强其工作能力，提高工作效率，引导形成税务文化。

(3)合理划分中央与地方政府之间的分享比例

目前增值税、企业所得税、个人所得税都属于中央地方共享税，共享税将部分财力配置到地方，对于稳定地方政府的财政收入有非常重要的作用。因此应合理划分中央与地方政府之间的分享比例，调动中央和地方两个积极性，使之与中央政府和地方政府的事权相匹配，缓解地方政府财政收支的矛盾，稳定地方政府的税收收入预期，满足地方性公共服务提供及经济建设的需要。

2)加快确立地方税主体税种

营改增后对现有地方税种进行结构性改革，确立地方税主体税种。根据税种特点、税源分布以及地方政府行使事权的需要等综合因素，选择合适的税种或税种组合作为地方税主体税种，建立收入稳定、适合地方特点的地方税体系。合理设置税种，优化税制结构。税种的划分应充分考虑地方经济社会发展的需要，本着有利于调动地方积极性、鼓励地方开源增收、保证地方收入稳定和便于地方征收管理的原则，明确中央税与地方税的界限，保持税种的独立性，减少共享税。由于现在地方税体系中的每一税种的财政能力都不够强，甚至比较弱，所以如果选择单一税种作为地方税主体税种极有可能无法保证地方财政需要，因此，本书建议应该构建地方税种的主体税种组合来支撑地方财政需要。财产税成为地方税主体税种的不二之选。

第一，符合主体税种的基本条件。作为地方税主体税种，必须具备如下条件：一税基宽，税源广。二税基流动性低，保证地方税收收入稳定。三保证地方经济社会的有效资源配置，促进区域经济平稳均衡的可持续发展。财产税具备了以上地方税主体税种的基本条件。首先，财产种类名目繁多，不受经济活动短期波动的影响，符合税基宽、税源广的原则。其次，财产税的税源流动性低，它的征收对地方经济的影响较小。并且随着人民生活水平的提高，财产税的征收将有较宽广的税基，税收收入来源和规模与其他税种相比十分可观。再次，财产额易于确认、界定和衡量，便于税务机关对税源进行征管，征收成本比较低。最后，征收财产税对调节地区间与地区内收入差距有较强作用，有利于社会共同进步、稳定社会秩序、构建和谐社会。

第二，财产税作为地方主体税种是中国税制与国际接轨的表现。世界上划分地方税体系的大多数国家中，财产税都是地方主体税种，如加拿大、英国、澳大利亚等。法国地方政府所征收的住宅税占到地方政府总体财政的70%，日本财产税占到税收的40%。[90]另外，美国三级政府都有各自独立的税收体系，其事实的分税制也不同于中国，其在税种设置上没有联邦、州、地方三级政府的共享税，但是三级政府各自有权就同一税源征收属于自己的税种，如州和地方政府可以同时开征财产税，美国地方政府税收收入中财产税占到近75%。

第三，房产税税源充足。从把财产税作为地方税主体税种的国家来看，房产税收入一般占财产税收入的70%以上。主要是因为：一房产税"取自地方、用之地方"符合收益原则；二房产税具有非流动性，不会发生税收输出和税收竞争；三房产税存在级差地租，具有课税的必要性。

近年来，随着中国房地产业的迅速发展，为开征以房产税为代表的财产税提供了充足的税源。在完善房产税的过程中，首先，要扩大房产税的征收范围，可将房产税征收范围扩展到农村地区，并考虑对存量房征收。同时结合各地经济发展和居民生活实际，合理确定住房标准，将超标准部分的住房纳入房产税征税范围。其次，要合理设定房产税税率，规范计税依据，避免重复征税。另外，还要考虑调整房产税的征收方式。最后，随着房产税试点的不断推进，不动产登记制度的出台和完善为征收房产税提供了信息上的支撑。

第四，土地增值税再添助力。推动土地增值税与房产税的合并为以房产税为代表的财产税成为地方主体税种再添助力。逐步将土地增值税合并到房产税中。对土地增值税的改革要充分发挥其调节房地产市场价格、抑制投机炒房、调整房产收益格局的作用，基本思路是将土地增值税内化到房地产税收体系中，逐渐取消土地增值税，用所得税来对原转让取得的增值额征税。这有利于深化税制改革、培育新的地方税体系主体税种。

3)地方辅助税种的改革完善

(1)将城市维护建设税变为独立的税种

改变城市维护建设税的附加税性质，不再依附于增值税和消费税，遵循税种独立性、便利性、普遍性的原则，使之成为一个独立税种，作为城镇化建设和维护的重要地方财政资金来源，其收入当然专款专用于城市公共设施的建设和维护。相应地，城市维护建设税的计税依据可考虑变为城市生产经营者的收入额，而征税税率的调整则可由省级政府根据当地经济发展的实际情况具体调整。

(2)开征遗产赠与税

遗产税是以财产所有者遗留的财产为课税对象征收的一种财产税，包括对被继承人遗产总额课征的遗产税和对继承人继承份额课征的继承税。它可以将遗留财产中的一部分重新参与社会分配，限制不劳而获，尽可能淡化后人对遗产的依赖，激发和鼓励后代在国家政策的引导下继续创造财富。大多数征收遗产税的国家同时征收赠与税，一部分国家将二者合并，使用同一税率征收，以防止纳税人通过赠与方式逃避缴纳遗产税。建议在条件成熟时，适时开征遗产税和赠与税。根据继承法合理确定纳税人、课税对象范围以及税前扣除项目，按照轻税、简便原则设计税率和确定起征点，尽快建立财产登记制度，建立对富裕人群的财产监督，防止财产向国外转移，以便创造良好的基础条件，同时起到调节社会成员的财富分配与占有，防止遗产的不合理转移，增加政府财政收入，积累社会公益事业资金的作用。

(3)加快环境保护税的改革步伐，将其作为地方税种

随着经济的发展，城市工业化进程加快，环境污染已成为城市文明进步的一大阻碍。开征环境保护税，把环境污染和生态破坏的社会成本内化到企业生产成本和市场价格中去，用税收手段来促进环境保护，实现可持续发展，同时也可作为一种有效的财政手段，为地方经济建设和社会发展提供新税源。积极推进环境税费改革，选择防治任务繁重、技术标准成熟的税目开征环境保护税，逐步扩大征收范围。将现行的排污、水污染、大气污染，工业废弃物、城市生活垃圾废弃物、噪音等收费制度改为征收环境保护税，充分发挥税收对环保的调节作用。

通过开征环境保护税，将企业经营所造成的环境污染治理费用融合进企业日常经营的生产成本中，通过市场经济的价格机制来控制环境污染。这样，不仅可以提高地方政府的财政收入，而且有利于控制环境污染，促进工业企业采用高新生产技术，更新企业生产设备与排污设备，将环保节能意识充分融入企业生产经营之中。

(4)将社保基金改征社会保障税

为提高社会保障福利的覆盖面，防止雇主偷逃社会保险费，有必要将现行征收的社会保险费改为社会保障税。以企业的工资支付额为课征对象，可采用不超过25%的比例税率，由雇员和雇主分别缴纳，税款主要用于各种社会福利开支。

8.4.2 优化增值税纵向分配制度设计

如前所述，中国财政体系目前存在中央与地方财政事权与支出责任并不完全匹配、地方税体系建设不完善、转移支付效果不明显等问题。为了维持营改增前后地方政府财力稳定，作为权宜之计，中国在过渡方案中将增值税纵向分配比例调整为1∶1。但增值税作为中国最大的共享税，对其纵向分配制度的制定应当有长远的考虑，本书认为应当将以支定收、保证事权与支出责任相匹配作为确定增值税纵向分配方案的基本原则，在保证该制度稳定国家财政的作用的同时兼顾其灵活性。依据两级政府财权与事权的划分，同时考虑两级政府财政收入结构等相关因素，在将其量化后构建一个标准化的固定计算公式来计算中国增值税纵向分配比例，以初步平衡两级政府的财政自给率。同时，应当将不稳定的政治经济活动考虑在内，在构建的公式中予以体现，使得中国增值税纵向分配比例具有更好的灵活性和适应性。

在中国当前的现实背景下，可以借鉴德国增值税的纵向分配机制，对于那些由于过渡方案实施后，根据五五分成比例导致其财政收入变少的地区进行一定程度的补偿。考虑到中国当前中西部地区为增值税流出地的现状，参考德国的增值税固定款项机制，中国可以在转移支付之外，将定量数额的增值税分配给欠发达地区，以缓解这一情况。

从上述两个方面对中国增值税纵向分配制度进行改进，一方面有助于改善中西部财力短缺、地区增值税流出的现状，从而促进基本公共服务均等化，另一方面也有助于中国形成事权与支出责任相匹配的纵向分享机制，有利于中国建立合理有效的财政体制，加速现代化建设。

德国增值税共享制度具体如下：

德国的财政体制下政府存在联邦、州、市镇、市镇联合4个级别，其中最后两个级别被统称为“地方”。按照不同比例划分，增值税在各级政府之间进行分配。对于德国各级政府增值税分配比例的确定，其在基本法中阐释了两项基本原则，第一项原则是要保证联邦和州政府应该拥有相同的覆盖率，该项原则中覆盖率指的是预算中预估的全部收入与全部支出的比值。该项原则的具体实施过程主要分为以下两个步骤：首先要分别计算出联邦和州的覆盖率，接着再将两个数值进行对比计算，计算出使二者覆盖率相同时，需要获得多少增值税收入。第二项原则是要协调并均衡联邦和各州之间的覆盖率需求，该项原则的具体实施过程分为3个步骤:首先,将其中的一部分作为养老金;其次,由地方政府分享增值税收入的2.2%;最后在二者之间将剩余的收入按照一定的比例进行分配,虽然该分配比例会受到联邦与各州之间收入支出比的影响,但多年来其整体情况保持相对稳定。

除此之外,为缩小地区间财力差异,其将制定了相关方案将增值税在地区间进行横向分配,其分配方式较有特色,具体流程见图8-4。在纵向分配完毕之后,其在各州政之间的横向分配具体有两部分,第一部分是按照各州居民数量将州政府75%的增值税收入进行横向划分;第二部分是将剩余的25%分配给人均州税、所得税低于平均水平的贫困州,使其财力水平可以达到全国平均财力水平的92%,这两部分横向分配方案的相互配合,使得增值税极大发挥了平衡地区之间财力水平的作用,德国也将其作为平衡国家财政的重要手段之一。

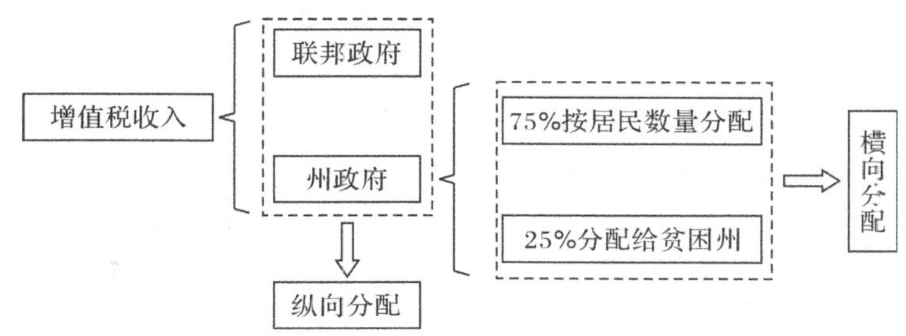

图8-4 德国增值税共享制度

8.4.3 完善税收横向分配制度设计

横向的税收分配没有经过中间环节,不产生再次分配可能导致的效率损失,收入可以简单、快速、高效地分配到地方政府。但是,转移支付和税收返还具有多个中间环节和较为复杂的汇算程序,过于复杂的流程所造成的效率损失要高于税收分配。因此,要从根源上厘清各级政府间的税收关系,从税收的横向分配制度出发是最直接、最有效的。

在审查关于各层级政府税收分配制度的设计时,应当将税收公平原则、公共服务供给受益原则、税收收入与来源相匹配等在内的税收分配原则都妥善考虑。同时,建立法律依据,做出制度安排,从制度层面理顺税收分配关系,设计出能对不同税种差异做出反应的制度规范和计算方法。这里可以参考国际惯例中,比如流转税的税基随着商品交易的发生较易在地区间流动,且实现税负的转嫁,可以考虑按照"消费地原则"来核定商品税的计税依据,建立税收收入的流动补偿机制从而使税收初次分配的差异对各地区财力造成的影响降低，如德国、日本等国将增值税先集中后分配，在分配时除了可以考虑消费原则，还可以将人口因素考虑在内；而将所得税的计税依据按照“来源地原则”划分，尤其是对于跨区域经营的企业，按照公平及受益原则，根据行业特点建立分配标准，对经营收入、资产总额以及职工工资“三因素”的权重动态调整以缓解税收与税源的背离。

我们认为在当前增值税规模一税独大的情况下，完善中国增值税横向分配制度势在必行。除中国之外很多国家在增值税横向分配时均遵循消费地原则，还有一些国家在消费地原则的基础上加入了财政均等化因素，相比于中国采用的生产地原则，其更加公平，可以进一步减小地区间的财力差距。中国学者从中国国情出发已提出了不少优化方案，本部分归纳了如下三种，首先是居民数量原则，其是指以人口数量作为增值税横向分配的依据；其次是消费地原则，其是指以消费额作为增值税横向分配的依据；最后是综合因素原则，其是指综合考虑前两种横向分配原则来进行增值税横向分配。本部分用2019年的相关数据，分东、中、西部地区测算以上三种原则具体的横向分配比例（见表8－33），采用的具体计算方法是：居民数量原则即以某省常住人口数量在全国总人口中所占比重作为其增值税横向分配比例；消费地原则即以某省消费支出在全国总消费支出中所占比重作为其增值税横向分配比例；综合因素原则即以某省前两种原则分配比例的平均数作为该省增值税横向分配比例。

表8－33　2019年三种分配原则下各省分配比重及变化　　单位：%

地区	居民数量原则	消费地原则	综合因素原则	生产地原则	财政支出占比	比重变化 a	比重变化 b	比重变化 c
北京	1.53	3.69	2.61	5.84	3.64	－4.31	－2.15	－3.23
天津	1.11	1.03	1.07	2.33	1.75	－1.22	－1.30	－1.26
河北	5.41	3.18	4.30	3.25	4.08	2.16	－0.07	1.05
辽宁	3.10	2.37	2.73	2.51	2.82	0.59	－0.14	0.22
上海	1.73	3.88	2.81	8.87	4.01	－7.14	－4.99	－6.06
江苏	5.75	9.23	7.49	10.09	6.17	－4.34	－0.86	－2.60
浙江	4.17	6.70	5.43	7.62	4.93	－3.45	－0.92	－2.19

续表

地区	居民数量原则	消费地原则	综合因素原则	生产地原则	财政支出占比	比重变化 *a*	比重变化 *b*	比重变化 *c*
福建	2.83	4.63	3.73	2.74	2.49	0.09	1.89	0.99
山东	7.17	7.17	7.17	6.28	5.27	0.89	0.89	0.89
广东	8.21	10.53	9.37	12.76	8.49	−4.55	−2.23	−3.39
海南	0.67	0.48	0.58	0.62	0.91	0.05	−0.14	−0.04
东部	41.68	52.89	47.29	62.91	44.56	−21.23	−10.02	−15.62
山西	2.66	1.72	2.19	2.31	2.31	0.35	−0.59	−0.12
吉林	1.92	1.03	1.47	1.05	1.93	0.87	−0.02	0.42
黑龙江	2.67	1.37	2.02	1.09	2.46	1.58	0.28	0.93
安徽	4.53	4.38	4.46	3.02	3.63	1.51	1.36	1.44
江西	3.32	2.47	2.90	2.57	3.13	0.75	−0.10	0.33
河南	6.87	5.75	6.31	3.45	4.99	3.42	2.30	2.86
湖北	4.22	5.57	4.90	3.13	3.91	1.09	2.44	1.77
湖南	4.93	4.09	4.51	2.53	3.94	2.40	1.56	1.98
中部	31.12	26.38	28.76	19.15	26.30	11.97	7.23	9.61
内蒙古	1.81	1.24	1.52	1.81	2.50	0.00	−0.57	−0.29
广西	3.53	2.01	2.77	1.60	2.87	1.93	0.41	1.17
重庆	2.23	2.85	2.54	1.83	2.38	0.40	1.02	0.71
四川	5.97	5.23	5.60	3.61	5.08	2.36	1.62	1.99
贵州	2.58	1.83	2.21	1.52	2.92	1.06	0.31	0.69
云南	3.46	2.49	2.98	1.95	3.32	1.51	0.54	1.03
西藏	0.25	0.19	0.22	0.31	1.07	−0.06	−0.12	−0.09
陕西	2.76	2.50	2.63	2.51	2.81	0.25	−0.01	0.12
甘肃	1.89	0.91	1.40	0.88	1.94	1.01	0.03	0.52
青海	0.43	0.23	0.33	0.30	0.91	0.13	−0.07	0.03
宁夏	0.49	0.34	0.42	0.37	0.71	0.12	−0.03	0.05
新疆	1.80	0.89	1.34	1.27	2.61	0.53	−0.38	0.07
西部	27.20	20.71	23.96	17.96	29.12	9.24	2.75	6.00

数据来源：2020年《中国税务年鉴》。

在表 8－33 中，比重变化 a、b、c 分别代表各省采用居民数量原则、消费地原则以及综合因素原则下的增值税横向分配比例与其采用生产地原则下的增值税横向分配比例之差。我们可以从结果中明显看出，居民数量原则可以使得东部地区增值税横向分配比例相对于原来的生产地原则总共降低 21.23%；西部地区增值税横向分配比例比原来总共增加 9.24%；中部地区增值税横向分配比例比原来总共增加 11.97%。综合因素原则可以使得东部地区增值税横向分配比例相对于原来的生产地原则总共降低 15.62%；西部地区增值税横向分配比例比原来总共增加 6.00%；中部地区增值税横向分配比例比原来总共增加 9.61%。消费地原则可以使得东部地区增值税横向分配比例相对于原来的生产地原则总共降低 10.02%；西部地区增值税横向分配比例比原来总共增加 2.75%；中部地区增值税横向分配比例比原来总共增加 7.23%。我们可以看出，不论是对于中部、东部还是西部而言，居民数量原则相对于另外两种原则来说均衡增值税收入的作用更显著，综合因素原则的作用次之，消费地原则的作用相比之下最弱。

接着我们可以关注一些省份数据，这三种分配原则较原来的生产地原则而言，会使得上海、广东、北京三地增值税横向分配比例显著降低，成为增值税流出地，河南、湖北、湖南、福建、四川、重庆等中西部地区增值税横向分配比例显著提高，成为增值税流入地。

综上所述，这三种分配原则均可以使得增值税收入从东部地区流向中西部地区，对促进地区间财力均衡有积极作用。对于消费地原则而言，由于经济发展较为落后的中西部地区消费能力较弱，其发挥的作用可能并不会那么明显，这一现象可以从表 8－33 中得以体现；对于居民数量原则来说，虽然其均衡地区间财力的作用更加明显，但以北京、上海为例我们可以看出，采取居民数量原则进行横向分配时，分配比例分别为 1.53% 和 1.73%，但地方财政支出所占比重却为 3.64% 和 4.01%，出现严重的失衡现象，可能会产生政府间利益冲突的问题，对中国经济发展产生不良影响。如若采取综合因素原则来进行增值税的横向分配，其可以较大程度地实现均衡地区间财力的目标，且同时可以使得各地政府增值税横向分成比例与其地方财政支出所占比重更加匹配，更加符合中国现状。因此，本书认为应采用综合因素法进行增值税的横向分配。同时，也可以参考日本和德国增值税共享制度的经验，建立横向财政平衡的机制，即中国可以在增值税收入中抽取一部分出来作为补助金，用于平衡初次分配阶段地方的财力水平，为基本公共服务均等化提供保障。与此同时，该机制需要尽可能多地考虑相关因素的影响，不仅要保证地区间财力的均衡，同时也要结合中国现状，比如横向分配该补助金时,我们可以考虑形成一个综合化分配公式,公式中囊括消费水平、公共服务均等化水平等要素,从而科学规范地确定补助金在各地区的分配额度。需要注意的是,在横向财力平衡机制中尽可能加入一些激励机制,以克服该平衡机制对某些地区经济的预算约束障碍以及对于发展的负效用,同时针对政府间的平衡机制在利益分配上产生的冲突,需要建立一种协调机制来改善这种问题。

日本增值税共享制度如下:

1989 年日本正式开始在国内征收消费税,日本关于消费税的定义是:消费税以服务或物品为征税对象,其应纳税额需要从计算得出的销项税额中抵消掉进项税额后予以确定。从这一定义可以看出,其与目前中国税收体系中的增值税基本相似,属于同一税种,具备可比性。日本与中国均实行分税制体制,但仍存在一些区别。日本实行的分税制更为彻底,其各税种的税收归属权划分明确,共享税中只有消费税一个税种,且由日本国税局统一征收,首先在中央与地方之间以 3∶1 的比例进行分配,然后将剩余部分继续进行下一步分配,详细步骤如下所述。首先,日本各地区需要将其 15%的税收收入上交给中央,其次将剩余部分再按照一定依据在各地区间进行分配。过程中用到的分配依据在日本被称为"消费当量",其计算公式如下:

$$\mathrm{CON}_{i,t}=\frac{6}{8}(\mathrm{SAL}_{i,t}+\mathrm{SEV}_{i,t})+\frac{1}{8}\left[(\mathrm{SAL}_{i,t}+\mathrm{SEV}_{i,t})\times\frac{\mathrm{POP}_{i,t}}{\sum\mathrm{POP}_{i,t}}\right]+\frac{1}{8}\left[(\mathrm{SAL}_{i,t}+\mathrm{SEV}_{i,t})\times\frac{\mathrm{EMPL}_{i,t}}{\sum\mathrm{EMPL}_{i,t}}\right]\tag{8-13}$$

式中:$\mathrm{CON}_{i,t}$表示 i 地区第 t 年的消费相当额;$\mathrm{SAL}_{i,t}$表示 i 地区第 t 年的零售总额;$\mathrm{SEV}_{i,t}$表示 i 地区第 t 年的服务业和个人事业收入额;$\frac{\mathrm{POP}_{i,t}}{\sum\mathrm{POP}_{i,t}}$ 表示 i 地区第 t 年居民比重;$\frac{\mathrm{EMPL}_{i,t}}{\sum\mathrm{EMPL}_{i,t}}$ 表示 i 地区第 t 年就业者比重。

我们可以注意到公式中有三个系数,这些系数是由当时具体情况所确定的,如$\frac{6}{8}$代表的是当时这两项收入规模在日本税基中所占的比重;而两个$\frac{1}{8}$则是在考虑多方面因素后,将剩余的部分按居民和就业者所占比重平均进行分配。

在上述分配制度之外,日本还存在一种地区间财力的弥补机制,其将企业所得税、消费税、酒税、个人所得税以及烟税的总和作为基数,由中央政府按此基数加成后在各地区之间进行分配,这有助于缩小日本各地区间的财力差异。

通过对日本增值税共享制度的介绍我们可以看出，其消费税在中央与地方间分配完毕后，在地方间进行分配时，消费权重会对其产生重要影响，也就是说一个地区的消费规模越大，其会分得更多的消费税，与该地区实际缴纳的消费税收入没有什么关系，这体现了税收归宿的原则，在一定程度上可以让消费税从征税多的地区向征税少的地区转移，有利于区域间税收利益的协调分配。但同时该分配方案也会使得消费税从消费规模小的区域流入消费规模大的区域，这在一定程度上会拉大区域间基本公共服务水平的差异。

8.4.4 转变征管思路，加强征管合作

税务机关需要改变征管思路，提高纳税服务水平，确保征管效率，可以转变绩效考核机制，以税收收入和经济税源双向进行评价。税务部门制定税收计划不能仅仅将税收收入的增减变化作为税务部门唯一的考核指标，计划的目标应当为整个社会和经济的健康发展，并把计划的完成度作为评估税务部门工作的标准。这就要求税务部门做好税源的分析预测，确定与经济发展相适应的收入规模，当税收收入未能达到或过分超越相应的区间，则都可以认为税收计划不到位。通过这种提前预测税收来源的机制，可以有效、及时地控制税收的异常转移，这有利于税收和可持续的经济发展。同时，对地方政府的绩效考量目标不仅是 GDP 或财政收入的增长，而且还要更多地关注当地公民的偏好，若地方提供的公共服务在很大程度上适应了居民的需求，会对企业到当地进行投资产生天然的吸引力，从而为当地创造了税源。

另外，充分、及时且有效的税收合作也是十分重要的，考虑建立统一、公开的信息平台以打通各地区之间的税收障碍、加强征管合作。可以在完善税收分配机制的基础上，于更高一级的政府层面建立跨地域的税收协调管理部门，一来可以加强各市间的信息共享，将各市的税收情报及时公布与交换，二来可以调节各市间的税收转移争议，甚至可以考虑将一些协调的案例作为范本制度化，作为解决地区间常规税收争议的参照标准。另外，各级各类政府出台的税收优惠的相关政策都需要被进一步的审查，将各地区自行制定的不利于社会经济健康发展的非规范性税收优惠进行清理，建立在各地区协调统一的基础上形成的税收优惠，严控各地政府的恶性税收竞争所带来的不利影响。

8.4.5 促进制度间联动改革

2019 年政府工作报告中明确提出了三个要求：第一，要进一步落实事权与支出责任的合理划分；第二，要进一步对中国转移支付制度进行完善；第三，要加

快改革中央和地方政府之间的收入划分政策。这三个要求的实现需要齐头并进，缺一不可。同时，政府工作报告中提出的三项要求与增值税共享制度也密不可分，因此增值税共享制度的优化必然也不可能是单独进行的，需要考虑制度间的联动改革，只有在相关制度都科学合理的基础上，才能有公平完善的增值税共享制度。

财政事权与支出责任的合理划分会对增值税纵向分配方案产生影响，地方税体系的逐渐完善也会通过改变地方政府的财政状况对增值税横向分配方案产生较大影响。中国转移支付制度改善了增值税横向和纵向分配后存在一些不平衡问题。我们可以看出，这几项制度之间存在紧密的关联，想要制定出公平合理的增值税共享制度，这些制度的完善是前提条件，即中国增值税共享制度的改革迫切需要更加科学、完善的制度环境。制度间的联动改革有利于推动中国财政体制的完善，为中国基本公共服务均等化的实现提供保障。

由以上分析可知，税源背离问题对基本公共服务综合水平的影响是显著且积极的，因而，采取相应的措施改善各地市间税源背离情况对于实现基本公共服务均等化具有促进作用。同时也要注意到，对于各项具体的公共服务来说，税源背离对于其产生的影响也是不尽相同的，因此，在解决基本公共服务在不同地区的平衡性问题时，不能一刀切采取相同的措施，还需要根据各项基本公共服务的性质不同采取差异化的对策。

9 中国城乡基本公共服务均等化对共同富裕的影响机制分析

9.1 城乡基本公共服务均等化影响共同富裕的机理分析

9.1.1 城乡基本公共服务均等化可以直接推动共同富裕的实现

城乡基本公共服务均等化作为国家治理现代化、建立服务型政府的重要内容，由于其与社会公众利益密切相关，因此能对推进共同富裕过程中存在的不足与短板进行补充。城乡基本公共服务是一个复杂的包含多个服务类型的概念，能够较好地反映政府在回应公众关切、满足公众美好生活需要方面做出的努力。通过文献梳理，本部分以城乡基本公共服务要实现的六方面的均等化为指导探究中国城乡基本公共服务均等化在促进共同富裕中的作用。基础教育的均等化对实现共同富裕具有深远影响，虽不能产生立竿见影的效果，但不可忽视其强大的马太效应，教育能够促进人力资本积累，从根本上消除代际间的贫困传递。公共医疗卫生服务让社会公众真正感受到“病有所医”的好处，基层医疗机构的完善和医疗资源的保障让农村地区的群众享受到不出远门也能看好大病的便利；城乡居民医疗保险制度和职工医疗保险制度的不断完善、纳入医保目录的药品种类不断增多，让“因病返贫”事件发生率不断下降，无须出于预防动机而大量储蓄，从而刺激消费，促进经济发展。社会保障作为维护社会稳定的兜底措施，能最大限度减轻人们因失业、自然灾害、大范围疫情等突发性事件导致的恐慌情绪以及基本生活无法保障的困难。因此，公共医疗卫生、基础教育、社会保障、基础设施、公共文化、环境保护等基本公共服务均能够从各个维度直接推动共同富裕的实现。

基于对以上影响路径的分析，本部分提出以下假设：

H1：城乡基本公共服务均等化可以直接推动共同富裕的实现

9.1.2 城乡基本公共服务均等化对共同富裕的影响存在区域异质性

由于中国东、中、西部地区受原始的地理条件所导致的自然资源差异，以及依托这些先天的自然条件形成的产业、技术优势的影响，使得中国政府财力水平出现区域性不平衡的现象。东部地区固有的地理位置优势，使其拥有丰富的自然资源，物质基础优势明显，是中国经济发展的先行区域。中部地区虽然在地理位置和自然条件等方面不及东部地区，但中部地区近些年在国家政策的引导下转变经济发展方式，加入了现代化经济体系建设行列。相对而言，西部地区由于面临资源匮乏以及高新技术人才流失严重的问题，在经济发展的各方面都有所欠缺，不仅缺乏科技创新活动，而且对自然资源的浪费也较为严重。与此同时，中国东部地区市场化程度较高，中西部地区市场化发展水平较低，导致金融资源未能完全被合理的利用，相应地其经济发展受到限制。由于以上因素的影响，城乡基本公共服务投入力度差异明显，中西部地区城乡基本公共服务均等化水平对于共同富裕的促进作用可能要显著高于东部地区，即城乡基本公共服务水平同等提高的情况下，中西部地区的边际效用要高于东部地区。基于以上对地区差异性影响的分析，本部分提出以下假设：

H2：城乡基本公共服务均等化对共同富裕的影响存在区域异质性

9.1.3 城乡基本公共服务均等化对共同富裕的影响存在门槛特征

近年来，城乡基本公共服务均等化发展成效显著，特别是城乡基本公共服务均等化在经济快速发展的过程中获得了更为雄厚的政府财力支持，使得公共医疗、基础教育、基础设施建设、环境保护和社会保障等领域的供给更为充足。各级政府作为城乡基本公共服务主要的提供和管理主体，在满足社会公众基本生存需要、维护社会稳定中起着重要的作用。尽管近年来政府不断提高基本公共服务的财政投入力度，借助政府转移支付、鼓励社会力量参与提供等手段促进城乡基本公共服务均等化水平有了显著提升，但从全国来看，中国的基本公共服务仍然未达到更高水平的均等且城乡发展不平衡。经济发达的地区城乡基本公共服务均等化已达到较高水平，而经济实力薄弱的偏远地区仍在公共医疗、基础设施等领域存在供给不足问题。由于城乡基本公共服务均等化的发展需要借助于政府财政投入，财力水平成为制约城乡基本公共服务均等化影响共司富裕的重要因素之一，所以，当地区财力水平存在差异时，城乡基本公共服务均等化对实现共同富裕的影响程度也不尽相同。在财政收入较低的地区，由于基本公共服务缺少充足的资金保障，城乡基本公共服务均等化促进共同富裕的影响效果可能会被减弱，而随着财政收入的增加，城乡基本公共服务均等化对共同富裕的影响理应增强。考虑到财政收入对城乡基本公共服务均等化促进效应的影响，本部分提出以下假设：

H3：以政府财政收入为门槛变量，数字普惠金融对经济高质量发展的影响存在门槛特征

9.2 城乡基本公共服务均等化水平和共同富裕指数的测度及分析

9.2.1 相关指标体系的构建

1)指标构建原则

本部分在借鉴学者们已有研究成果的基础上，遵循以下三点指标选取原则：一是能够有效代表或反映该项基本公共服务供给的基本情况；二是在代表城乡基本公共服务供给情况的同时，能够保证数据的可获取性和可行性；三是应该避免类似含义的指标的重复选取。

2)基本公共服务均等化指标体系

(1)基础教育

近年来国家高度重视农村教育发展，农村教育发展质量得到了很大程度的提升，某些省份农村地区在生均校舍面积、生均专任教师、生均图书册数等方面已经超越城市，说明中国城乡基础教育差距在个别传统指标方面正在逐步缩小，农村地区的学生在某些方面也能享受到与城市地区学生大致相等的公共教育服务。然而，从城乡公共教育在教师学历结构等方面来看，农村地区专任教师中本科及以上学历比重远低于城市地区，这说明真正提升农村地区公共教育发展质量任重而道远。因此，本部分选择幼儿园园长、专任教师本科及以上学历占比，小学专任教师本科及以上占比，初中专任教师本科及以上占比，高中专任教师本科及以上占比等 4 个指标衡量基本公共教育的供给情况。

(2)医疗卫生指标

城乡在公共医疗卫生方面的差距仍是不容乐观，本部分借鉴刘成奎和王

朝才、杨晓军和陈浩等学者的做法，选取每千人口医疗机构床位数、每千人口执业（助理）医师数、每千人口注册护士数等三个指标衡量医疗卫生的供给特征。

(3)基础设施指标

基础设施作为基本公共服务的重要组成部分之一，对城乡居民的生产和生活发挥重要影响。以水网管道为例，其不仅在很大程度上影响城乡居民的日常生活，而且水网管道的可及性直接影响到城乡各行业的发展。本部分借鉴杨亚迎和汪为、王胜华等学者的做法，选取供水普及率、燃气普及率、排水管道暗渠密度、每万人公共厕所数等四个指标衡量基础设施的供给状况。

(4)公共文化指标

文化是一个国家、一个民族的灵魂，优秀文化是推动社会进步的强大精神力量。当前中国社会的主要矛盾已转变为人民日益增长的美好生活需要与不平衡不充分的发展之间的矛盾，而这其中也包含着人民群众对更高层次精神文化生活的追求与当前公共文化服务发展不充分之间的矛盾。因此，必须充分了解现阶段文化服务可以在多大程度上满足公众需求。本部分选取广播节目综合人口覆盖率、电视节目综合人口覆盖率、每万人拥有乡镇文化站数、每万人拥有城市文化站数等 4 个二级指标进行分析。

(5)环境保护

早在 2005 年，习近平总书记就提出“绿水青山就是金山银山”的论断以推进绿色可持续发展。保护我们人类唯一的生存家园本就是每一位公民义不容辞的责任，然而近年来，环境污染日益严重、各类环境事件频发，严重威胁着公众的正常生产生活以及地区经济社会发展，环境安全问题成为社会公众关注的焦点。本部分选取绿化覆盖率、每万人拥有市容环卫专用车辆设备数这两个指标测度环境保护服务供给情况。

(6)社会保障指标

社会保障是政府利用公权力对国民收入的再分配，是维护居民生存权的体现，是预防和控制社会风险的必要手段，是基本公共服务的重要组成部分。参考缪小林等的做法选择居民最低生活保障平均标准、人均转移收入作为替代性指标。

具体指标体系见表 9-1 和表 9-2。

表 9-1 农村基本公共服务水平综合评价指标体系

一级指标	二级指标	三级指标	单位	指标方向
农村基本公共服务水平	基础教育服务	农村幼儿园园长、专任教师本科及以上学历占比	%	正向指标
		农村小学专任教师本科及以上占比	%	正向指标
		农村初中专任教师本科及以上占比	%	正向指标
		农村高中专任教师本科及以上占比	%	正向指标
	公共医疗卫生服务	农村每千人口医疗机构床位数	个	正向指标
		农村每千人口执业(助理)医师数	床	正向指标
		农村每千人口注册护士数	人	正向指标
	基础设施服务	乡供水普及率	%	正向指标
		乡燃气普及率	%	正向指标
		乡排水管道暗渠密度	公里/每平方公里	正向指标
		乡每万人公共厕所数	个	正向指标
	公共文化服务	农村广播节目综合人口覆盖率	%	正向指标
		农村电视节目综合人口覆盖率	%	正向指标
		每万人拥有乡镇文化站数	个	正向指标
	环境保护服务	乡绿化覆盖率	%	正向指标
		乡每万人拥有市容环卫专用车辆设备数	个	正向指标
	社会保障服务	农村居民最低生活保障平均标准	元/人/月	正向指标
		农村居民人均转移净收入	元	正向指标

表 9-2 城市基本公共服务水平综合评价指标体系

一级指标	二级指标	三级指标	单位	指标方向
城市基本公共服务水平	基础教育服务	城市幼儿园园长、专任教师本科及以上学历占比	%	正向指标
		城市小学专任教师本科及以上占比	%	正向指标
		城市初中专任教师本科及以上占比	%	正向指标
		城市高中专任教师本科及以上占比	%	正向指标
	公共医疗卫生服务	城市每千人口医疗机构床位数	个	正向指标
		城市每千人口执业(助理)医师数	床	正向指标
		城市每千人口注册护士数	人	正向指标
	基础设施服务	城市供水普及率	%	正向指标
		城市燃气普及率	%	正向指标
		城市排水管道暗渠密度	公里/每平方公里	正向指标
		城市每万人公共厕所数	个	正向指标
	公共文化服务	城市广播节目综合人口覆盖率	%	正向指标
		城市电视节目综合人口覆盖率	%	正向指标
		每万人拥有城市文化站数	个	正向指标
	环境保护服务	城市绿化覆盖率	%	正向指标
		城市每万人拥有市容环卫专用车辆设备数	个	正向指标
	社会保障服务	城市居民最低生活保障平均标准	元/人/月	正向指标
		城镇居民人均转移净收入	元	正向指标

3)共同富裕指标体系

共同富裕的首要内涵是推进收入分配的公平,收入不平等有着很浓的政治意味,因为收入不平等会加剧社会的动荡,降低经济增长的速度和质量。中国地域广袤,农村人口众多,农民群体的生活水平较之城镇居民而言总体偏低,因而农民成为攸关共同富裕目标实现的重要因素。农民共同富裕作为全体人民共同富裕的重点,是由农民在中国人口数量中的巨大占比决定的。从城乡结构来看,全体人民共同富裕是指城乡居民都富裕,但要让所有农民都像城镇居民那样富裕,其实很难做到。改革开放四十多年的发展实践证明,农民富裕不仅是实现全体人民共同富裕的重点，还是实现全体人民共同富裕的难点。首先，较之于城镇居民，农民在经济文化方面的相对弱势地位较难改变；其次，就农村内部来看，中国农村地域辽阔，各地自然条件和经济文化基础差异较大，经济社会发展不均衡，改革开放后，国家允许一部分地区、一部分人先富裕起来，不但在客观上拉大了城乡之间的贫富差距，而且拉大了农村内部不同地区之间的贫富差距。国家统计局相关数据显示，2020 年农民收入最高的地区上海为 34911 元，最低的地区甘肃为 10344 元，区域间农民收入差距高达 3 倍以上；广东省内最富地区农民收入为最穷地区农民收入的 3 倍，区域内农民收入差距十分突出。此外，农村贫困地区脱贫后仍存在返贫风险，这是实现农民共同富裕的更大难点。进入新时代以来，中国相继实施了新农村建设、乡村振兴、乡村建设等一系列重大战略和行动，农村经济社会快速发展，农民生活质量显著提高，这为促进农民共同富裕创造了良好条件。但同时必须看到，中国城乡发展不平衡不充分的问题依然十分突出，实现全体人民共同富裕仍任重道远。

现有文献主要以构建指标体系的方式测算共同富裕。陈丽君等以发展性、共线性、可持续性作为共同富裕指数模型的三大评价维度，基于问卷调查基础上的层次分析法，测算了各因素的重要程度及其关联度；刘培林等仅从总体富裕度、人群差距、区域差距和城乡差距四大方面构建了共同富裕的测度框架，并未进行实际测算。高帆从新型政府-市场关系角度，从经济增长、成果分享关系来测算中国目前共同富裕的发展状况。

本部分在借鉴现有指标体系构建思路基础上，综合考虑数据的可获得性、科学性，从“共同”和“富裕”两个维度进行共同富裕指标体系的构建。选取人均 GDP、居民人均可支配收入、每千人口卫生技术人员数及居民人均教育文化娱乐消费支出等四项三级指标测度“富裕度”；将“共同度”分为区域差异和城乡差异 2 个二级指标，区域差距选取各省人均 GDP 与全国人均 GDP 之比、各省人均教育文化娱乐消费支出与全国人均教育文化娱乐消费支出之比、各省卫生健康财政支出与全国卫生财政支出之比等三项指标进行测算，城乡差距采用农村与城镇居民人均可支配收入之比、农村与城镇居民教育文化娱乐消费支出之比、农村与城镇每千人口卫生技术人员之比进行测度。具体内容见表 9－3。

表 9－3　共同富裕综合评价指标体系表

<table>
<tr><th>一级指标</th><th colspan="2">二级指标</th><th>三级指标</th><th>单位</th><th>指标方向</th></tr>
<tr><td rowspan="11">共同富裕指数</td><td colspan="2" rowspan="4">富裕度</td><td>人均 GDP</td><td>元</td><td>正向指标</td></tr>
<tr><td>居民人均可支配收入</td><td>元</td><td>正向指标</td></tr>
<tr><td>每千人口卫生技术人员数</td><td>人</td><td>正向指标</td></tr>
<tr><td>居民人均教育文化娱乐消费支出</td><td>元</td><td>正向指标</td></tr>
<tr><td rowspan="6">共同度</td><td rowspan="3">区域差距</td><td>各省人均 GDP 与全国人均 GDP 之比</td><td>—</td><td>正向指标</td></tr>
<tr><td>各省人均教育文化娱乐消费支出与全国人均教育文化娱乐消费支出之比</td><td>—</td><td>正向指标</td></tr>
<tr><td>各省卫生健康财政支出与全国卫生财政支出之比</td><td>—</td><td>正向指标</td></tr>
<tr><td rowspan="3">城乡差距</td><td>农村与城镇居民人均可支配收入之比</td><td>—</td><td>正向指标</td></tr>
<tr><td>农村与城镇居民教育文化娱乐消费支出之比</td><td>—</td><td>正向指标</td></tr>
<tr><td>农村与城镇每千人口卫生技术人员之比</td><td>—</td><td>正向指标</td></tr>
</table>

9.2.2　数据来源及处理

1)数据来源

本部分以中国 31 个省区 2010—2020 年的城乡基本公共服务水平为研究对象，计算全国城乡基本公共服务均等化水平。上述评价指标体系所包含的数据均来自各年的《中国统计年鉴》《中国财政年鉴》《中国教育统计年鉴》《中国卫生健康统计年鉴》《中国农村统计年鉴》《中国社会统计年鉴》《中国城乡建设统计年鉴》及各省、自治区、直辖市出版的统计年鉴和统计公报。少数指标数据在某些年份存在缺失，本部分采用插补法补全缺失值。

2)数据的处理

本部分所使用的人均数据统一以年末常住人口数为基准，即人均数据为总量数据与年末常住人口数之比。

9.2.3　指标体系评价方法

1)综合评价法

学术界针对综合指标体系有多种评价方法，例如综合评价法(魏福成等)、主成分分析法(林海明和杜子芳)、层次分析法(李俊玲等)、TOPSIS评价法(辛立秋等)等,不同的评价方法具有不同的利弊。其中,综合评价法凭借其简单直观等优点得到国际组织、权威机构以及学术界的广泛采用。本部分以城乡基本公共服务均等化为研究对象,选取综合评价法,试图从不同层面,多个视角综合测度2011—2020年中国城市与农村公共服务综合得分。

综合评价法的基本步骤如下:第一步根据研究内容确定综合评价指标体系;第二步采集数据,并采用本部分上述方法,分别对城市与农村的原始数据进行标准化处理;第三步确定各项指标的权重,并依据相应的权重系数,分别计算城市与农村单项指标得分与综合得分。其中,赋予单项指标以合理的权重是综合评价法中至关重要的一步,因为赋予的权重系数可能会直接影响到最终的测算结果。针对指标赋权的方法主要分为主客观赋权两种。因子分析法、回归法、熵值法等在内的属于客观赋权法,为了保证客观性与真实性,以数据本身信息为依据赋予指标相应的权重系数,能够有效规避因主观原因造成的误差,但是容易与现实情况所违背而失去经济含义;以调查分析法、专家评判法等为代表的主观赋权法,基于研究者的主观偏好赋予指标相应的权重系数,虽然缺乏一定的客观性,但是能够使得权重具备很强的经济含义,避免出现非重要指标被赋予较高权重的可能性。本部分采用主观赋权法对18项单项基本公共服务指标均赋予值为1/18的权重系数。主要基于以下考虑:一是采用主观赋权法能够充分体现人们对各项城乡基本公共服务指标的偏好程度,更好地反映城乡基本公共服务的真实情况,从而使得最终的城乡基本公共服务均等化指数更有意义,更有利于探讨提高城乡基本公共服务均等化水平的政策建议;二是本部分所选取的各项指标均与城乡居民切身利益息息相关,重要程度相差不大;三是主观赋权法在各领域得到了广泛的认可和应用,例如,安体富和任强测度基本公共服务均等化、樊纲等人编制中国市场化指数、郭熙保和周强测度多维贫困等,均赋予指标相同的权重系数。因此,本部分采用主观赋权法赋予相同权重系数具有合理性和优越性。

2)熵权法

熵权法是一种客观赋权法,对原始数据的利用相对比较充分,并且对资料样本没有特殊要求,评价结果与实际情况比较吻合。其基本步骤与综合评价法并无较大区别,只是在确定指标权重的时候,综合评价法选用主观赋权,而熵权法采用客观赋权。对于基本公共服务评价而言,由于其直接关切城乡居民切身利益,采用主观赋权能够充分反映城乡基本公共服务供给的真实情况;而共同富裕作为国家总体战略目标,采用客观赋权方法,更能与共同富裕实际情况相吻合,更有利于发现实现共同富裕过程中亟须克服的不足与短板。

9.2.4　综合水平测算及分析

1）基本公共服务均等化水平测算结果及分析

熵在物理学、热力学中被用来表示微观状态的概率统计平均值，1948 年香农（Shannon）将熵的概念引用到信息论中，并首创了信息熵的概念，使其具有连续性、极值性、对称性、可加性等一系列良好的数学统计性质。韩增林等引入了信息熵函数测度了城乡基本公共服务均等化程度，其计算公式如下：

$$E_s = -\left(\frac{PS_C}{\sum PS_C}\ln\frac{PS_C}{\sum PS_C} + \frac{PS_R}{\sum PS_R}\ln\frac{PS_R}{\sum PS_R}\right) \tag{9-1}$$

$$E = \frac{E_s}{E_{\max}} \tag{9-2}$$

E_s表示信息熵指数，PS_C和PS_R分别表示城市基本公共服务综合水平和农村基本公共服务综合水平，信息熵指数越高表明城乡基本公共服务水平差距越小，当城市基本公共服务水平等于农村基本公共服务水平时，信息熵指数取最大值，即$E_{\max}=\ln 2$。由其性质可知，E 的取值范围为 0 到 1，城乡基本公共服务均等化指数越大，表明城市基本公共服务水平和农村基本公共服务水平越相近，城乡基本公共服务均等化程度越高。

城乡基本公共服务均等化指数的取值取决于城市基本公共服务水平和农村基本公共服务水平的相对值。城市公共服务水平高，农村公共服务水平高，城乡基本公共服务均等化指数高；城市基本公共服务水平低，农村公共服务水平低，城乡基本公共服务均等化指数低；城市公共服务水平高，农村公共服务水平低或者城市公共服务水平低，农村公共服务水平高，城乡基本公共服务均等化指数不确定，但其差距越大，城乡基本公共服务均等化指数越低。因此，在正式分析城乡基本公共服务均等化指数测算结果前，先行简要分析城市和农村基本公共服务发展水平的测算结果，具体见表 9－4 和表 9－5。

表 9－4　2011—2020 年中国城市基本公共服务水平综合评价指数结果

省份	2011	2012	2013	2014	2015	2016	2017	2018	2019	2020
北京	0.5838	0.6011	0.6128	0.6384	0.6544	0.6653	0.6586	0.6722	0.6845	0.6876
天津	0.4635	0.4876	0.5080	0.5102	0.5327	0.5390	0.5490	0.5597	0.5637	0.6079
河北	0.4417	0.4538	0.4649	0.4715	0.4753	0.4808	0.4771	0.4936	0.5045	0.5219
山西	0.3628	0.3958	0.4277	0.4551	0.4768	0.4991	0.4918	0.5213	0.5325	0.5630
内蒙古	0.3317	0.3964	0.4394	0.4763	0.5040	0.5298	0.5654	0.5923	0.6074	0.6208

续表

省份	2011	2012	2013	2014	2015	2016	2017	2018	2019	2020
辽宁	0.4047	0.4199	0.4241	0.4631	0.4748	0.4826	0.5034	0.5104	0.5260	0.5546
吉林	0.3709	0.3820	0.4496	0.4310	0.4464	0.4523	0.4526	0.4883	0.5147	0.5136
黑龙江	0.3311	0.3680	0.3946	0.4278	0.4452	0.4560	0.4744	0.4906	0.5045	0.5358
上海	0.5382	0.5589	0.5743	0.6138	0.6318	0.6471	0.6649	0.6596	0.6802	0.6909
江苏	0.4582	0.4907	0.5199	0.5388	0.5606	0.5738	0.5814	0.5928	0.6037	0.6108
浙江	0.4699	0.4949	0.5147	0.5472	0.5684	0.5757	0.5814	0.5939	0.6022	0.6244
安徽	0.3100	0.3395	0.3746	0.3941	0.4150	0.4351	0.4519	0.4796	0.4942	0.5176
福建	0.3976	0.4152	0.4421	0.4589	0.4670	0.4772	0.4996	0.5284	0.5484	0.5646
江西	0.3376	0.3609	0.3765	0.3959	0.4011	0.4181	0.4501	0.4491	0.4681	0.4978
山东	0.4057	0.4307	0.4534	0.4673	0.4775	0.4888	0.5066	0.5098	0.5200	0.5400
河南	0.2818	0.3025	0.3337	0.3605	0.3760	0.4026	0.4488	0.4787	0.5044	0.5266
湖北	0.3325	0.3645	0.3804	0.4116	0.4349	0.4501	0.4597	0.4747	0.4872	0.5188
湖南	0.2969	0.3352	0.3594	0.3808	0.4105	0.4358	0.4643	0.4751	0.5113	0.5322
广东	0.3546	0.3865	0.4163	0.4413	0.4646	0.4835	0.4859	0.4974	0.5247	0.5349
广西	0.2580	0.2998	0.3349	0.3518	0.3881	0.4030	0.4261	0.4431	0.4683	0.4932
海南	0.3106	0.3276	0.3913	0.3605	0.3860	0.4282	0.4931	0.5081	0.5657	0.5519
重庆	0.3361	0.3564	0.4366	0.4128	0.4299	0.4490	0.4700	0.4826	0.5067	0.5149
四川	0.3077	0.3330	0.3507	0.3590	0.3923	0.4044	0.4357	0.4635	0.4910	0.5267
贵州	0.1675	0.1921	0.2317	0.3094	0.3597	0.3921	0.4425	0.4151	0.4421	0.4832
云南	0.3178	0.3247	0.3704	0.3997	0.4145	0.4448	0.4782	0.4875	0.4981	0.5317
陕西	0.3631	0.3870	0.4011	0.4249	0.4561	0.4589	0.4840	0.4961	0.5162	0.5419
甘肃	0.2132	0.2836	0.3197	0.3501	0.3823	0.4061	0.4433	0.4586	0.4843	0.5008
青海	0.3488	0.4184	0.4185	0.4846	0.4997	0.5132	0.5586	0.5176	0.5277	0.5396
宁夏	0.3426	0.3251	0.3957	0.4164	0.4241	0.4397	0.4616	0.5058	0.5247	0.5338
新疆	0.3669	0.4253	0.4194	0.4765	0.5028	0.5059	0.5180	0.5265	0.5447	0.5658

表 9－5 2011—2020 年中国农村基本公共服务水平综合评价指数结果

省份	2011	2012	2013	2014	2015	2016	2017	2018	2019	2020
北京	0.5217	0.5037	0.5675	0.5746	0.5605	0.5811	0.6097	0.6235	0.6631	0.6712
天津	0.4580	0.4692	0.4579	0.4804	0.5021	0.5625	0.5369	0.5478	0.6056	0.6021
河北	0.2501	0.2809	0.3053	0.3277	0.3464	0.3721	0.3964	0.4134	0.4483	0.4771
山西	0.2499	0.2884	0.3093	0.3535	0.3778	0.3998	0.4171	0.4393	0.4709	0.5021
内蒙古	0.2094	0.2447	0.2791	0.3187	0.3541	0.3921	0.4283	0.4474	0.4670	0.5231
辽宁	0.2399	0.2603	0.2978	0.3102	0.3297	0.3456	0.3465	0.4177	0.4380	0.4020
吉林	0.2620	0.2775	0.2773	0.3032	0.3148	0.3338	0.3724	0.3932	0.4246	0.5035
黑龙江	0.2435	0.2668	0.2828	0.3043	0.3244	0.3537	0.3705	0.3905	0.4047	0.4433
上海	0.5332	0.5509	0.6344	0.6363	0.6520	0.6566	0.6296	0.6541	0.6640	0.6568
江苏	0.3982	0.4328	0.4453	0.4820	0.5013	0.5309	0.5627	0.5816	0.6183	0.6550
浙江	0.3850	0.4266	0.4457	0.4656	0.4853	0.5246	0.5548	0.5836	0.6022	0.6293
安徽	0.2349	0.2648	0.3001	0.3296	0.3516	0.3711	0.3999	0.4271	0.4546	0.4991
福建	0.3361	0.3550	0.3944	0.4213	0.4444	0.4626	0.4755	0.5038	0.5130	0.5455
江西	0.1931	0.2267	0.2511	0.2687	0.2928	0.3227	0.3629	0.3818	0.4086	0.4511
山东	0.3101	0.3271	0.3478	0.3840	0.4010	0.4119	0.4401	0.4516	0.4697	0.4914
河南	0.2282	0.2521	0.2841	0.3153	0.3278	0.3442	0.3625	0.4039	0.4351	0.4479
湖北	0.2430	0.2698	0.2910	0.3189	0.3500	0.3705	0.4000	0.4193	0.4391	0.4532
湖南	0.1672	0.1918	0.2585	0.2640	0.2981	0.3151	0.3921	0.4050	0.4573	0.4716
广东	0.2543	0.2676	0.3121	0.3476	0.3646	0.3974	0.4298	0.4593	0.4899	0.5067
广西	0.2456	0.2820	0.2950	0.3160	0.3310	0.3372	0.3569	0.3775	0.4067	0.4430
海南	0.2784	0.3108	0.3209	0.3401	0.3456	0.3421	0.4127	0.4117	0.4260	0.4488
重庆	0.2835	0.3051	0.3275	0.3471	0.3681	0.4009	0.4252	0.4671	0.4695	0.4844
四川	0.2189	0.2581	0.2719	0.3013	0.3252	0.3481	0.4056	0.4350	0.4659	0.4682
贵州	0.1395	0.1655	0.2129	0.2468	0.2713	0.2968	0.3263	0.3720	0.4037	0.4362
云南	0.2312	0.2581	0.2842	0.3064	0.3229	0.3524	0.4035	0.4278	0.4634	0.4964
陕西	0.2323	0.2534	0.2820	0.3074	0.3236	0.3595	0.3998	0.4254	0.4500	0.4753
甘肃	0.1624	0.2401	0.2754	0.3088	0.3344	0.3509	0.4041	0.4378	0.4752	0.5030
青海	0.1579	0.1954	0.2297	0.2802	0.3276	0.3683	0.4031	0.4583	0.5006	0.5423
宁夏	0.2594	0.2832	0.3157	0.3452	0.3824	0.4146	0.4305	0.4525	0.4795	0.5099
新疆	0.2441	0.2827	0.3004	0.3379	0.3604	0.3823	0.4209	0.4805	0.5203	0.5534

本部分按照国家统计局的区域分类标准，将中国划分为东部、中部、西部三个地理区域，对东、中、西部2011—2020年的城乡基本公共服务均等化指数做折线图。由图9-1可知，全国整体城乡基本公共服务均等化水平波动程度较小，曲线走势相对较为平稳，2020年相对于2011年呈现微弱提升态势。东部地区城乡基本公共服务均等化水平虽始终高于全国整体及中西部地区的均等化水平，但近年来城乡基本公共服务均等化水平呈小幅下降态势。这可能归因于财富的积累效应，东部地区城市本身就有深厚的经济基础，加上政府各项优惠政策的出台，能够吸引外来投资，使得农村地区的劳动力资源大量涌入离家较近的城市谋求高薪就业机会，大量人口外流使得农村地区的基本公共服务缺乏供给动力和资金支持，在城市化进程加速的当下，东部地区的城乡基本公共服务均等化水平会有所下降，城市和农村的基本公共服务水平差距拉大。

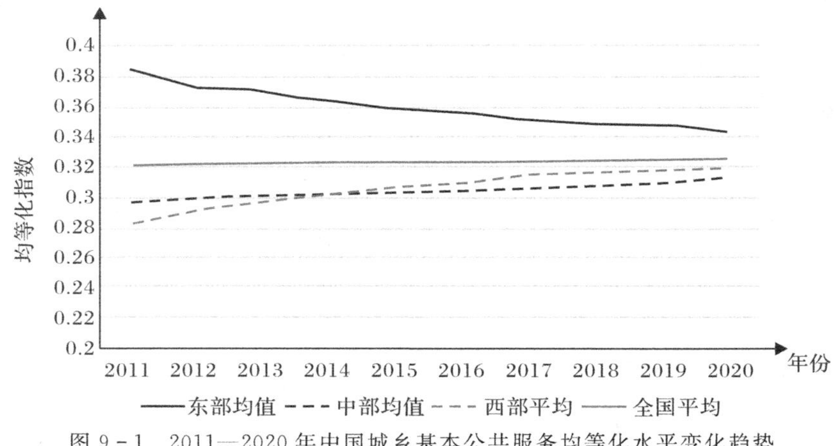

图9-1 2011—2020年中国城乡基本公共服务均等化水平变化趋势

西部地区相对全国城乡基本公共服务均等化水平较低，但近十年来，其均等化水平由2010年的0.2824上升至2020年的0.3192，增幅较大，由此推知国家在提高西部地区城乡基本公共服务均等化水平方面做出的努力成效显著。西部地区城市和农村均存在基本公共服务供给不足问题，在政府加大财政支持力度提高基本公共服务供给质量以及增加基本公共服务数量时，会对城市和农村产生大致相当的影响，从而促进西部地区城市与农村基本公共服务水平相应提高。

中部地区城乡基本公共服务均等化水平也呈现逐年上升态势，但其上升幅度明显低于西部地区，2014年之后，其均等化水平开始逐渐落后于西部地区。2004年提出的中部崛起战略作为中国区域经济协调发展战略的重要组成部分，更多地将战略重点放在提高经济发展速度和质量上，而对基本公共服务领域的关注不足，造成城乡基本公共服务均等化水平提升速度缓慢，具体见表9-6。

表 9-6　2011—2020 年中国城乡基本公共服务均等化水平综合评价结果

省份	2011	2012	2013	2014	2015	2016	2017	2018	2019	2020
北京	0.4809	0.4535	0.4500	0.4384	0.4234	0.4170	0.4066	0.4004	0.3981	0.3886
天津	0.4279	0.4139	0.3931	0.3829	0.3807	0.3849	0.3660	0.3598	0.3615	0.3588
河北	0.3425	0.3385	0.3315	0.3260	0.3213	0.3196	0.3130	0.3118	0.3124	0.3133
辽宁	0.3269	0.3206	0.3178	0.3179	0.3158	0.3121	0.3049	0.3167	0.3146	0.3022
上海	0.4725	0.4570	0.4585	0.4485	0.4410	0.4311	0.4124	0.4046	0.3975	0.3864
江苏	0.4058	0.4031	0.3923	0.3903	0.3870	0.3848	0.3793	0.3747	0.3725	0.3704
浙江	0.4044	0.4021	0.3911	0.3876	0.3844	0.3837	0.3774	0.3754	0.3687	0.3678
福建	0.3646	0.3555	0.3560	0.3526	0.3488	0.3444	0.3394	0.3425	0.3374	0.3378
山东	0.3569	0.3497	0.3434	0.3433	0.3387	0.3331	0.3317	0.3253	0.3210	0.3205
广东	0.3175	0.3139	0.3208	0.3249	0.3244	0.3277	0.3242	0.3245	0.3269	0.3229
海南	0.3133	0.3126	0.3170	0.3004	0.2981	0.2976	0.3212	0.3146	0.3201	0.3130
东部平均	0.3830	0.3746	0.3701	0.3648	0.3603	0.3578	0.3524	0.3500	0.3483	0.3438
山西	0.3183	0.3249	0.3230	0.3304	0.3315	0.3321	0.3221	0.3248	0.3240	0.3278
吉林	0.3261	0.3165	0.3171	0.3072	0.3039	0.3011	0.3004	0.3052	0.3087	0.3176
黑龙江	0.3051	0.3080	0.3040	0.3067	0.3067	0.3081	0.3051	0.3050	0.3015	0.3083
安徽	0.2942	0.2983	0.3047	0.3063	0.3077	0.3081	0.3079	0.3121	0.3116	0.3175
江西	0.2839	0.2891	0.2868	0.2855	0.2848	0.2890	0.2971	0.2929	0.2942	0.3020
河南	0.2813	0.2813	0.2867	0.2921	0.2897	0.2917	0.2966	0.3058	0.3091	0.3075
湖北	0.3054	0.3081	0.3031	0.3074	0.3123	0.3116	0.3099	0.3090	0.3063	0.3071
湖南	0.2573	0.2657	0.2847	0.2796	0.2891	0.2911	0.3088	0.3053	0.3161	0.3143
中部平均	0.2965	0.2990	0.3013	0.3019	0.3032	0.3041	0.3060	0.3075	0.3089	0.3127
广西	0.2806	0.2925	0.2911	0.2898	0.2940	0.2896	0.2895	0.2903	0.2938	0.2991
内蒙古	0.2897	0.3074	0.3150	0.3242	0.3308	0.3371	0.3418	0.3423	0.3389	0.3443
重庆	0.3240	0.3194	0.3319	0.3171	0.3167	0.3203	0.3192	0.3230	0.3181	0.3135
四川	0.2861	0.2936	0.2872	0.2868	0.2932	0.2934	0.3056	0.3104	0.3137	0.3123
贵州	0.1935	0.2037	0.2259	0.2526	0.2662	0.2740	0.2845	0.2821	0.2870	0.2952
云南	0.2952	0.2909	0.2977	0.2999	0.2983	0.3049	0.3152	0.3141	0.3146	0.3199
陕西	0.3105	0.3082	0.3056	0.3070	0.3092	0.3105	0.3156	0.3155	0.3154	0.3172
甘肃	0.2241	0.2700	0.2792	0.2869	0.2935	0.2946	0.3070	0.3100	0.3144	0.3147
青海	0.2699	0.2924	0.2901	0.3129	0.3213	0.3262	0.3334	0.3288	0.3301	0.3319
宁夏	0.3159	0.3011	0.3164	0.3175	0.3196	0.3219	0.3186	0.3247	0.3244	0.3234
新疆	0.3170	0.3312	0.3175	0.3307	0.3325	0.3286	0.3292	0.3363	0.3383	0.3398
西部平均	0.2824	0.2919	0.2961	0.3023	0.3068	0.3092	0.3145	0.3161	0.3171	0.3192
全国平均	0.3206	0.3218	0.3225	0.3230	0.3235	0.3237	0.3243	0.3246	0.3248	0.3253

2)共同富裕指数测算结果及分析

2011—2020 年中国共同富裕指数测算结果如表 9－7 所示。

表 9－7　2011—2020 年中国共同富裕指数测算结果表

省份	2011	2012	2013	2014	2015	2016	2017	2018	2019	2020
北京	0.5533	0.5491	0.6000	0.6097	0.6305	0.6417	0.6611	0.6903	0.7281	0.6642
天津	0.3474	0.3612	0.3782	0.4056	0.4122	0.4474	0.4487	0.4681	0.4876	0.4674
河北	0.1715	0.1743	0.1844	0.2158	0.2284	0.2364	0.2478	0.2728	0.2963	0.3059
辽宁	0.2272	0.2310	0.2596	0.2850	0.2832	0.2950	0.2939	0.3079	0.3176	0.2935
上海	0.5604	0.5255	0.5665	0.5998	0.6222	0.6662	0.6980	0.7261	0.7463	0.6787
江苏	0.4307	0.4495	0.4455	0.4667	0.4793	0.4914	0.5132	0.5256	0.5471	0.5397
浙江	0.4065	0.4085	0.4339	0.4596	0.4752	0.5019	0.5067	0.5341	0.5786	0.5475
福建	0.2461	0.2644	0.2922	0.3306	0.3421	0.3534	0.3726	0.4031	0.4331	0.4177
山东	0.2746	0.2852	0.3003	0.3203	0.3322	0.3426	0.3499	0.3674	0.3825	0.3995
广东	0.3272	0.3367	0.3656	0.3933	0.4049	0.4378	0.4632	0.4856	0.5161	0.4866
海南	0.1049	0.1188	0.1532	0.2000	0.2054	0.2263	0.2363	0.2584	0.2735	0.2694
东部平均	0.3318	0.3367	0.3618	0.3897	0.4014	0.4218	0.4356	0.4581	0.4824	0.4609
山西	0.1601	0.1641	0.1763	0.2064	0.2052	0.2073	0.2156	0.2244	0.2313	0.2359
吉林	0.1910	0.2134	0.2048	0.2564	0.2507	0.2575	0.2682	0.2646	0.2734	0.2997
黑龙江	0.1810	0.1877	0.1927	0.2342	0.2323	0.2386	0.2421	0.2459	0.2710	0.2694
安徽	0.1697	0.1897	0.1912	0.2227	0.2309	0.2408	0.2637	0.2875	0.3081	0.3375
江西	0.1468	0.1524	0.1618	0.1997	0.2177	0.2239	0.2340	0.2668	0.2936	0.3192
河南	0.1721	0.1907	0.2101	0.2403	0.2516	0.2605	0.2704	0.2968	0.3180	0.3193
湖北	0.1961	0.2073	0.2350	0.3023	0.3158	0.3250	0.3421	0.3624	0.3824	0.3846
湖南	0.1675	0.1821	0.1975	0.2611	0.2810	0.2997	0.3217	0.3222	0.3439	0.3593
中部平均	0.1730	0.1859	0.1962	0.2404	0.2481	0.2567	0.2697	0.2838	0.3027	0.3156
广西	0.1187	0.1301	0.1487	0.1804	0.1953	0.2162	0.2274	0.2447	0.2655	0.2829
内蒙古	0.2128	0.2116	0.2222	0.2954	0.3053	0.3097	0.3184	0.3259	0.3327	0.3406
重庆	0.1843	0.2049	0.2226	0.2568	0.2757	0.2960	0.3117	0.3309	0.3311	0.3387
四川	0.1762	0.1951	0.2103	0.2263	0.2362	0.2468	0.2678	0.2840	0.3018	0.3227
贵州	0.0498	0.0686	0.1034	0.1353	0.1541	0.1744	0.1901	0.2138	0.2386	0.2505
云南	0.0942	0.1070	0.1274	0.1501	0.1645	0.1794	0.2010	0.2227	0.2405	0.2728
陕西	0.1812	0.1997	0.2149	0.2525	0.2586	0.2657	0.2720	0.3006	0.3195	0.3044
甘肃	0.0845	0.0941	0.1014	0.1363	0.1426	0.1508	0.1499	0.1714	0.1863	0.2034
青海	0.0666	0.0739	0.0863	0.1284	0.1439	0.1532	0.1634	0.1862	0.2018	0.2177
宁夏	0.1197	0.1256	0.1472	0.1870	0.2015	0.2091	0.2328	0.2466	0.2579	0.2583
新疆	0.1325	0.1325	0.1577	0.1865	0.1829	0.1916	0.2030	0.2302	0.2452	0.2741
西部平均	0.1291	0.1403	0.1584	0.1941	0.2055	0.2175	0.2307	0.2507	0.2655	0.2787
全国平均	0.2113	0.2210	0.2388	0.2747	0.2850	0.2987	0.3120	0.3309	0.3502	0.3518

从表 9-7 的绝对数来看，中国 30 个省区 2011—2020 年的共同富裕指数分布在 0.1～0.8的范围内，共同富裕指数越大表明省份内部全体居民共同富裕程度越高。因此，按照测算结果，本部分将中国各省份共同富裕指数划分为三类，第一类为共同富裕指数在 0.1～0.3 范围内的省份，表明共同富裕水平程度较低；0.3～0.5 范围内的地区为第二类，表明共同富裕水平中等；0.5 以上为第三类，表明共同富裕水平较高，如表 9-8 所示。总体来看，随着经济逐年发展，第一类别省份数量减少，第二类别省份数量增加，原处于第一类别的省份其共同富裕水平不断提升，这表明经济增长和基本公共服务均等化使得各省份不仅实现了人民生活的富裕，更是朝着全体人民共同富裕的方向不断前进。第三类别省份数量没有太大变动，以北京、上海、江苏、浙江为代表的东部沿海地区共同富裕度位于较高水平。

表 9-8　2010—2020 年中国分年份共同富裕程度分类结果表

类别	2011	2013	2016	2018	2020
第一类	河北、辽宁、福建、山东、海南、山西、吉林、黑龙江、安徽、江西、河南、湖北、湖南、广西、内蒙古、重庆、四川、贵州、云南、陕西、甘肃、青海、宁夏、新疆	河北、辽宁、福建、海南、山西、吉林、黑龙江、安徽、江西、河南、湖北、湖南、广西、内蒙古、重庆、四川、贵州、云南、陕西、甘肃、青海、宁夏、新疆	河北、辽宁、海南、吉林、陕西、山西黑龙江、安徽、江西、河南、湖南、广西、四川、贵州、云南、甘肃、青海、宁夏、新疆	河北、海南、山西、广西、四川、贵州、云南、甘肃、青海、宁夏、新疆	海南、山西、黑龙江、广西、贵州云南、甘肃、青海、宁夏、新疆
第二类	天津、广东、江苏、浙江	天津、广东、江苏、浙江、山东	天津、湖北、福建、山东、广东、内蒙古、重庆	天津、辽宁、福建、广东、河南、湖北、湖南、内蒙古、重庆、陕西	天津、河北、辽宁、福建、山东、广东、吉林、安徽、江西、河南、湖北、湖南、内蒙古、重庆、四川、陕西
第三类	北京、上海	北京、上海、	北京、上海、江苏、浙江	北京、上海、江苏、浙江	北京、上海、江苏、浙江

为了系统揭示2011—2020年中国共同富裕水平的演变趋势，本部分借助熵权法测度出10年间30个省、直辖市及自治区共同富裕指数，在此基础上，通过均值化处理得到全国及东部、中部、西部共同富裕指数。

由图9-2可知，第一，无论是从全国层面还是分区域看，中国共同富裕水平均呈现稳定上升趋势，这说明近年来中国实施的区域协调发展战略以及"共富"思想得到了较好的落实，正在逐步实现全体人民共同富裕的目标。第二，共同富裕水平仍然存在明显的区域异质性，其中，东部地区共同富裕水平要远高于全国以及其他三大区域，中部地区和西部地区的共同富裕水平均低于全国平均水平，且西部地区共同富裕水平最低。究其原因，城乡之间的产业结构、人力资本丰富度、收入差距、政策支持力度、经济发展水平等因素通过"共同度"和"富裕度"两大维度影响到共同富裕水平。

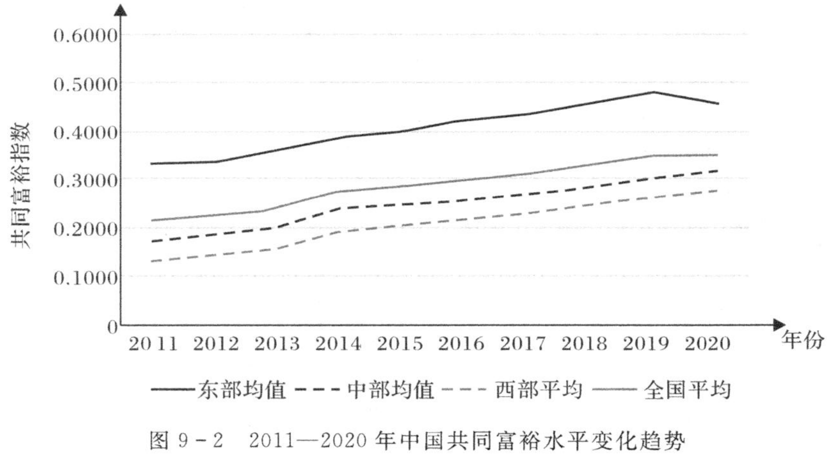

图9-2　2011—2020年中国共同富裕水平变化趋势

9.3　城乡基本公共服务均等化影响共同富裕的实证分析

9.3.1　数据来源

本部分研究城乡基本公共服务均等化对共同富裕的影响，数据均来自各年的《中国统计年鉴》《中国财政年鉴》《中国教育统计年鉴》《中国卫生健康统计年鉴》《中国农村统计年鉴》《中国社会统计年鉴》《中国城乡建设统计年鉴》及各省、自治区、直辖市出版的统计年鉴和统计公报。少数指标数据在某些年份存在缺失，本部分采用插补法补全缺失值。

9.3.2 变量选取

1)被解释变量

共同富裕(com):本部分通过从“共同度”和“富裕度”两大维度构建指标体系来测算共同富裕指数,重视共同富裕在社会、经济、精神等方面的丰富内涵。

2)解释变量

城乡基本公共服务均等化水平(bps):城乡基本公共服务均等化既是中国基本公共服务领域所要实现的远景目标,亦是实现共同富裕的重要途径,是共同富裕的应有之义。考虑到数据的可得性和代表性,本部分选取基础教育、医疗卫生、社会保障、公共文化、基础设施和环境保护六个领域的指标进行测度。

3)控制变量

(1)人均受教育年限(edu)

教育是人力资本积累的重要途径。中国目前已由高速度发展阶段转变为高质量增长阶段,对“质量”而非“速度”的追求不仅要求产业、技术转型升级,还对就业者提出更高的要求,既要兢兢业业、艰苦奋斗,又要具备更高的科学文化素养、更丰富的知识储备和更强大的学习能力。人才强国、人才富国战略对促进实现共同富裕具有举足轻重的作用。本部分选取人均受教育年限作为控制变量反映人力资本对实现共同富裕的推动作用。

(2)直接税占比(tax)

直接税较为符合现代税法中的税负公平和量能负担原则,对于社会财富的再分配和社会保障的满足具有独特的调节作用。共同富裕的第一要义就是财富的共享,体现社会的公平正义。本部分选取直接税占税收收入的比重作为控制变量。

(3)研究开发经费占 GDP 比重(R&D)

第四次工业革命已经到来,数字化、智能化技术已在各个行业得以广泛应用。要想实现经济可持续发展,立足世界科技最前沿,必须花更大力气、更多精力进行基础科学研究。用研究开发经费占 GDP 比重这一指标衡量中国在科研创新领域的投入力度,反映中国科技水平和发展现状。

(4)进出口总额占 GDP 比重(open)

当今世界分工日益明确,经济全球化趋势难以逆转,要想拉动国家的经济增长,必然要以更加开放的态度、更为积极的姿态参与到国际贸易中去,提高中国在世界经济中的影响力,从国际贸易中获得更大的经济增长动力。本部分选取进出口总额占 GDP 的比重作为衡量对外开放程度的指标。

(5)一般公共预算收入(fiscal)

雄厚的财政实力是各级政府发挥其政治、经济等职能的重要物质保障。本部分选取一般公共预算收入作为衡量政府财力的指标。

4)门槛变量

(1)人均民生性财政支出

用于教育、医疗、社会保障和就业、文化等方面的民生性财政支出能够直接影响公民个人的支出水平,影响公众的幸福感,同时也会加大基本公共服务领域的投入力度。因此,本部分选择人均民生性财政支出作为门槛变量验证城乡基本公共服务均等化影响共同富裕的门槛效应。

(2)财政支出占 GDP 比重

相对指标能在一定程度上消除时间趋势的影响,增加门槛效应检验结果的精确性。因此,本部分同时选取财政支出占 GDP 的比重作为门槛变量。

(3)一般公共预算收入

一般公共预算收入不仅会直接推动共同富裕目标实现,而且会在城乡基本公共服务均等化影响共同富裕的过程中发挥门槛效应。因此,也将一般公共预算收入作为门槛变量。

9.3.3 样本描述性统计

为了更直观地观察本部分选择的变量的特征,本部分统计了各变量的平均值、最大值和最小值。从表 9-9 可以看出,因变量共同富裕指数(com)的均值为 0.291,最大值与最小值的差距相当大,相差了 0.7 左右,说明中国各省之间的共同富裕水平差距较大;相比之下,解释变量城乡基本公共服务均等化水平的平均值为 0.193,最大值和最小值的差距较小,说明近年来中国城乡基本公共服务均等化水平在各省之间的差距逐步缩小。其余变量描述方法类似,此处不再赘述。

表 9-9 描述性统计结果

变量名称	(1)	(2)	(3)	(4)
	N	mean	min	max
com	300	0.291	0.0498	0.746
bps	300	0.325	0.193	0.481
open	300	26.26	0.675	136.4
edu	300	9.192	7.330	12.70
RD	300	1.730	0.410	6.440
tax	300	37.40	22.68	56.88
fiscal	300	2,726	151.8	12,924
figdp	300	15.75	8.900	32.70
fiexpen	300	3,705	545.1	11,922
lnbps	300	−1.131	−1.643	−0.732
lncom	300	−1.339	−2.999	−0.293
lnfiscal	300	7.602	5.023	9.467
lnfiexpen	300	8.068	6.301	9.386

9.3.4 模型构建

1)城乡基本公共服务均等化影响共同富裕的固定效应模型

本部分将模型选取总结为如下两个步骤:一是通过 BP 检验,确定模型是否存在随机效应,从而判断选用混合效应模型还是随机效应模型;二是进行 Hausman 检验,检验模型个体效应或时间效应与解释变量是否相关,从而判断选用固定效应模型还是随机效应模型。

以共同富裕指数对数值作为被解释变量进行检验,从表 9-10 和表 9-11 可以看出,BP 检验和 Hausman 检验都拒绝了原假设,所以本部分选用固定效应模型。

表 9-10 BP 检验结果表

被解释变量	统计量	检验值(P 值)	结果	结论
共同富裕指数对数	BP 统计量	214.54(0.0000)	拒绝原假设	随机效应
共同富裕指数对数	Chi2	60.80(0.0000)	拒绝原假设	固定效应

表 9-11　Hausman 检验结果表

Hausman 检验	Chi2	P 值
H0:difference in coefficients not systematic	60.80	0.0000

2)城乡基本公共服务均等化影响共同富裕的面板门槛模型

基于 BP 检验和豪斯曼检验结果,本部分拟建立固定效应模型如下:

$$\ln com_{it} = \alpha + \beta_1 \ln bps_{it} + \beta_2 edu_{it} + \beta_3 tax_{it} + \beta_4 RD_{it} + \beta_5 open_{it} + \beta_6 \ln fiscal_{it} + \mu_i + \varepsilon_{it} \quad (9-3)$$

式中:被解释变量com_{it}表示地区 i 第 t 年的共同富裕水平;α 表示截距项;$\beta_1 \sim \beta_5$ 分别表示各个变量的系数;μ_i 表示地区固定效应;ε_{it} 表示残差项。

为了保证数据的平稳性、协整性。在具体设定模型进行回归时,基于数量级与回归结果优良性的考虑,对 com、bps、fiscal 采用对数形式,edu、tax、RD、open 变量的相应数据不做处理。

9.3.5　回归结果分析

1)城乡基本公共服务均等化影响共同富裕的基准回归结果分析

为了提供对比结果,尽可能保证结果的稳健性,本部分将同时输出混合回归、单一固定效应回归和双重固定效应回归的结果。表 9-12 为城乡基本公共服务均等化与共同富裕的全样本回归结果,回归(1)为混合回归结果,从回归(1)可以看出,在 1%的显著性水平下,城乡基本公共服务水平每提高 1%,中国共同富裕水平将提高 1.59%。回归(2)、(3)均为只控制单一固定效应的回归结果,其中,回归(2)显示出,在只控制个体固定效应的前提下,若其他条件不变,那么在 1%的显著性水平下,呈现城乡基本公共服务均等化水平每提高 1%,中国共同富裕水平将提高 1.47%;回归(3)显示出,在只控制时间固定效应的前提下,若其他条件不变,那么在 1%的显著性水平下,城乡基本公共服务均等化水平每提高 1%,中国共同富裕水平将提高 1.4%。回归(4)为控制双重固定效应的回归结果,其显示在控制双重固定效应的前提下,若控制其他变量不变,那么在 1%的显著性水平下,城乡基本公共服务均等化水平每提高 1%,中国共同富裕水平将提高 1%。

综上所述,不管是混合回归结果,还是单一固定效应回归结果或双重固定效应回归结果,城乡基本公共服务均等化水平与实现共同富裕之间,均存在显著的正向影响关系。即城乡基本公共服务均等化水平的提高,将显著推动中国共同富裕目标的实现,回归结果充分证实了之前理论分析中所提出的理论假设 1。

表 9－12　城乡基本公共服务均等化与共同富裕的全样本回归结果

变量名称	(1)	(2)	(3)	(4)
	OLS	FE	FE_time	FE
lnbps	1.59*** (12.154)	1.47*** (11.280)	1.40*** (14.209)	1.40*** (14.257)
edu	0.10*** (5.002)	0.02(0.823)	0.09*** (5.313)	0.04(1.455)
tax	0.01*** (6.120)	0.02*** (8.097)	0.01*** (3.565)	0.01*** (3.713)
RD	−0.01(−0.731)	−0.08*** (−2.600)	0.01(0.875)	−0.06** (−2.463)
open	−0.0011** (−2.110)	0.0015(1.350)	0.0012*** (2.823)	0.0029*** (3.318)
lnfiscal	0.25*** (15.201)	0.77*** (19.813)	0.20*** (15.694)	0.31*** (6.594)
Constant	−2.84*** (−10.326)	−6.21*** (−16.437)	−2.41*** (−10.516)	−2.99*** (−6.501)
个体固定效应	未控制	已控制	未控制	已控制
时间固定效应	未控制	未控制	已控制	已控制
观测值	300	300	300	300
R-squared	0.866	0.855	0.911	0.923
Number of id		30		30
Company FE		YES	YES	YES
Year FE				YES
Number of year			10	

注：*** p＜0.01，** p＜0.05，* p＜0.1。

关于其他控制变量的估计，本部分发现，直接税占比情况、财政收入情况、人口受教育程度、对外开放水平、科技创新水平在一定程度上促进了地区共同富裕水平的提升。就直接税占比情况而言，包括财产税、印花税等在内的直接税在税收收入中所占比重的提升，将有助于调节收入分配，实现收入更为合理的分配，扩大中等收入群体规模，提高低收入水平，抑制过高收入，实现社会公平正义；就财政收入情况而言，地区财力水平是地区实现高质量发展的物质基础，国家治理能力和治理水平现代化以及服务型政府的身份转变，均要求政府要加大财政投入力度，实现"六稳""六保"工作目标，切实保障民生；就人口受教育程度而言，教育本身所具备的“马太效应”，不仅是摆脱贫困代际传递的治本之策，更是实现人力资本持续稳定积累，促进国家可持续发展的重要保障；就对外开放水平而言，党的十八大以来，党中央始终坚持推进更高水平的改革开放，以更积极的姿态融入世界经济发展大局中去，更高水平的对外开放有助于获得更多的贸易机会、促进相关产业的发展，进而推动经济的持续健康发展；就科技创新水平而言，第四次工业革命到来之际，智能化、数字化技术的更新迭代，都显示出唯有坚持创新驱动发展战略，加大对科技创新的支持力度，才能紧跟时代发展步伐。

2）城乡基本公共服务均等化影响共同富裕的区域异质性分析

考虑到中国城乡基本公共服务均等化水平和共同富裕水平存在的区域差异，本小节将进一步将样本分为东部、中部、西部三大类，分别带入样本中进行参数估计。

从表9－13可以看出，西部地区城乡基本公共服务均等化水平对实现共同富裕的促进作用均显著大于东中部地区。具体来看，在控制双重固定效应的前提下，在1％的显著性水平下，西部地区城乡基本公共均等化水平每提高1％，共同富裕水平将提高1.35％，东部地区共同富裕水平将提高1.2％，而中部地区共同富裕水平仅提高0.44％。

表9－13　城乡基本公共服务均等化与共同富裕的分区域样本回归结果

变量名称	(1)	(2)	(3)
	东部地区	中部地区	西部地区
lnbps	1.20*** (5.030)	0.44** (2.121)	1.35*** (7.069)
edu	0.05(1.179)	0.0037(0.090)	0.07(1.120)
tax	−0.0044(−1.014)	0.01*** (4.076)	0.01** (2.056)
RD	−0.05* (−1.685)	0.10** (2.147)	−0.14** (−2.073)
open	0.0041*** (3.581)	0.0046(1.186)	0.0022(0.661)
lnfiscal	0.25*** (3.898)	0.24*** (4.130)	0.45*** (2.914)
2012.year	0.03(1.000)	0.01(0.563)	−0.01(−0.116)
2013.year	0.11*** (3.434)	0.02(0.704)	0.05(0.832)
2014.year	0.21*** (6.021)	0.20*** (6.350)	0.19*** (2.673)
2015.year	0.29*** (6.422)	0.22*** (6.729)	0.23*** (2.826)
2016.year	0.36*** (7.023)	0.24*** (6.791)	0.27*** (3.437)
2017.year	0.38*** (6.628)	0.24*** (5.377)	0.23*** (2.714)

续表

变量名称	(1)	(2)	(3)
	东部地区	中部地区	西部地区
2018. year	0.42*** (6.840)	0.25*** (5.432)	0.27*** (2.828)
2019. year	0.48*** (7.871)	0.30*** (6.336)	0.32*** (3.301)
2020. year	0.49*** (7.100)	0.32*** (6.308)	0.35*** (3.410)
Constant	−2.48*** (−3.607)	−3.54*** (−5.053)	−4.19*** (−3.427)
Observations	110	80	110
R−squared	0.881	0.974	0.941
Number of id	11	8	11
Company FE	YES	YES	YES
Year FE	YES	YES	YES

本部分认为,相较于东部、中部地区,西部地区城乡基本公共服务均等化水平对实现共同富裕的促进作用明显增强的原因可能包括如下几项:第一,中国共同富裕实现速度存在明显的地区差异性,相较于东中部地区,西部地区发展速度较慢,从而城乡基本公共服务均等化水平的微小提升就能对西部地区的共同富裕水平产生较大促进作用;第二,除了发展速度存在差异,中国共同富裕的绝对规模也存在明显的区域异质性,东中部地区共同富裕的绝对规模也远大于中西部地区,促进共同富裕基数较小的西部地区更容易由于正向的外部推动作用实现绝对规模的扩大;第三,从城乡基本公共服务均等化水平来看,东、中、西部地区也存在明显的差异,东中部地区政府财力更为雄厚,本身具有更高的城乡基本公共服务均等化水平,已经很难有大的跃升,而西部地区在加大财政投入力度以及经济发达地区的辐射带动下,城乡基本公共服务均等化水平还有很大提升空间,从而对实现西部地区共同富裕的拉升作用更为明显。

3)稳健性检验

至此通过构建双重固定效应面板模型,从实证的角度利用省级面板数据检验了城乡基本公共服务均等化与共同富裕的关系,得出城乡基本公共服务均等化水平的提高将推动中国实现共同富裕的目标,这一结果与前文理论分析的预期一致。为进一步确保结果的稳健性,本部分采用系统 GMM 估计检验模型的内生性问题。根据表 9-14 的检验结果可知,将共同富裕指数的滞后项作为工具变量,AR(1)与 AR(2)对应的 p 值分别为 0.003、0.406,均小于 1;Sargan 检验和 Hansen 检验的结果分别为 0.615、0.116，均小于 1，表明系统 GMM 估计不存在过度识别问题，工具变量有效。在 5%的显著性水平下，城乡基本公共服务均等化水平每提高 1%，共同富裕水平提高 0.585%。

表 9－14　系统 GMM 估计结果

变量名称	(1)
	估计结果
lncom_lag	0.72588*** (12.11)
lnbps	0.58529** (2.40)
edu	0.00477(0.18)
tax	0.00749*** (2.73)
RD	－0.04766** (－2.40)
open	0.00057(0.59)
lnfiscal	0.05868*** (2.74)
Constant	－0.35083(－0.83)
Observations	270
Number of id	30
AR(1)	0.003
AR(2)	0.406
Sargan test	0.615
Hansen test	0.116

4)城乡基本公共服务均等化影响共同富裕的门槛特征分析

(1)面板门槛回归模型的构建

为了检验城乡基本公共服务均等化对共同富裕的影响存在门槛效应假设的正确性，从未验证两种作用机制的存在性，本部分借鉴 Hansen(1999)所设计的模型，结合双重固定效应面板模型的设定，来构建面板门槛回归模型，并且通过统计推断来对模型中的门槛值进行估计。模型的具体设定如下：

$$\text{lncom}_{it}=\alpha+\beta_1 \text{lnbps}_{i,t-1}+\ln X_{i,t}\lambda_1+\eta_i+\gamma_t+\varepsilon_{i,t}，若 q_{i,t}\leqslant\gamma \quad (9-4)$$

$$\text{lncom}_{it}=\alpha+\beta_2 \text{lnbps}_{i,t-1}+\ln X_{i,t}\lambda_2+\eta_i+\gamma_t+\varepsilon_{i,t}，若 q_{i,t}>\gamma \quad (9-5)$$

式中：$q_{i,t}$为门槛变量，本部分拟采用一般公共预算收入的对数、人均民生性财政支出、财政收入占地区生产总值的比重作为门槛变量。γ为待估计的门槛值，采用残差平方和最小原理进行估计，由样本数据内在决定，该面板门槛回归模型中其他变量的数据来源及处理可参照本部分 9.3 城乡基本公共服务均等化影响共同富裕的实证分析。由于门槛值的个数需要通过检验来确定，因此此处先设定为单一门槛模型。使用示性函数 $I(\cdot)$，可以进一步将模型更间接地表示为：

$$\ln com_{it}=\alpha+\beta_1 \ln bps_{i,t-1} I(q_{i,t}\leqslant\gamma)+\beta_2 \ln bps_{i,t-1} I(q_{i,t}>\gamma)+\ln X_{i,t}\lambda_1+\eta_i+\gamma_t+\varepsilon_{i,t} \tag{9-6}$$

(2)面板门槛效应检验

面板门槛效应的检验结果见表 9-15。

表 9-15　门槛效应检验结果

门槛变量	门槛个数	门槛值	F 值	P 值
一般公共收入的对数	双门槛	7.488	86.81	0.003
		6.079	54.11	0.000
人均民生性财政支出	双门槛	7.929	38.62	0.013
		6.794	73.90	0.000
财政收入占地区生产总值的比重	单门槛	16.60	47.80	0.003

在其他变量保持不变的情况下，一般公共预算收入的对数、人均民生性财政支出和财政收入占地区生产总值的比重分别作为门槛值时，面板门槛回归结果见表 9-16。

表 9-16　面板门槛回归结果

变量	一般公共预算收入对数	人均民生性财政支出	财政收入占地区生产总值的比重/%
城乡基本公共服务均等化水平($q\leqslant q1$)	2.635	1.576	1.363
城乡基本公共服务均等化水平($q1\leqslant q<q2$)	2.212	1.337	1.469
城乡基本公共服务均等化水平($q>q2$)	2.024	1.268	—
人均受教育程度	0.03	0.01	0.008
接税占比	0.015	0.015	0.015
研究与试验经费投入强度	−0.014	−0.12	−0.099
对外开放水平	0.002	0.001	0.001
一般公共预算收入	0.542	0.802	0.798
组间 R^2	0.80	0.90	0.87
F	33.59	26.04	27.74

第一,门槛变量为一般公共预算收入对数时,回归结果显示:当一般公共预算收入低于第一个门槛值时,解释变量系数为2.365,说明城乡基本公共服务均等化会促进实现共同富裕;当一般公共预算收入处于两个门槛值之间时,解释变量系数为2.212,绝对值变小,说明此时城乡基本公共服务均等化对共同富裕的促进效应减弱;当一般公共服务预算收入高于第二个门槛值时,解释变量系数为2.024,说明城乡基本公共服务均等化对共同富裕的促进效应进一步减弱。总体而言,无论一般公共预算收入如何增长,城乡基本公共服务均等化都会促进共同富裕,但促进作用有减弱趋势。

第二,门槛变量为人均民生性支出时,回归结果显示:当人均民生性支出低于第一个门槛值时,解释变量系数为1.576,说明城乡基本公共服务均等化会促进实现共同富裕;当人均民生性支出处于两个门槛值之间时,解释变量系数为1.337,绝对值变小,说明此时城乡基本公共服务均等化对共同富裕的促进效应减弱;当一般公共服务预算收入高于第二个门槛值时,解释变量系数为1.268,说明城乡基本公共服务均等化对共同富裕的促进效应进一步减弱。总体而言,无论人均民生性财政支出如何增长,城乡基本公共服务均等化都会促进共同富裕,但促进作用有减弱趋势。

第三,门槛变量为财政收入占地区生产总值的比重时,回归结果显示:无论财政收入占地区生产总值的比重是否跨过门槛值,城乡基本公共服务均等化对实现共同富裕都存在正向促进作用。当财政收入占地区生产总值的比重低于门槛值时,城乡基本公共服务均等化的系数为1.363,表明财政收入占地区生产总值的比重较低时,城乡基本公共服务均等化对实现共同富裕具有促进效应;当财政收入占地区生产总值的比重跨过门槛值后,城乡基本公共服务均等化的系数提高至1.469,这说明当一个国家的财力越充足时,城乡基本公共服务均等化水平的提升对实现共同富裕的正向促进效应会增强。

9.3.6 实证分析结论

本部分旨在从实证的角度,对理论分析中得出的关于城乡基本公共服务均等化与共同富裕相关性的理论假设进行验证。本部分首先通过构建双重固定效应面板模型,使用2011—2020年10年间中国30个省份的相关面板数据进行参数估计。估计结果发现,无论是否控制内生性问题,城乡基本公共服务均等化水平与共同富裕水平之间均存在显著的正向相关关系,城乡基本公共服务均等化水平的提高将推动共同富裕目标的实现,且该正相关关系存在区域异质性,西部地区城乡基本公共服务均等化对地区共同富裕水平的提升作用要显著大于东、中部地区。其次，本部分借助系统 GMM 估计模型，对模型可能存在的内生性进行检验，以保证模型估计的稳健性。最后，通过构建面板门槛模型进一步研究发现城乡基本公共服务均等化对实现共同富裕的影响确实存在门槛效应，对于不同的门槛变量和处于不同的门槛阶段，城乡基本公共服务均等化会对共同富裕的实现产生不同程度的促进作用，且均表现为正向的促进作用。

9.4 基本公共服务均等化促进共同富裕的政策建议

结合中国发展中国家的实际国情，现阶段推进共同富裕的最基本抓手，就是要通过构建科学合理的基本公共服务均等化的制度安排，补齐基本公共服务在城乡间、地区间不均等的短板，保障人民群众最基本的有尊严的生活需求，获得生活的幸福感，这是中国实现共同富裕的制度基石。“学有所教”“劳有所得”“住有所居”“病有所医”“老有所养”是基本公共服务均等化的核心内容，我们应从以下几个方面坚定地推进基本公共服务均等化体系的制度建设，夯实迈向共同富裕的制度根基。

9.4.1 建立和完善均等化的基本公共教育服务制度体系

习近平主席指出：“教育公平是社会公平的重要基础，要不断促进教育发展成果更多更公平惠及全体人民，以教育公平促进社会公平正义”。构建公平均衡优质的基本公共教育服务体系，是中国在公共教育领域的基本制度目标。基本公共教育服务均等化就是实现在教育面前人人平等、机会均等，通过公平均等化的教育，满足全体国民对各类教育的需求。新中国成立以来，中国始终坚定不移地贯彻执行党的教育方针，推进基本公共教育服务均等化，把培养爱党爱国具有家国情怀的社会主义接班人放在首位，在加快推进教育现代化的新征程中培养担当民族复兴大任的时代新人。我们应通过建立和完善基本公共教育服务均等化制度体系，推动基本公共教育在城乡间、地区间均衡发展，围绕国家重大战略实施，进一步提高教育服务能力，加大国家对革命老区、民族地区、边远地区、贫困地区基础教育的投资力度，强化基本公共教育资源均衡配置机制，充分发挥基本公共教育服务均等化制度在促进共同富裕中的公平教育作用，使其成为实现共同富裕的知识和智慧源泉。

9.4.2 建立和完善均等化的基本公共就业服务制度体系

坚持就业优先战略，把解决人民群众就业问题放在更加突出的位置，努力创造更多就业岗位，为每个公民提供基本就业保障，是中国公共就业服务领域的基本制度目标。基本公共就业服务均等化是全体公民享有公共就业服务的权利均等、获得公共就业服务的机会均等、获得公共就业服务的结果均等。现阶段中国建设均等化的基本公共就业服务制度体系的关键在于扩大就业容量、提升就业质量、缓解结构性就业矛盾。应通过推行城乡统筹就业政策，鼓励大学生自主创业、灵活就业政策，对重点人群就业帮扶政策，加强职业技能培训，健全人才招聘市场，完善失业保险金制度，加快以基层公共服务平台为重点的公共就业服务机构建设，建立全国就业信息网络等制度措施，完善基本公共就业服务均等化制度体系建设，为全体公民提供公平均等的就业机会和就业环境，才能从根本上激活生产力，共同富裕的收入来源才能稳定。

9.4.3　建立和完善均等化的基本公共住房服务制度体系

建立中低收入家庭社会保障性质的经济适用住房供应体系和高收入家庭的改善型住房供应体系，是中国在基本公共住房服务领域的基本制度目标。基本公共住房服务均等化是通过完善住房供应和保障体系来满足人民群众“住有所居”的基本安居需求。从住房产品具有准公共产品属性这个角度来看，住房应该由政府选择合理的供给制度进行生产销售和管制。中国城镇住房制度改革以来，城乡居民的住房条件得到了明显改善，拉动了经济增长。但中国住房领域也存在着供需不平衡，住房性质被扭曲，住房经济属性被强化，租赁房结构不合理等突出问题，严重影响了经济的发展。如何扭转住房领域出现的问题，坚持“房住不炒”的基本定位？除了中央政府加大政策调控力度以外，应该通过完善基本公共住房服务均等化制度体系建设，加大政府对公租房、廉租房和免租房的供应力度，细化适合各类人群的住房政策，对于特别困难的人群可以提供免租房，对于低收入的流动人口可以提供廉租房和公租房，以解决低收入人群的基本住房需求，对于高收入人群的高端住宅，国家可以通过房产税等方式调节。充分发挥住房保障和住房供应的双重抓手作用，使基本公共住房服务均等化制度成为实现共同富裕的安居基石。

9.4.4　建立和完善均等化的基本公共医疗卫生制度体系

习近平总书记在党的十九大报告中指出：“人民健康是民族昌盛和国家富强的重要标志。要完善国民健康政策，为人民群众提供全方位全周期健康服务。”建立覆盖城乡居民的基本公共医疗卫生体系，使人人享有安全、均等、普惠和优质的全生命周期医疗卫生服务，实现“病有良医、幼有优育、老有康养”的医疗卫生保障，是中国在公共医疗卫生领域建设的基本制度目标。公共医疗卫生服务均等化是全体公民都能平等地获得基本公共医疗卫生服务，共享公共医疗卫生服务成果，过上健康幸福的生活，其中既包括公共医疗卫生服务上的“富裕”，也包括身体健康上的“富裕”。建设均等化的基本公共医疗卫生制度，必须坚持公共医疗卫生的社会公益性，合理利用与配置医疗卫生资源。为此，必须持续深化医疗卫生体制改革，加快建立符合中国国情的基本公共医疗卫生制度，坚持推进公共医疗卫生服务均等化体系建设，有效实现基本公共医疗优质资源更加充裕均衡，为实现共同富裕打下坚实健康基础。

9.4.5　建立和完善均等化的基本公共养老服务制度体系

加快建设覆盖全民、城乡统筹、公平统一的多层次养老服务均等化体系，满足老年群体美好生活需求，是中国在公共养老服务领域的基本制度目标。基本公共养老服务均等化是城乡、区域和不同群体的老年人机会均等、公平可及地享受数量和质量大致相当而非完全相等的基本养老服务。为此，政府应通过建立健全养老保险体系，落实完善养老保险制度，拓宽养老金融资渠道，加强对养老金的管理与监督，确保养老金供给端稳定充裕，探索创新养老管理模式，推行多元化养老方式，加大养老服务机构建设和人才培养等政策措施，进一步缩小城乡养老服务差距，逐步实现养老保险全国统筹，完善基本公共养老服务均等化政策体系建设，营造良好优质的养老服务环境，将基本公共养老服务均等化制度优势充分发挥于共同富裕的实现路径上，向“老有所养”的共同富裕时代迈进。

10　结论与展望

基本公共服务与社会公众的切身利益息息相关，是影响公众幸福感的重要因素之一。中国“十三五”基本公共服务规划明确提出均等化在2020年总体实现，在2035年基本实现。首先，本书在相关概念界定和理论介绍的基础上，完成了中国基本公共服务均等化水平的测度，计算出2011—2020年中国各省份基本公共服务综合评价指数。其次，本书根据经济地理学的“格局—过程—机理”基本研究范式，采取理论分析与实证分析、定量分析和定性分析相结合的方法，对中国基本公共服务空间格局进行了全景式的揭示与解释，并归纳出影响中国基本公共服务空间格局分布的因素。继而采用熵权(TOPSIS)法合成了覆盖8大领域的基本公共服务综合评价指数，从不同时点、不同周期刻画中国基本公共服务空间格局的时空演化；利用探索性空间数据分析方法从时间和空间、过程和结果双维度分析中国基本公共服务空间集聚程度与集聚结构。最后，分别研究城乡经济协调对基本公共服务均等化的影响机制、财政制度对基本公共服务均等化的影响机制、税收政策对基本公共服务均等化的影响机制以及基本公共服务均等化对共同富裕的影响机制，以全方位、多角度论证了基本公共服务均等化的实现路径。

10.1　研究结论

总结全书，其主要研究结论有：

第一，中国基本公共服务均等化水平呈现明显的沿经济热点区域带状分布、从东往西的条带状分布的态势，理清了核心因素对中国基本公共服务空间格局的直接影响与间接影响。

第二，中国城乡经济协调发展水平与基本公共服务均等化之间存在显著的互动关系，中国各省份的协调度总体水平较高但存在差异，且部分地区存在倒退的现象。

第三，财政支出的提高可以正向影响基本公共服务水平。

第四，转移支付制度对于基本公共服务均等化有正向效应。转移支付明显提高了中国各地区基本公共服务提供水平，有效降低了中国基本公共服务非均等化程度。

第五，人口是影响基本公共服务均等化的一个显著因素，在人口密集的区域，人们对于基本公共服务水平的需求也就越大，这就使得当地政府在基本公共服务供给上需要承担更大的支出和压力。

第六，财政投入机制与基本公共服务是相互作用的，财政投入机制影响着中国基本公共服务均等化的进程，同时基本公共服务均等化的程度也反作用于财政投入机制。

第七，增值税、个人所得税、资源税及房产税、其他地方税种、印花税通过影响财力水平进而影响基本公共服务水平的中介效应显著，现行税收制度下，增值税、个人所得税等中央地方共享税对基本公共服务水平起到负向作用，并不利于基本公共服务均等化，而资源税及房产税、消费税以及印花税等地方税种对基本公共服务水平的正向促进作用更明显。

第八，中国现行增值税横向分享机制导致税收背离效应，进一步拉大地区间财力差距。对现行增值税共享制度进行优化是均衡地区间财力和实现基本公共服务均等化目标的现实选择。

第九，税源背离情况在中国各地确实存在，税收与税源背离从整体上会对基本公共服务的综合水平产生了显著的正向影响，即税收移入区的综合基本公共服务水平要显著高于税收移出区；而从各项公共服务水平来看，税源背离情况的影响不尽相同。

第十，基本公共服务均等化是实现共同富裕的制度基石。中国要实现共同富裕，共同富裕是全体人民的富裕，但不是一刀切的平均主义。结合中国发展中国家的实际国情，现阶段推进共同富裕的最基本抓手，就是要通过构建科学合理的基本公共服务均等化的制度安排，补齐基本公共服务在城乡间、地区间不均等的短板，保障人民群众最基本的有尊严的生活需求，获得生活的幸福感，这是中国实现共同富裕的制度根基。

10.2 不足与展望

本书对人均基本公共服务均等化的时空演化与机制提升进行了深入的研究，但依然存在一些研究不足。

第一，本书虽然建立了基于"十三五"和"十四五"基本公共服务规划的综合评价指标体系，但是鉴于部分数据的可获得性及基本公共服务覆盖范围之广、涉猎内容之多，该指标评价体系有待于进一步优化，未来的研究可以将更多的指标纳入综合评价指标体系以充分反映基本公共服务的内容与范围。

第二，本书对中国基本公共服务空间格局形成机理进行了详细分析，但由于部分因素难以用数值表示（如宏观经济政策、地方政府偏好），未纳入实证分析模型，未来可将这些因素纳入研究模型从多方面考核分析中国基本公共服务空间格局的成因。

第三，本书对城乡经济协调发展水平与基本公共服务均等化之间的关系进行了定性分析与定量分析，但分析可能不够细致深入，会忽视一些其他因素的影响。未来对城乡经济协调发展与基本公共服务均等化之间的影响路径可以进行更为全面而深入的研究。收集更长时间段内的统计数据，寻找代理变量，以满足模型要求，得出更准确的研究结论。

第四，本书运用固定效应模型来分析财政投入机制中对于基本公共服务均等化的影响因素，但本书对固定效应模型进行了一定的简化。希望以后的研究能够找到更有效的测算方法，以此来为中国实现基本公共服务均等化提出更加切实有用的建议。

第五，本书在分析增值税共享制度对基本公共服务均等化影响机制时，仅从省级政府和中央政府层面考虑了增值税共享制度的优化，省以下各级政府的增值税分配方案并不在本书的研究范围之内，可能考虑的并不是很全面。未来应当针对性地考虑省级以下各级政府增值税的纵向划分策略，从而提出科学翔实的政策建议。

第六，本书在选取测量基本公共服务水平的指标时尚未做到十分全面，选取指标应从投入、产出、效果等多个角度全面综合考虑，限于数据的有限性等原因，本书的指标选取还有一定的不足。未来，在对基本公共服务的水平进行测度时，充分考虑公共服务的投入、产出、效果等多方面因素扩大并优选指标体系，如根据此次新冠疫情的启示，在公共医疗卫生指标中还可以将应对突发公共卫生事件的表现考虑在内，在医疗和社保中将社会保障基金纳入考虑范围等，使结论更加全面。

在未来的研究中，主要针对本书的研究不足进行有针对性的完善和拓展，尤其对人均基本公共服务问题进行更加深入细致、更加丰富的研究与探讨。

参考文献

[1]毛连程. 西方财政思想史[M]. 北京：经济科学出版社，2003：123.

[2]克鲁格曼，诺德豪斯. 经济学[M]. 北京：华夏出版社，2007：228.

[3] KIMINAMI, BUTTON, NIJKAMP. Publish facilities planning [M]. London：Edward Elgar Publishing，2006：13－15.

[4] FURCERI D. Stabilization effects of social spending：empirical evidence from a panel of OECD countries[J]. North American Journal of Economics and Finance，2010，21(1)：34－48

[5] HAMNETT C. Spatial divisions of welfare：the geography of welfare benefit expenditure and of housing benefit in Britain[J]. Regional Studies，2011，43(8)：1015－1033.

[6]KALININA，PETROVA，BUYANOVA. Efficiency of public administration and economic growth in Russia：Empiri-cal analysis[J]. European Research Studies，2015，18(3)：77－90.

[7]庇古. 福利经济学[M]. 北京：商务印书馆，2006.

[8]JAMES M. Buchanan federalism and fiscal equity，The American Economic Review，1950(14)：1583－5991.

[9]AMUELSON P A. The pure theory of public expenditure[J]. The Review of Public Economics and Statistics，1954(36)：387－389.

[10] TOBIN J. On limiting the domain of inequality [J]. The Journal of Law&Economics，1970(2)：10－15.

[11]GEERT，BOUCKAERT，STEVEN，et al. Potential for comparative public opinion research in public administration [J]. International Review of Administrative Sciences，2005(3)：121－128.

[12] JULIANI F, DE OLIVEIRA, JOES O. State of research on public service management：identifying scientific gaps from a bibliometric study[J]. International Journal of Information Management，2016，36(6pt. A)：1033－1041.

[13] MARTIN P, GEORGE B. The spatial strategy of equality and the spatial division of welfare[J]. Social Policy&Administration, 2009, 35(2): 181－194

[14] OKORAFOR O A, THOMAS S. Protecting resources for primary health care under fiscal federalism: options for resource allocation[J]. Health Policy and Planning, 2014, 22(6): 415－426.

[15] FERNANDEZ-GUITERREZ M, JAMES O, JILKE S. Competition and switching in public service markets: can they reduce inequalities? [J]. Regulation & Governance, 2017(11): 41－63.

[16] ANDREWS R, MARTIN S. Regional variations in public service outcomes: the Impact of policy divergence in England, Scotland and Wales[J]. Regional Studies, 2010, 44(8): 919－934.

[17] KIDD D. Public culture in America: A review of cultural policy debates[J]. The Journal of Arts Management, Law and Society, 2012, 42(1): 11－21.

[18] KIM S, VANDENABEELE W, WRIGHT B E, et al. Investigating the structure and meaning of public service motivation across populations: developing an international instrument and addressing issues of measurement invariance[J]. Journal of Public Administration Research and Theory, 2013, 23(1): 79－102.

[19] BAKKER A B. A job demands － resources approach to public service motivation[J]. Public Administration Review, 2015, 75(5): 723－732.

[20] ANDREWS R, MARTIN S. Regional variations in public service outcomes: the Impact of policy divergence in England, Scotland and Wales[J]. Regional Studies, 2015, 43(8): 919－934.

[21] GRISORIO M J. The short and the long run relationship between fiscal decentralization and public expenditure composition in Italy[J]. Economics Letters, 2019, 13(4): 209－123.

[22] WARNER M, HEFETZ A. Applying market solutions to public services: an assessment of efficiency, equity, and voice[J]. Urban Affairs Review, 2002, 38(1): 70－89.

[23] ANDERSSON F, FORSLID R. Tax competition and economic geography[J]. Journal of Public Economic Theory, 2003, 5(2): 91－108.

[24] BALDWIN R E. Agglomeration and endogenous capital[J]. European Economic Review,2013,43(2):256-274.

[25] HÜHNERBEIN O, SEIDEL T. Intra-regional tax competition and economic geography[J]. The World Economy,2017,33(8):112-134.

[26] BERLIANT M, DAKHLIA S. Sensitivity analysis for applied general equilibrium models in the presence of multiple walrasian equilibria[J]. Economic Theory,2016,19(3):231-243.

[27] OSKOUEI M A,AWUAH-OFFEI K. A method for data-driven evaluation of operator impact on energy efficiency of digging machines[J]. Energy Efficiency,2018,9(1):342-356.

[28] MCLURE,CHARLES E. The sharing of tax on natural resources and the future of the Russian Federalism[M]//CHRISTINE I,WALLICH. Russia and the challenge of reform. Palo Alto, Calif: Hoover Institution Press, 1994:112-145.

[29] POWELL M, BOYNE G, ASHWORTH R. Spatial equity and public services[J]. Public Management Review,2001(1):85-90.

[30] HOFMAN B,GURRA S C. Fiscal disparities in East Asia:how large and do the matter [EB]. Source: http://siteresources. worldbank, org/INTEAPDECEN/Resources/Chapter-4. pdf,2005.

[31] BOADWAY R W,FLATTERS F R. Efficiency and equalization payments in a federal system of government: a synthesis and extention of recent results[J]. Canadian Journal of Economics,1982,15(4):613-633.

[32] DENHARDT R B, DENHARDT J V. The new public service: serving rather than steering[J]. Public Administration Review,2000,60(60):549-559.

[33] ANWAR SHAH. Fiscal need equalization:is it worth doing lessons from international practices[M]. Working Paper Draft,World Bank,2007.

[34] EGGER P, KOETHENBUERGER M, SMART M. Do fiscal transfers alleviate business tax competition? evidence from Germany [J]. Journal of Public Economics,2010,9(3):235-246.

[35] ALBOUY D. Evaluating the efficiency and equity of federal fiscal equalization

[J]. Journal of Public Economics,2010(96):9-10.

[36] BAKKER A B . A job demands-resources approach to public service motivation[J]. Public Administration Review,2015,75(5):723-732.

[37] JULIANI F, DE OLIVEIRA, OTÁVIO JOSÉ. State of research on public service management: identifying scientific gaps from a bibliometric study[J]. International Journal of Information Management,2016,36(6):1033-1041.

[38] DENHARDT J V, DENHARDT R B. The new public service revisited[J]. Public Administration Review,2015,75(5):664-672.

[39] FERNANDEZ-GUITERREZ M, JAMES O, JILKE S. Competition and switching in public service markets: can they reduce inequalities? [J]. Regulation & Governance,2017(11):41-63.

[40] GAZZEH K, ABUBAKAR I R. Regional disparity in access to basic public services in Saudi Arabia: A sustainability challenge[J]. Utilities Policy, 2018(52):132-138.

[41]贾康. 区分"公平"与"均平",把握好政府责任与政策理性[J]. 财政研究,2006(12):6-10.

[42]常修泽. 中国现阶段基本公共服务均等化研究[J]. 中共天津市委党校学报,2007(2):66-71.

[43]丁元竹. 准确理解和把握基本公共服务均等化[J]. 中国发展观察,2009(12):26-29.

[44]徐小平. 基本公共服务均等化视角下的地方政府财政运行研究[J]. 江海学刊,2012(4):111-117.

[45]白晨. 包容性发展视域下新时代中国基本公共服务均等化理论分析[J]. 教学与研究,2020(3):46-53.

[46]常修泽. 中国现阶段基本公共服务均等化研究[J]. 中共天津市委党校学报,2007(2):66-71.

[47]陈海威,田侃. 我国建立基本公共服务体系问题探讨[J]. 理论导刊,2007(6):44-45.

[48]廖文剑. 西方发达国家基本公共服务均等化路径选择的经验与启示[J]. 中国行政管理,2011(3):97-100.

[49]缪小林,王婷,高跃光. 转移支付对城乡公共服务差距的影响:不同经济赶超

省份的分组比较[J]. 经济研究,2017(2):52-66.

[50]周素萍,赵京华,张亦明. 我国农村公共服务体系的建立及完善[J]. 农业经济,2010(8):29-31.

[51]刘成奎,王朝才. 城乡基本公共服务均等化指标体系研究[J]. 财政研究,2011(8):25-29.

[52]杨叶. 基于灰色关联的基本公共服务均等化综合分析[J]. 统计与决策,2014(15):116-118.

[53]韩增林,李彬,张坤领. 中国城乡基本公共服务均等化及其空间格局分析[J]. 地理研究,2015,34(11):35-48.

[54]魏福成,胡洪曙. 我国基本公共服务均等化:评价指标与实证研究[J]. 中南财经政法大学学报,2015(5):26-36.

[55]张建清,严妮飒. 长江中游城市群基本公共服务均等化的测度与特征分析[J]. 生态经济,2017,33(1):102-106.

[56]杨志安,邱国庆. 财政政策对区域公共服务均等化的影响效应、作用机理及调控路径[J]. 当代经济管理,2018,40(2):72-78.

[57]熊兴,余兴厚,王宇昕. 我国区域基本公共服务均等化水平测度与影响因素[J]. 西南民族大学学报(人文社科版),2018,39(3):108-116.

[58]胡洪曙,武锶芪. 基于获得感提升的基本公共服务供给结构优化研究[J]. 财贸经济,2019,40(12):35-49.

[59]李华,董艳玲. 中国基本公共服务均等化测度及趋势演进:基于高质量发展维度的研究[J]. 中国软科学,2020(10):74-84.

[60]康健,姜晓萍. 基本公共服务均等化实现程度:评价要素与维度[J]. 上海行政学院学报,2020,21(2):28-34.

[61]杨晓军,陈浩. 中国城乡基本公共服务均等化的区域差异及收敛性[J]. 数量经济技术经济研究,2020,37(12):127-145.

[62]马慧强,韩增林,江海旭. 我国基本公共服务空间差异格局与质量特征分析[J]. 经济地理,2011,31(2):212-217.

[63]许莉,万春,杜志雄. 小城镇公共服务供给的空间效应分析[J]. 中央财经大学学报,2015(7):11-19.

[64]朱楠,任保平. 中国公共服务质量评价及空间格局差异研究[J]. 统计与信息论坛,2019,34(7):100-107.

[65]曹莎，刘邵权，彭立．四川省基本公共服务水平的空间格局及驱动机制[J]．中国科学院大学学报，2017，34(3)：351－361.
[66]何丹，金凤君，戴特奇．北京市公共文化设施服务水平空间格局和特征[J]．地理科学进展，2017，36(9)：28－39.
[67]刘娟，文学虎，张璇，等．长江经济带城市基本公共服务空间格局对比分析[J]．地理信息世界，2018，25(1)：115－119.
[68]汪凡，白永平，周亮，纪学朋．中国基础教育公共服务均等化空间格局及其影响因素[J]．地理研究，2019，38(2)：285－296.
[69]常飞，王录仓，马玥，等．城市公共服务设施与人口是否匹配？：基于社区生活圈的评估[J]．地理科学进展，2021，40(4)：607－619.
[70]吴昊，陈娟．基本公共服务均等化的实现路径新探[J]．云南社会科学，2017(2)：64－69.
[71]张启春，山雪艳．基本公共服务标准化、均等化的内在逻辑及其实现：以基本公共文化服务为例[J]．求索，2018(1)：115－123.
[72]刘佳萍．城乡基本公共服务均等化问题及对策研究[J]．探求，2018(1)：116－120.
[73]唐晓阳，代凯．共享发展视域下推进基本公共服务均等化研究[J]．岭南学刊，2017(3)：58－66.
[74]余梦秋，陈悦之．统筹城乡背景下基本公共服务均等化实现机制研究：以四川省为例[J]．农村经济，2017(3)：20－25.
[75]王玉龙，王佃利．需求识别、数据治理与精准供给：基本公共服务供给侧改革之道[J]．学术论坛，2018，41(2)：147－154.
[76]陈颂东．促进区域公共服务均等化的财税制度研究[J]．税务研究，2008(10)：42－45.
[77]谢芬，肖育才．财政分权、地方政府行为与基本公共服务均等化[J]．财政研究，2013(11)：2－6.
[78]陈建东，蒲冰怡，程树磊．财政转移支付均等化效应分析：基于基尼系数分解的视角[J]．财政研究，2014，10(No. 380)：30－35.
[79]张启春，江朦朦．中国农村基本公共服务绩效评估分析：基于投入-产出视角[J]．中南民族大学学报(人文社会科学版)，2016，36(4)：141－146.
[80]陈莹，孙荣．财力均等化与基本公共服务均等化关系研究[J]．同济大学学报(社会科学版)，2017，28(2)：117－124.

[81]袁昭颖.促进地区间财力均衡的转移支付问题研究[J].市场周刊,2018(7):75-76.

[82]胡晓东,艾梦雅.基本公共服务均等化、财力均衡与增值税共享制度重构[J].财政研究,2019(6):94-101.

[83]李霞.地方财政自给、转移支付对基本公共服务均等化的影响[D].太原:山西财经大学,2020.

[84]李国新.公共文化服务保障法律制度的完善与细化[J].中国图书馆学报,2021,47(2):29-39.

[85]ELHORST J P. Spatial econometrics[J]. Springerbriefs in Regional Science,2014,1(1):109-129.

[86]廖重斌.环境与经济协调发展的定量评判及其分类体系:以珠江三角洲城市群为例[J].热带地理,1999,(2):20-24.

[87]吴大进,曹力,陈立华.协同学原理和应用[M].武汉:华中理工大学出版社,1990:83-85.

[88]王晨,马海涛.转移支付对县际财力的均等化效应分析:以江苏省为例[J].新疆财经大学学报,2016(2):13-22.

[89]费茂清,石坚.论中国地方税体系重构的目标与途径[J].税务研究,2014(4):3-7.

[90]杨志安,郭矜.完善地方税体系培育地方性主体税种[J].税务研究,2014(4):35-40.

[91]孙涛.政府责任、财政投入与基本公共教育均等[J].财政研究,2015(10):26-32.

[92]马海涛,任志伟.转移支付对县级财力均等化的作用[J].财政研究,2017(5):2-12.

[93]胡斌,毛艳华.转移支付改革对基本公共服务均等化的影响[J].经济学家,2018(3)63-72.

[94]祁毓,陈建伟,李万新,等.生态环境治理、经济发展与公共服务供给:来自国家重点生态功能区及其转移支付的准实验证据[J].管理世界,2019(1):115-134.

[95]赵建国,廖藏宜.我国地区间基本公共服务供给均等化问题分析:基于中央财政转移支付的视角[J].宏观经济研究,2015(3):8-14,159.

[96]李丹，裴育．城乡公共服务差距对城乡收入差距的影响研究[J]．财经研究，2019，45(4)：42－48.

[97]张子贤，孙伯驰．公共服务供给效率对城乡收入差距的影响及其提升路径[J]．求索，2022(1)：75－84.

[98]董艳玲，李华．中国基本公共服务的均等化测度、来源分解与形成机理[J]．数量经济技术经济研究，2022(3)：24－43.

[99]王雪晴，田家华．湖北省基本公共服务均等化水平测度[J]．统计与决策，2021，37(23)：81－85.

[100]吕光明，陈欣悦．县域基本公共服务均等化的测度与结构解析[J]．财政研究，2022(4)：52－68.

[101]马永全，王永红．乡村教师作为乡村基本公共服务人才：学理阐释及厚植路径[J]．河北师范大学学报(教育科学版)，2022，24(3)：93－98.

[102]燕连福，王亚丽．全体人民共同富裕的核心内涵、基本遵循与发展路径[J]．西安交通大学学报(社会科学版)，2022，42(1)：1－9.

[103]乔俊峰，郭明悦．基本公共服务能有效提升脱贫质量吗？——基于多维贫困和多维贫困脆弱性的视角[J]．财政研究，2021(12)：48－62.

[104]郭美荣，李瑾，马晨．数字乡村背景下农村基本公共服务发展现状与提升策略[J]．中国软科学，2021(7)：13－20.

[105]张德钢，郭皓皓，陆远权，黄巍瑶．财政透明度对基本公共服务均等化的影响研究[J]．宏观经济研究，2021(11)：5－16，111.

[106]佟大建，金玉婷，宋亮．农民工市民化：测度、现状与提升路径：基本公共服务均等化视角[J]．经济学家，2022(4)：118－128.

[107]李百灵．长江中游城市群基本公共服务均等化水平测算与区域差异比较[J]．统计与决策，2022，38(1)：53－58.

[108]董丽晶，林家熠，苏飞，杨美洁．基本公共卫生服务均等化水平测度[J]．统计与决策，2021，37(9)：41－45.

[109]王俊霞，王静，黄涛．基于地市视角下基本公共服务均等化水平测度研究：以陕西省为例[J]．西部财会，2020(10)：8－17.

[110]袁硕．基于系统动力学的京津冀基本公共服务均等化路径研究[D]．石家庄：河北经贸大学，2020.

[111]肖建华，李雅丽．地方基本公共服务均等化的时空分异与空间效应研究

[J]. 财政科学,2019(11):126-138.

[112]范柏乃,唐磊蕾.基本公共服务均等化运行机制、政策效应与制度重构[J].软科学,2021,35(8):1-6.

[113]郭雨晖,汤志伟,赵迪.基本公共服务均等化的评估与研判:区域补偿和质量提升下的动态演进[J].公共管理评论,2020,2(4):133-155.

[114]姜晓萍,基本公共服务均等化是实现共同富裕的着力点[N].光明日报,综合新闻,2021-10-07(2).

[115]陈丽君,郁建兴,徐铱娜.共同富裕指数模型的构建[J].治理研究,2021,37(4):5-16,2.

[116]杨宜勇,王明姬.共同富裕:演进历程、阶段目标与评价体系[J].江海学刊,2021(5):84-89.

[117]贾若祥.共同富裕的内涵特征和推进重点[J].中国发展观察,2021(12):9-12.

[118]吴忠民.论"共同富裕社会"的主要依据及内涵[J].马克思主义研究,2021(6):83-92,164.

[119]魏后凯.实现共同富裕需显著缩小城乡差距[J].财贸经济,2021,42(8):9-12.

[120]刘培林,钱滔,黄先海,等.共同富裕的内涵、实现路径与测度方法[J].管理世界,2021,37(8):117-129.

[121]李军鹏.共同富裕:概念辨析、百年探索与现代化目标[J].改革,2021(10):12-21.

[122]葛道顺.新时代共同富裕的理论内涵和观察指标[J].国家治理,2021(30):8-11.

[123]张来明,李建伟.促进共同富裕的内涵、战略目标与政策措施[J].改革,2021(9):16-33.

[124]李实,杨一心.面向共同富裕的基本公共服务均等化:行动逻辑与路径选择[J].中国工业经济,2022(2):27-41.

后　记

2022 年新颁布的《“十四五”公共服务规划》，体现了我国社会治理理论的重大创新。习近平总书记多次强调“要做好普惠性、基础性、兜底性民生建设，健全完善国家基本公共服务体系，全面提高公共服务共建能力和共享水平”。“十四五”时期，推动公共服务发展，健全完善公共服务体系，持续推进基本公共服务均等化，着力扩大普惠性非基本公共服务供给，丰富多层次多样化生活服务供给，是落实以人民为中心的发展思想、改善人民生活品质的重大举措，是促进社会公平正义、扎实推动共同富裕的应有之义，是促进形成强大国内市场、构建新发展格局的重要内容，对增强人民群众获得感、幸福感、安全感，促进人的全面发展和社会全面进步，具有十分重要的意义。

本书是 2019 年国家社会科学基金西部项目《新时代背景下中国人均基本公共服务均等化水平的时空演化与提升机制研究》(项目编号:19XJY019)的研究成果。该研究顺应目前国家重大需求，是未来十几年我国要着力解决的重大现实问题。该成果是课题组在分析中国城乡及区域基本公共服务均等化的现状以及现实问题的成果结集。在研究过程中，课题组进行了大量的文献资料收集、整理和解读，展开了广泛的调研，研究已历时三年多，课题组在多次讨论、广泛听取专家意见的基础上，形成了该研究成果。课题的研究与写作过程不仅仅是思想碰撞和深化的过程以及对所学知识的融会贯通与推陈出新的过程，也是一段艰涩枯燥的旅程，更是对我们心智与品性的一种磨炼。在这一过程中，大家不仅增长了知识，了解了中国的现实情况，结识了众多的朋友，而且得到了锻炼、成长和提高。

课题由西安交通大学王俊霞教授作为负责人，负责课题研究框架和研究思路的总体设计。本书第 1 章、第 2 章、第 6 章、第 10 章由西安交通大学教授王俊霞完成；第 3 章由西京大学讲师、西安交通大学在职博士研究生王少华完成；第 4 章、第 5 章由西安财经大学讲师、西安交通大学在职博士研究生王静完成；第 7 章由国家开发银行陕西省分行干部、西安交通大学在职博士研究生李雨丹完成；第 8 章由西安财经大学讲师、西安交通大学在职博士研究生王静和西安交通大学硕士研究生刘俊志共同完成；第 9 章由西安交通大学硕士研究生李梦雨和西安交通大学博士研究生郝博爵共同完成。

本书在写作过程中，得到陕西省财政厅和陕西、湖南、河南、甘肃一些县乡财政等部门以及众多朋友的大力支持，为本书的写作提供了大量数据资料和实际情况。在此，表示最真诚的感谢。

本书在写作过程中，参考了大量的相关资料和最新研究成果。在此，对有关作者表示深深的感谢！

此外，还要衷心感谢我的学生亓甜甜、黄涛、聂福浩、张又仁、赵天一等为本书的完成所作的大量基础性工作。

由于目前中国尚无统一的确定人均基本公共服务水平评价的标准和方法，本书所构建的评价指标体系和采用的评价方法等均属作者创新，还有很多不完善的地方，需要进一步研究和改进。

由于水平和时间所限，书中疏漏纰缪在所难免，不妥之处，诚请读者不吝赐教。

作者

2022年6月20日

于西安交通大学经济与金融学院